新知 102
文库

Anatomy of Malice
The Enigma of
the Nazi War Criminals

ANATOMY OF MALICE: The Enigma of the Nazi War Criminals
by Joel E. Dimsdale
Copyright © 2016 by Yale University
Simplified Chinese translation copyright © 2019
by SDX Joint publishing Company Ltd.
Published by arrangement with the author through
Sandra Dijkstra Literary Agency, Inc. in association with
Bardon-Chinese Media Agency
ALL RIGHTS RESERVED

天生恶魔？

纽伦堡审判与罗夏墨迹测验

[美] 乔尔·迪姆斯代尔 著　史先涛 译

生活·讀書·新知 三联书店

Simplified Chinese Copyright © 2019 by SDX Joint Publishing Company.
All Rights Reserved.
本作品中文简体版权由生活·读书·新知三联书店所有。
未经许可，不得翻印。

图书在版编目（CIP）数据

天生恶魔？：纽伦堡审判与罗夏墨迹测验／（美）乔尔·E.迪姆斯代尔著；史先涛译．—北京：生活·读书·新知三联书店，2019.4 （2021.3 重印）
（新知文库）
ISBN 978-7-108-06363-2

Ⅰ.①天… Ⅱ.①乔… ②史… Ⅲ.①纽伦堡国际军事法庭－史料②墨迹测验 Ⅳ.① K153 ② B841.7

中国版本图书馆 CIP 数据核字（2018）第 145188 号

责任编辑	赵庆丰
装帧设计	薛　宇
责任印制	卢　岳
出版发行	生活·讀書·新知 三联书店
	（北京市东城区美术馆东街 22 号 100010）
网　　址	www.sdxjpc.com
图　字	01-2018-6760
经　　销	新华书店
印　　刷	北京隆昌伟业印刷有限公司
版　　次	2019 年 4 月北京第 1 版
	2021 年 3 月北京第 2 次印刷
开　　本	635 毫米 × 965 毫米　1/16　印张 19
字　　数	228 千字　图 24 幅
印　　数	08,001-11,000 册
定　　价	42.00 元

（印装查询：01064002715；邮购查询：01084010542）

新知文库

出版说明

在今天三联书店的前身——生活书店、读书出版社和新知书店的出版史上，介绍新知识和新观念的图书曾占有很大比重。熟悉三联的读者也都会记得，20世纪80年代后期，我们曾以"新知文库"的名义，出版过一批译介西方现代人文社会科学知识的图书。今年是生活·读书·新知三联书店恢复独立建制20周年，我们再次推出"新知文库"，正是为了接续这一传统。

近半个世纪以来，无论在自然科学方面，还是在人文社会科学方面，知识都在以前所未有的速度更新。涉及自然环境、社会文化等领域的新发现、新探索和新成果层出不穷，并以同样前所未有的深度和广度影响人类的社会和生活。了解这种知识成果的内容，思考其与我们生活的关系，固然是明了社会变迁趋势的必需，但更为重要的，乃是通过知识演进的背景和过程，领悟和体会隐藏其中的理性精神和科学规律。

"新知文库"拟选编一些介绍人文社会科学和自然科学新知识及其如何被发现和传播的图书，陆续出版。希望读者能在愉悦的阅读中获取新知，开阔视野，启迪思维，激发好奇心和想象力。

生活·讀書·新知 三联书店
2006 年 3 月

目 录

Contents

1　　主要人物
1　　前　言
7　　序　言

第一部分　纽伦堡审判序幕

17　　第一章　大屠杀：这场种族灭绝为何异于其他大屠杀？
33　　第二章　战犯陆续来到"垃圾箱"

第二部分　纽伦堡

51　　第三章　纽伦堡战争罪审判：该如何处理这些战犯？
67　　第四章　战犯和精神病学家

第三部分 恶意的面孔

- 91 第五章 被告人罗伯特·莱伊的"病态大脑"
- 107 第六章 被告人赫尔曼·戈林:和蔼可亲的精神病态者
- 129 第七章 被告人尤利乌斯·施特莱彻:"恶人"
- 145 第八章 被告人鲁道夫·赫斯:"很明显疯了"

第四部分 纽伦堡的尾声:罗夏测验和相互指责

- 175 第九章 道格拉斯·凯利和古斯塔夫·吉尔伯特:犹如闹翻的夫妻
- 195 第十章 罗夏测验中隐藏的信息
- 209 第十一章 处在连续体中的恶意:社会心理学家的视角
- 227 第十二章 非我同类的恶意:遭遇"他者"

- 247 结 语
- 254 致 谢
- 257 注 释

主要人物

The Protagonists

- 伯顿·C.安德鲁斯（Burton C. Andrus）纽伦堡监狱和"垃圾箱"的监狱长
- 罗伯特·杰克逊（Robert Jackson）美国联邦最高法院法官、纽伦堡法庭首席检察官
- 道格拉斯·凯利（Douglas Kelley）美国精神病学家
- 古斯塔夫·吉尔伯特（Gustave Gilbert）美国心理学家
- 莫莉·哈罗尔（Molly Harrower）美国心理学家、罗夏墨迹测验专家
- 罗伯特·莱伊（Robert Ley）德国劳工阵线领袖
- 赫尔曼·戈林（Hermann Göring）纳粹德国帝国元帅，空军总司令
- 尤利乌斯·施特莱彻（Julius Streicher）纳粹德国《冲锋报》（*Der Stürmer*）主编

- 鲁道夫·赫斯（Rudolf Hess）*纳粹德国副元首
- 赫尔曼·罗夏（Hermann Rorschach）瑞士精神病学家

　　*赫斯（Hess）是一个比较常见的德国姓氏。在英文中，它的典型拼法是Hoess、Höss或者Hess。有两个纳粹战犯都叫鲁道夫·赫斯，为避免引起混乱，必须指出，本书中的鲁道夫·赫斯是指纳粹德国副元首。另一个鲁道夫·赫斯是奥斯维辛集中营指挥官，他在战争罪行审判中被判死刑，遭处决。

前　言

始于一块粪肥和血液交织之地

每当东风吹拂起来的时候，就会有粪肥和血液的微尘轻柔地飘落在艾奥瓦州的苏城（Sioux City），这并没有令人不快，反而提醒世人这是一片富饶的地方。苏城坐落在美国辽阔疆域的寂静之处，被数千平方英里的大草原和大平原所环绕，远离国界，不受任何威胁。20世纪40年代~50年代，我在这儿成长，在我看来，此地是当时世界上最安全的处所。

然而，阴影依然存在。就像威廉·福克纳（William Faulkner）所说："过去的永远不会消逝；它甚至并没有过去。"很多纳粹集中营幸存者在苏城安家，这座小城风景秀丽，和缓的山丘绵延起伏，农作物品类丰富，像世外桃源般孤立于他们所了解的那个绝对危险的世界，这些深深地吸引着他们。我哥哥十岁时,在给人送报纸的路上,瞥见了一个邻居前臂上的文身,这是他第一次看到这种文身。察觉到我哥哥的目光后,这个邻居似乎有些尴尬,而我哥哥并不知道这种文身意味着什么。被问及此事,我母亲很不安,不知道说什么好,并没有对我们加以解释。

我想,在大概六七岁时,我明白了萦绕在他们心头的阴影是什么。有一天,我跟父亲饭后散步,他是当地的医生。当时是三四月份,附近的公园在积雪融化后泥土松软,大地闻起来有一种清新的味道。当时是逾越节,我父亲为那个星期的一次出诊而烦恼。他的一名病人患上了严重的心绞痛。这件事本身并不足以让我父亲感到担忧。他认真照料每个病人,已经习惯于面对死亡。这个病人的不同之处在于他发病的时间点。他是一名纳粹集中营幸存者,他曾在逾越节那天亲眼看到整个家庭被屠杀,那是在另一块布满起伏山丘、血液和粪肥交织的土地上。他的宗教信仰教导他要欢心庆祝逾越节,以纪念获得救赎;他对此了然于心。

在阿道夫·艾希曼(Adolf Eichmann)被抓获之前的那些日子,人们不愿提起对犹太人的大屠杀。罗伯特·杰伊·利夫顿(Robert Jay Lifton)在《生命中的死亡:广岛幸存者》(1968)中,有一个著名的论断:大家都不愿接触经历过严重精神创伤的幸存者,因为人们担心与他们接触会传染上这种创伤。对我来说,完全不去想犹太大屠杀是一件很困难的事,生活在小镇上,大家都知晓一些能激发人们好奇心的秘密和鬼怪见闻。

当时,我还是个小男孩,对什么是邪恶没有太多想法。电视当时还是新鲜的事物,可供观看的节目并不多,就连新闻节目的长度也只有15分钟。我对邪恶的一丝理解来自伴随我成长的漫画书中描绘的反派角色:小丑(the Joker)、莱克斯·卢瑟(Lex Luther)和末日博士（Doctor Doom）等。在我成长的环境中，人们并没有对邪恶进行细致描绘和深刻剖析。相反，邪恶被认为是"他者"，是魔鬼般的，完全不同于芸芸众生和漫画中的英雄人物。因此，我和生活在20世纪40年代以及50年代的大多数人一样，认为设计并运营集中营的纳粹分子是道德败坏、毫无人性之徒，这并不令人意外。

来我办公室的行刑手

很多年过去了。大学毕业后，我加入了一个考古探险队，探索深埋在20世纪地表之下的秘密，很悲伤地发现了许多一千年前的遗址层中也有暴力的痕迹。后来我进入研究生院攻读社会学，以便更深入地研究社会力量如何塑造我们的生活，我还进入医学院学习如何治病救人。

在开始学医后，父母的一个朋友打电话给我，为庆祝我进入医学院深造而邀我共进晚餐，如果不是因为这通来电，我可能会把犹太人大屠杀的事情抛诸脑后。她请我去了一家有年头的家族经营的餐馆，主营美国中西部的舒适美食，开胃菜是焦糖小面包，还有肉糕、烤土豆、烘烤过头的四季豆以及福爵咖啡。吃饭期间，她向我讲述了自己在集中营的生活。她说以前从未谈论过此事，但是自己年纪越大，越想让人们知道这一经历。她的家人全都死于"二战"期间，她后来在艾奥瓦州开始了看起来完全正常的全新生活，但是她每晚都被噩梦所折磨。我们谈了好几个小时。那天晚上，我辗转难眠，这家餐馆著名的焦糖小面包并没有帮助我安然入睡。

随着对历史和社会力量方面的兴趣日益浓厚，我顺理成章成为一名精神病学家，并开始研究集中营幸存者，以了解他们如何应对监禁生活，如何度过幸存后的日子。1974年，我发表了一篇文章，讨论了纳粹集中营幸存者的应对行为。这篇文章很快引起当地媒体的兴趣，随之而来的报道给我带来了意想不到的机遇，塑造了我后来的研究兴趣。

马萨诸塞综合医院的院子里有一栋孤零零的小楼，我的办公室就位于这栋楼的阁楼上。有一天，不速之客重重的敲门声响起，令我万分惊讶，因为这栋小楼门可罗雀，几乎无人造访。一名敦实的男子迈步进来，开门见山地说："我是一个行刑手，我是专程来找你的。"他坐在沙发上，手开始摸随身带的枪盒，我赶紧默默祈祷。当他打开盒子后，我才发现那不是用来装枪的，而是一个文件盒，里面装着卷起来的"二战"时期的文件。"我是纽伦堡法庭的行刑手，这些文件可以证明我的身份。"紧接着他告诉我，他对自己的工作感到自豪，现在依然保持着专业技能，而且，他很享受绞死战犯。他对我说："迪姆斯代尔，他们都是人渣，你应该研究他们，而不是幸存者。"

意外的会面

这次会面令人难忘，虽然它没有对我的研究兴趣产生立竿见影的影响，但是却潜伏在我的大脑深处。直到后来另外一次偶然会面的发生。我在佛罗里达州的盖恩斯维尔（Gainesvelle）参加一个宴会，在宴会中我碰到了著名的罗夏墨迹测验专家莫莉·哈罗尔（Molly Harrower），正是她跟我讲述了对纽伦堡战犯进行罗夏墨迹测验的故事，还有直到今天围绕这个话题依然存在的谜团和争议。

这本书讲述了一个黑暗的故事，这一故事从德国一直延伸到瑞士，而且新泽西州和加利福尼亚州也意外地卷入其中。我并没有也不想急着完成这部著作。这一故事太过黑暗，但它却萦绕在我心头，挥之不去。随着时光流逝，我再也无力抵挡写作它的念头。这本书探究了纽伦堡审判的遗产，我从中了解了关于邪恶的始末，本书的主题即为"对恶意的剖析"。

序　言

Introduction

> 欲建国与立法者必须意识到，人性本恶，而且一旦有机可乘，便会作恶。
>
> ——尼可罗·马基雅维利《君主论》

> 邪能胜正的唯一条件，是善良者的无所作为。
>
> ——埃德蒙·伯克*

是什么导致了恶意？

第二次世界大战结束以后，同盟国有多重动机处理被俘虏的纳粹德国领袖。首先，对他们的

---

* Niccolò Machiavelli, *The Prince and the Discourses*, trans. Luigi Ricci (New York: Modern Library, 1950), 117; attributed to Edmund Burke (1729–1797).

惩处是在德国肃清纳粹影响的关键环节之一。其次，同盟国希望通过一场战争罪审判起到杀鸡儆猴之效，威慑未来的国家领导人，不再重蹈覆辙，像他们一样发动战争和实施种族屠杀。

除了上述目标之外，人们有一个无法抗拒的愿望：理解驾驶德国战车走上毁灭性道路的到底是怎样的一群人。非常矛盾的是，纳粹德国的很多领导人受过良好的教育，深受西方文化传统熏陶，他们怎么能犯下如此滔天罪行？"理解"这些领导人虽然并非纽伦堡审判开宗明义的宗旨，却是一个非常重要的潜在目标。这场审判与其说是关于"谁犯下了这些罪行"，不如说是关于"他们为什么会犯下这些罪行"以及"他们怎么能如此丧尽天良"。

人们认为这些被告人都是畜生、恶魔，完全的"他者"，通过仔细研究就能够发现和确认他们的特征。大众媒体充斥着各种理论，历史学家和其他社会科学学者也都一哄而上，提出各种解释。但是，也有非常微弱的声音指出，邪恶是人类的本性。同时，精神病学、神经病学和心理学在不同的学科背景下审视纳粹战犯的行为，发出了自己的声音，非同寻常的是，这些领域的专家试图获取数据验证他们的假设。其中一个思想流派表示："这反映了大脑出现了病变。"另一派表示："这表明了严重的精神紊乱。"第三派则认为，"这是正常人做出了错误选择"。

这些战争罪犯怎么能做出如此惨绝人寰的事情？他们是否在忍受精神紊乱的折磨？他们是不是病情严重的疯子、妄想狂、精神变态者或者施虐狂？无数学者基于自己对社会本质和个人本性的认识，对纳粹分子的所作所为提供了多种解释。很多人钻研了大量的文档材料，提供了精妙绝伦的观点。也有极少数学者与战争罪犯面谈过，不过，一般来说他们的谈话对象都是第三帝国的士兵和普通的纳粹党员，而不是这些人的领袖。[1]

因此，在试图理解纳粹分子行为的过程中，我们都面对着一个巨大的盲点——领导人本身。我们采访过他们的下属，但是这些人都声称自己只是庞大国家机器上的一个小齿轮而已。[2]当然，我们都是被很多力量所塑造的小齿轮，但是我们中的一些人会连接并带动更大的齿轮。如果说确实存在一个"机构"（即承担责任者）的话，人们需要把目光投向政府高层——确切来说，就是在纽伦堡受审判的那帮人。

作为一名精神病学家，我的专长是倾听、诊断和治疗病人，我在各种各样不同寻常的场所工作过：被各种仪器环绕、受到精心监护的病房，由弗兰兹·卡夫卡（Franz Kafka）设计的监狱，专为富人开设的、有孔雀在庭院中趾高气扬地游荡着的精神病院。我还在好几个破败不堪而奇迹般没有垮塌的州立医院工作过，在耳中充盈着尖叫声和警报声而很难听清病人讲话的急诊室中问诊。无论我的工作场所如何变换，那儿都会有诊疗记录。医生同时也是历史学家，我们都会留下记录，这不仅是因为人类的记忆并不可靠，也是为了指导后续的治疗。书写和阅读这些记录也是一门艺术，虽然它们历来非常简短，但是隐藏着一套特有的基本规则和逻辑体系。我阅读了纽伦堡审判期间的医疗和心理咨询记录后，利用自己的临床经验去粗取精，把它们视为与过去的同行进行的对话。这些同行试图传达关于这些病人的什么信息？有哪些内容是他们没有提到的？

就对纳粹领导人的观察而言，纽伦堡的医生留下的记录非常模糊，有些还相互矛盾。我努力破译他们的记录，并利用身处21世纪所具有的优势重新审视它们。

外界很难接触到政府领导人的精神诊疗记录。纽伦堡审判提供了一个罕见的机会而成为显著的例外，不过参与其中的研究人员大部分都被遗忘了。精神病学家道格拉斯·凯利和心理学家古斯塔夫·吉尔伯特被指派到纽伦堡监狱,他们的任务是评估这些犯人的行为能力是否适合接受审判并提振他们的精神和士气。他们还有一项秘密任务:做监狱长和检察官的顾问。但是这二人私下都打着自己的小算盘,他们有一个大胆的想法:对纳粹领导人进行罗夏墨迹测验,以刻画出恶意的本质。他们花了很长时间在战犯的监舍中跟他们谈话(凯利声称跟每个人都谈了80个小时),对他们进行心理测验,观察他们在审判中的表现。简而言之,他们对纳粹领导人进行了高度密集的观察。本书描述了他们从四名战犯那儿得到的发现,尽管这些战犯的恶意根植于不同的土壤,这四名战犯分别是:罗伯特·莱伊、赫尔曼·戈林、尤利乌斯·施特莱彻和鲁道夫·赫斯。

凯利和吉尔伯特能逐渐为人所知,很明显源于他们如此近距离与恶意接触的经历,但无论是对凯利还是对吉尔伯特来说,这些观察都不容易。与远距离研究恶意不是一回事,他们日复一日与这类罪犯共处同一间逼仄的囚室,面对他们、听他们倾诉、感受他们的气息,这是非常折磨人的事情。这种巨大的压力破坏了凯利和吉尔伯特的合作,激起了二人之间的分歧和妒忌心,导致了阴谋、诉讼和指责的结局。不管怎样,他们的发现和争吵理顺了我们的思路,框定了我们如今剖析恶意的方式。被纽伦堡审判的幽灵所纠缠的现代研究人员,在这一令人不舒服的课题上做出了几项杰出的研究。

为了写好这本书,我参阅了五花八门的资料。除了阅读这个领域内一些很有价值的图书,我也参考了其他来源的信息,[3]比如,海量的媒体报道从一个侧面反映了流行文化如何看待纽伦堡审判中的战犯。另外,参与这场审判的几乎每个人都写了细节丰富的回忆录,有些回忆录已经公开出版,还有一些被列为机密或成为图书馆的特色藏品,来自各类特色馆藏的信息组成了本书的中心内容。[4]

虽然70年过去了，但是纽伦堡审判依然潜伏在隐蔽之处，对观察现代社会中存在的大量恶意实例仍具有启发意义。

争吵声浪

说实话，当发现这些材料存在广泛的分歧时，我深感震惊。我太天真了，忘记了之前参加过的讨论大屠杀的会议中，大家因为观点不同而激烈争吵、互相指责，就差互相扔椅子、大打出手了。在任何历史研究领域，因意见不一而发生争吵是普遍情况，而非例外，但一旦涉及大屠杀问题，争吵就会急剧增多。[5]

就算在最好的情况下，人们的记忆也很难做到精确，更何况还会出现遗忘、歪曲和谎言。人类会自我膨胀，会将自己的行为合理化，有时是刻意为之，有时则不是。在理解纳粹分子的日记和自传时，[6]这些棘手的问题尤其明显。小说家罗斯·麦考利（Rose Macauley）用优美的文笔表达了这个问题："我们必须在薄雾中摸索前行……我们永远不能安于现状地说，我们拥有真相，为了寻找真相……我们要在荆棘丛生的危险地带走过漫长的旅程。"[7]

这段历史原本就盘根错节，再加上同样的词语随时代发展而发生语义变迁，局面就更加错综复杂。70年前的医疗记录或精神评估中的字句，同今天的意义并不相同。就像我将在第二章中所讨论的，我们甚至不能确定戈林的心脏问题具体是指什么，因为"心脏病"（heart attack）这个词在当年意义很宽泛。这种对于历史医疗情况理解上的混乱，在精神病学领域表现得更为突出。我们只是最近几十年才开始着手诊断术语的系统化工作。第一版《精神障碍诊断与统计手册》（*Diagnostic and Statistical Manual of Mental Disorders*）1952年才面世。纽伦堡审判时根本就没有这样的手册，在理解、描述和治疗精神病方面也没有达成广泛的共识。所以，阅读当年的精神病诊断记录成了一项很棘手的任务；同样，当年也没有实施罗夏墨迹测验以及为其编码的成熟方法。[8]出于上述种种原因，理解几十年前的术语和当年的推论非常具有挑战性，毕竟同样的语言在今天不一定有同样的含义。

本书的编排

九岁时，父亲送了我人生中第一台显微镜。我逐渐领悟到观察载玻片的最好方法就是从低到高调整放大倍数多看几次。数年后，我拥有了第一台立体显微镜，能够通过它从差别极其细微的不同视角来观察同一张图像。猛然间，我看到了一个物体的纵深和全貌。

我借鉴显微镜的使用经验，花了好多年研究战争罪犯，从低放大率（他们的公众角色）到高放大率（精神诊疗访谈）来进行研究。观察他们被监禁时和在纽伦堡法庭上的表现，这是低放大率的视角；对这些纳粹领导人进行高放大率的视角的观察，即借助精神病学家和心理学家密集访谈战犯和对他们进行心理测验的记录。

本书共分四个部分，但是并不是按时间发展顺序来编排的。第一部分交代了纽伦堡审判的历史背景和序幕，还有纳粹大屠杀是如何让人性本恶的观念萦绕我们脑际的。第二部分详细讲述了纽伦堡审判期间公众所看到的法庭中的战犯，同时还有被告人在监舍中显露的个人阴暗面。第三部分聚焦四名战犯，他们的例子说明了各种不同恶意的根本起源。纽伦堡法庭第一批共起诉了22名战犯，我从中选取了四人进行了细致的研究，因为他们展示了明显不同的诊断挑战。为了对纳粹领导人的恶意能够有一个粗略的了解，我选取了这些被告人，他们职务各异，在战争中担负不同责任，在审判中的表现也各具风格。第四部分又回到了本书的中心问题：我们应该如何理解恶意？恶意是植根于我们每个人的内心，还是一些特定的人就是异于常人，胸怀恶意？

对于纳粹战犯的心理学测验被雪藏了几十年，并没有公开出版，它深陷在掺杂了野心、背叛和思想分歧的泥潭之中。重新发掘这些被遗忘的记录，我们得以审视当年的精神病学家和心理学家理解恶意——它的社会心理学、精神病理学和神经行为学的根源——的方式，以及与恶意的接触会如何影响我们对于人性的看法。

试图理解与宽恕或谴责并不是一回事儿。如果认为纳粹领导人是一群本性相同的变态恶魔，你现在就可以放下本书了，因为这本书将会阐明，他们的本性并不雷同。他们是邪恶贪婪之徒，但是他们完全不同，每个人都很有个性。这本书说明了他们恶意的本质，还探索了这场审判对研究者造成的负面影响，以及这段历史是如何塑造当代研究的。

这是一个非常广泛、富有争议的学术领域，除了严谨的探究，还饱含嘲讽和争执。我希望本书能够引导读者"尽可能接近历史真相"。[9]

第一部分

纽伦堡审判序幕

第一章

大屠杀：这场种族灭绝为何异于其他大屠杀？

<small>How Was This Genocide Different from All the Rest?</small>

> 我多么希望——报上她们的姓名，
> 但名单已被夺走，更无从探询。
> 我用偷听到的那些不幸的话语，
> 为她们编织一幅巨大的幕布。
> ——安娜·阿赫玛托娃（Anna Akhmatova）
> 《安魂曲》（*Requiem*），1940年

当我第一次开枪时，扣动扳机的那一刹那，我的手有些颤抖，但是开枪次数多了，你就会习惯的。当我第十次开枪时，我就能很平静地瞄准，坚定地将子弹射向那些妇女、儿童还有婴儿。我脑子里面想的是我家里也有两个这样的婴儿，这群人也会以同样甚至更残忍的方式来对待我的孩子……这些婴儿被高高抛向空中，我们在他们落到地上或水

里之前向他们开枪,将他们在空中肢解。

——德国警察在乌克兰杀害犹太人的情形,
一封家书,1941年10月*

血流成河的欧洲

我小时候,对死亡只有一种粗浅的认识,对于特别大的数字,认识更加模糊。在我生活的地方,四条腿的动物数量远胜于两条腿的人,我无法理解死亡数百万人是什么概念。

我只知道有限的恶意模式。每个周六下午,我都会去市郊剧院,花上25美分,看西部片或怪兽电影。那时候的怪物都不是人类,它们通常是体型巨大、怒气冲天的动物,比如硕大无比的蜘蛛,谁知道它们令人恶心的大脑里想的是什么呢?除了这些鲁莽凶暴的巨型动物以外,另一个主要类型的怪物就是僵尸了,很明显他们的大脑都出了问题。随着年龄增长,我接触到了荧幕之外的怪物——内心充满愤怒、妒忌和无比肮脏念头的人。在血流成河的欧洲发生的大屠杀规模空前,令人难以理解。有思想的人类为何会犯下如此惨绝人寰的罪行?

我长大后没有成为历史学家,而是做了精神科医生。我整日忙于诊疗病人,采集他们的病史。是什么导致我的病人出现了这类行为?我的病人生活状况如何?他们的人生选择产生了什么后果?对于书中聚焦的这些战犯,我也在心中默默地问了自己上述那几个问题,正是这些问题帮我大体上勾勒出纳粹种族灭绝的独特本质。[1]

---

* Anna Akhmatova, *The Poetry of Anna Akhmatova: Living in Different Mirrors*, trans. Alexandra Harrington (New York: Anthem Press, 2006),98; Timothy Snyder, *Bloodlands: Europe between Hilter and Stalin* (New York: Basic books, 2010),205.

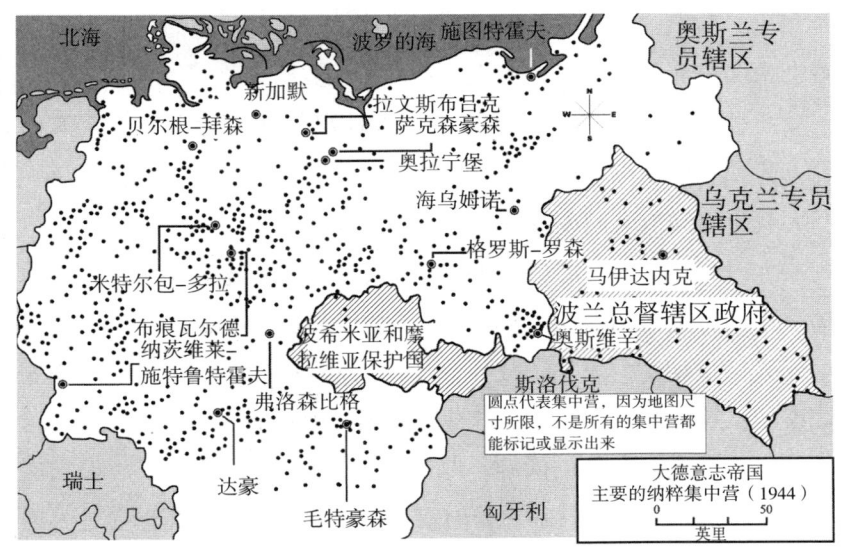

图1　1944年，大德意志帝国境内主要纳粹营地分布地点。经美国大屠杀纪念馆授权翻印

当第二次世界大战最终结束时，四千万男女老幼在欧洲殒命。战争必然有死亡——毕竟要实现目标必须使用暴力——但是死者中的三分之二是平民。[2]

虽然平民在战争中死亡并不罕见，这些死者通常在错误的时间出现在错误的地点。但是，有时候，作为一项政策，国家会无差别地屠杀所有人，不管是士兵还是平民。大多数国家和文明在历史上的某个时期都实施过种族屠杀，大部分情况下仅仅出于杀戮的欲望。当人们厌倦杀戮时，他们便会停手。但是，纳粹德国对于犹太人实施的大屠杀却完全不同，它具有以下特征：持续时间长，经过精心策划，由世界上文明程度最高的国家之一实施。它也是人类历史上迄今为止最大规模的屠杀。蒂莫西·斯奈德（Timothy Snyder）在他的名著《血色大陆》（*Bloodlands*）一书中就这场规模巨大的屠杀指出:"在1941年下半年的任何一天,德国人杀害的犹太人比俄罗斯帝国全部历史时期屠杀的犹太人还要多。"[3]

我曾经想:到底是什么样的人设计出如此惨无人道的杀人机器?我现在依然在思索这个问题。

我也想知道人们现在是否还记得这场大屠杀。

在侵略波兰前一周,阿道夫·希特勒催促实施一场惨无人道的屠杀运动,据报道,希特勒表示:"今天又还会有谁提起屠杀亚美尼亚人的事情呢?"[4]不管这一报道是否属实,它凸显了一个令人忧虑的观点。如果没有人记得种族灭绝,谁又能说它发生过呢?这类似于一个老生常谈的问题:"如果森林里的一棵树倒了,但它周围没人听到,那这棵树在倒掉时有没有发出声音?"在遭受过大屠杀的所有族群中,包括犹太人、波兰人、亚美尼亚人、孟加拉人、图西人、柬埔寨人、达尔富尔人以及其他无数大规模屠杀运动的所有受害者,有一点很明确,幸存者当然对悲惨的经历永世不忘,但世界上的其他人如何能够很好地记住这些悲剧?

考虑到有些读者知识渊博,我本不愿在书中费笔墨对大屠杀进行概述,但是我最终决定还是不要预设立场。多年以前,在我访问一所犹太人主日学校时,我问学生们"犹太人问题的最终解决方案"意味着什么,以及他们能否说出两所集中营的名字。竟然没有人能回答上来这两个问题,他们对于这方面知识的缺乏并非特例。

在阿道夫·艾希曼受审期间,相关报道铺天盖地。研究人员调查了加利福尼亚州奥克兰(Oakland)的数百名成年人,问他们对这场审判的看法。[5]16%的被调查者压根儿不知道这场审判。进一步调查发现,在知道这场审判的384个被调查者中,59%的人指出艾希曼是纳粹分子,其他人猜测他是共产主义者、犹太人或者是"其他什么人",还有人说他们完全不知道他是谁,虽然他们听说他因为犯了某种罪正在受审。研究人员还调查了哪一类人关注这场审判的新闻。相比其他人种，白人更多地关注这一新闻，但却不太了解同时发生的"自由乘车客"的新闻。相反，非裔美国人不大知道关于艾希曼的审判，但是他们中的大部分人都知道"自由乘车客"的新闻。换句话说，人们只关注对自己来说非常重要或跟自己切身相关的新闻。

人们总是会忽略、否认、遗忘事情，很难从中接受教训。历史学家劳尔·希尔贝格（Raul Hilberg）在自己最后一批专著中提出一个发人深省的挑战性问题："事实上，犹太大屠杀研究现在处于'隔离区'，被丢到历史编纂学中高度专业化的角落。"[6] 纽伦堡战犯审判距离我写作本书已经过去70年了。我怀疑有些读者并不清楚是什么导致了这场审判，也不明白为什么关于纳粹分子精神诊疗的辩论如此尖刻，以至于会消耗大量时间和精力。这一章会给大家概括地介绍事情的来龙去脉。

大屠杀的原因

纳粹杀戮机器的目标人群很多：犹太人、罗姆人、斯拉夫人、同性恋群体、耶和华见证会的信徒和智力低下者，但是犹太人是主要目标。这本书更多是对战犯的诊断结果进行深入思考，而较少关注他们的行为动机。探究驱使纳粹分子展开大屠杀的动机不是本书的重点考虑对象。[7] 确实，在一些人看来，分析大屠杀的动机是让人深恶痛绝的行为。比如，诗人伊扎克·卡茨内尔松（Yitzhak Katzsnelson）就曾说："我完全不接受'学者'对这种恶劣行为提出的任何解释或分析框架。我鄙视那些讲出这些蠢话和废话的人……政治经济因素和这种罪恶的想法八竿子打不着。这些邪恶的念头来自我们人类躯体中隐藏的怪兽。"[8]

尽管如此,有三个主导因素叠加造成了尤其骇人听闻的犹太人大屠杀:植根于宗教传统的反犹主义、社会达尔文主义和第一次世界大战带来的毁灭。

宗教曾经在数百年间持续煽动反犹主义。犹太人面临的指控轻则是蔑视基督教,重则是屠杀基督徒。他们有着与众不同的衣着打扮、饮食习惯和节日庆典,非常容易辨认。在很多国家,他们数百年来被强制从事特定职业,他们遭人憎恨,还被迫生活在隔离区域。犹太人是恐惧和憎恨的投射对象,是愤怒和好斗情绪的发泄目标。每当有暴力犯罪发生时,人们总会认为是"犹太人"做的,而且他们不是简单地作恶,而是蓄意已久、充满恶意、腐化堕落地"作恶"。矛盾的是,当奥匈帝国开始现代化改革并废除一些反犹举措时,民众中的反犹情绪反倒在增加。犹太人不再被隔离,结果却出现了文化冲突。反犹主义者感觉受到攻击,因为他们与犹太人之间的互动增加了。随着民族同化的进程向前推进,人们担忧犹太人潜藏的邪恶影响会融入自己的文化。[9]一些犹太人事业有成是激起人们愤怒的另一个原因。

社会达尔文主义是导致纳粹种族灭绝的第二个致命因素。伴随着地理大发现,欧洲人逐渐被新世界中存在的不同种族和文化所触动,他们也震惊于自己发现的这些新人类与自己迥异的生存状况。欧洲人认为,欧洲以外的人生活在相对不发达的文化中,原因在于他们的基因是劣等的,他们的能力只配过这种生活。从另一方面来说,欧洲人认为,生活在繁荣社会中的人有更优秀的基因和更强的适应能力。如果被不同的种族所污染,无论程度是多么微不足道,都会携带能够导致疾病和落后的劣等基因。如果人们能够通过优化动物的种群来改良它们的品种,有什么理由不能优化人类自身的种群以消除不理想的特性或是族群呢？

种族差异的根源在于血统。这种理念给"血罪"（blood crime）这个词带来了新含义。如果你体内流淌的血液是有问题的，那么你就会是霍乱携带者，给周围的人带来毁灭和死亡。就算你真诚皈依基督教也没有用，因为"事实"是，你的邪恶就在你的血液中，而这种邪恶是无法获得救赎的。

大量学者努力辨认隐藏的种族特性。在劣等种族被确认后，创造一个美好世界就只是个简单的优生学问题：禁止劣等种族繁衍后代或者至少确保他们只在本种族内部通婚，这样人们就能很容易通过他们独特的种族"污点"将他们辨认出来。随着这种观点的流行，人们认为，劣等种族逐渐退化直至灭绝只是时间问题，到时一个强盛的社会自然就会形成。

有意思的一点是，优生学主张的目标种族一直在变，从最初易于辨认的黑人、印第安人，发展为不太容易区分的犹太人、罗姆人、斯拉夫人以及波兰人等。优生学理念还关注其他小团体：智力障碍人群、精神病患者、同性恋和罪犯。如果将这些人都关在一起，他们就无法影响其他人了。如果能对他们进行绝育，他们的基因污染行为就会一劳永逸地终止。从绝育到屠杀只是一小步，而且是有逻辑性的一小步：如果彻底根除这些疾病（实际上是这些人本身），迅速解决这一问题不是更好吗？

酿成纳粹大屠杀的第三个原因是伴随第一次世界大战而来的混乱状态。这场战争不可思议地导致大量的死亡，消耗了大量的资源，并以德国的战败而告终。德国不仅输掉了战争，而且还在《凡尔赛和约》的羞辱性条款下面临灾难性的战争赔款。德国政府无力应对战后严重的通货膨胀和经济萧条，无力养活数百万户的德国家庭。奇怪的是，德国人认为犹太人既与左派的共产主义者狼狈为奸，又与右派的资本家沆瀣一气，犹太人显然在跟这些人一道密谋向德国复仇，同样明显的是，一定得惩罚他们。

在财政收入不稳、物资匮乏的时期，政府没有多余的食物来养活那些所谓吃白饭者和害虫。因此，希特勒的观点是消灭所有的不良分子，给纯种雅利安人提供更加广阔的空间，征收更多可用资源，并由此复兴德国，进而统治一个安全和富足的世界。他相信在自己的强力领导下，德国可以摆脱屈辱走向胜利，通过向东征服千里沃野并清除那里的不良分子，德国的天命就可以实现。这种令人陶醉的想法席卷整个德国。

逐步滑向种族灭绝的深渊

无论他们的动机是什么，作为纳粹分子的所作所为是他们在纽伦堡受审的原因，正是屠杀的特殊本质和刽子手对于屠杀行为的反应激起了精神病学家的思考。在古典时代，有组织的大屠杀所需要的只是一个放任的政府、一个促成屠杀的借口、两个族群之间在数量和力量方面巨大的差异以及有利的气象条件。在数天或数周里，你可以杀掉相当多的人，然后继续你的本职工作。对于致力于灭绝大量人群的具有现代性、协调性的大屠杀来说，有组织的大屠杀的规则与之前有着根本性不同。

纳粹大屠杀的组织工作严谨细致、一丝不苟。参加纽伦堡审判的美国首席检察官罗伯特·杰克逊用下面的话拉开了审判大幕："这场战争并不是碰巧爆发的，而是有预谋的，发起前准备了相当长时间，计划周详、构思精密……不论我们对这场战争的发起者作何评价，都不能否认他们有组织地做了大量卓有成效的工作。"[10]

伊兰·克肖（Iran Kershaw）等历史学家认为种族灭绝行为并

不都是早有预谋、自上而下推行的，也有很多大规模的屠杀是自下而上的即兴之举。[11]让杰克逊检察官和其他观察者吃惊的是，支持这场大屠杀的官僚机构数量庞大。为了理解在大屠杀过程中为何有如此庞杂的政府和军警机构的普通成员参与，我们需要从社会学和工业心理学的视角来考虑问题。具有毁灭性的机构被官僚体制所主导，而这一体制行事专业、讲求效率、管理有方，人们对此并不陌生。正如历史学家齐格蒙特·鲍曼（Zygmunt Bauman）所说："大屠杀能够实施的部分原因在于对'道德安眠药'的技巧性利用，正是现代官僚体制和现代科技催生了这一安眠药。"[12]

纳粹德国制定了齐备的法律法规界定和辨识敌人，并详细说明在何种情况下，可以有例外。这些法律条文涵盖领域之广泛令人吃惊。政府禁止犹太人拥有收音机、自行车，还禁止他们驾驶汽车、饲养宠物、钓鱼、使用电话，另外，他们也不能探访非犹太人。这个清单的内容还有很多，多到读起来令人疲倦。例如，鹿特丹的一个犹太生意人收到了如下通知："我看了你写于1943年12月17日的信件，现在通知你，你的公司已经从商业登记中被除名，你也将被驱逐出境，在你做完绝育手术之前不能回来。"[13]

第三帝国制定法律剥夺不受欢迎者的公民权，而且确保媒体支持政府的行为。政府还制定法律解雇了所有的犹太人公务员和犹太人大学教授，并将所有犹太学生驱逐出大学。军队随之对犹太军人也采取了同样的措施。犹太人的产业被充公，犹太人和基督徒不能建立密切关系。政府还出台了相关法律授权警察和军人屠杀犹太人。

在切断了犹太人和其他人之间所有的社会和商业接触后，下一步就是将他们从家中驱赶到特定区域或者是隔离区，在隔离区中，政府制定了越来越多的严格措施限制他们的活动和食物供应。在华沙的隔离区，一处1.3平方英里的土地上生活着445000名犹太人。就居住密度来说，平均每个房间住了7.2个人。[14]

纳粹政府曾考虑把犹太人运到其他地方，比如，将他们驱赶到某个遥远的国家——准确来说是马达加斯加，但是他们后来取消了这一计划，因为这项行动要花费巨额金钱和大量时间。他们还担心这些"种族上受污染的被放逐者"不会老老实实地待在马达加斯加。况且，德国政府缺乏足够的海军和航运资源将所有不受欢迎者送到如此遥远的地方，他们根本无力实行这一计划。

如果受害者身体衰弱或不知道自己的命运是什么，那么将他们送到屠杀场所或是集中营会顺利得多。此时，大部分受害者对于饥饿或监禁生活都已经无动于衷，并且在所遭受的暴行打击下变得麻木，对于打着"重新安置"的旗号被送上火车，都或多或少地予以配合。他们的想法是："集中营里的生活还能比隔离区差到哪儿去？"

毒气室是死亡工厂高效杀人的巅峰。通过欺骗行径，纳粹分子每天让数千名集中营犯人在没有任何抵抗的情况下齐步前行，走向死亡。纳粹还会安排行进的乐队迎接毫不知情的犯人。[15]在特雷布林卡灭绝营，通往毒气室的路上张贴的标语为"通往天堂之路"，在毒气室的入口处则装饰着一个令人欣慰的大卫王之星，下面是一行希伯来语铭文："这是通往天堂的大门，为正直善良之人准备。"新来的受害者会被脱光衣服，排队进入毒气室，在毒气室的门被关上之后，这些人会在氰化氢毒气的弥漫扩散中，20分钟之内死掉。[16]

对于纳粹来说，大屠杀最棘手的部分是如何销毁犹太人被毒死后的尸体。考虑到气流、烟囱高度和其他现实问题，火葬场的建设需要合理的规划和设计。在如何合理堆放尸体以确保快速燃烧方面也存在困难。纳粹经过试验发现，如果把女人的尸体放在尸体堆的底部，紧挨火葬用的柴堆，尸体就能更迅速和均匀地燃烧，因为女人的脂肪含量更高。[17]

纳粹还拿集中营囚犯进行了怪异的医学实验。有些实验纯粹是为了施虐，有些非常残忍且毫无意义（比如，往囚犯肺里注射结核病杆菌，以观察疾病是如何快速发展的）。随着战争接近尾声，纳粹急于掩盖证据，他们在这些医疗研究设施内加快了杀人进度。在汉堡的一处医学研究设施内，党卫军的医生们匆忙杀死了医学实验受害者的孩子们，如果药物没有起效，医生们会把他们绞死。[18]

纳粹还进行了所谓种族科学实验。根据纽伦堡战争罪行审判的报告，在一项研究中，科学家缺少足够的"犹太—布尔什维克政府官员"的头骨，他们抱怨缺少新鲜尸体的头骨妨碍了工作进程。"我们只能得到很少量的这种头骨标本……东方的战事现在给我们克服这一障碍提供了机会。通过努力获取犹太—布尔什维克官员的头骨，我们有机会获得科学原料，更好地研究这些令人厌恶的典型劣等人。"获取这些头骨的最好方法是先让这些囚犯活着，等医生赶来后拍一些他们需要的照片。然后，"将这些犹太人处死，但要保持脑袋完好，随后由医生把他们的头颅从尸体上切下来"。[19]

纳粹会故意当着父母的面将孩子射杀，让他们明白自己的血统已经终结，然后父母也会被处决。有些卫兵享受折磨他人，而且，有一小部分施虐狂明显能从折磨他人中获取性满足感。[20]大部分刽子手只是将他们的所作所为视为"工作"，喝酒和对杀戮习以为常让他们"工作"起来更容易。

我之所以提到这些细节，是因为它们能引导读者鲜明地聚焦这本书的中心问题：什么样的人能做出这样的事情？不是一次两次，而是日复一日，长达数月甚至是数年。少部分人（大约为10%）要求从大屠杀刽子手的岗位上调往前线。²¹还有一些人是施虐狂,但是剩余大部分动手屠杀犹太人的士兵对杀戮的反应是不同程度的酗酒、充满热情或是漠不关心。就像历史学家乔治·克伦(George Kren)和心理学家莱昂·拉波波特(Leon Rappoport)所总结的那样,令人不快的事实是"绝大部分纳粹党卫军的成员、军官和普通士兵,都轻松通过了所有的心理学测验,不管是美军征兵还是堪萨斯城招募警察所用的测验"。²²

对于犹太人的屠杀离不开幕后决策者的组织技能,这些幕后凶手从远处谋划并下令执行了大屠杀。他们就是在纽伦堡法庭受审,并为之付出生命代价的那些人。

实施如此大规模的屠杀,需要成千上万的专业人士。纳粹需要建筑师设计集中营。从火车站通往集中营的道路宽度该是多少?将犹太人送往集中营的火车该如何调度才能实现运输效率最高?如何权衡将军事装备送往前线和将货物(注定被屠杀的犹太人)送往集中营这二者的运力调配?毒气室的门得牢固到何种程度才能不被濒死挣扎的囚犯毁坏?如何让制药公司在增加致命毒气产量的同时不影响给军队生产药物?注重行政细节是德国官僚体制的强项,也是纽伦堡审判时人们特别感兴趣的话题之一。

针对德国行政体制尤为关注细节的特征,历史学家戴维·班凯尔(David Bankier)强调了一个鲜为人知的例子——约瑟夫·戈培尔(Joseph Goebbels)为创作有效的宣传方案所付出的努力。作为国民教育与宣传部长,戈培尔堪称质量保证运动的先驱。他周密地向德国的所有城镇派遣调查队,以便研究如何能够最有效地创作宣传文稿。如果警察的公文将罪犯称为害虫而不是共产主义者,人们会怎么想?²³为了找到能够被接受的指代屠杀的术语,纳粹开发出很多相关的委婉词语:清算、毁灭、行动、清洗、再安置。²⁴

劳尔·希尔贝格引人注目地估算了各种屠杀运动的成本。在"二战"初期，没收犹太人的财产和征收惩罚性苛捐杂税的收益，大大超过了屠杀犹太人所耗费的人力和管理成本。但是，随着战争的继续，没有额外的收益可以榨取，屠杀的成本猛增。修建屠杀营和奴役设施，将受害者运到集中营，看守和屠杀他们，以及焚烧尸体，处处都需要钱，耗资巨大。[25]杀掉如此多的劳动力对德国来说是一场灾难，希特勒的内阁在开会时，就杀掉这些囚犯还是留着他们充当第三帝国的劳动力，哪个更有利于国家这一问题，有过激烈甚至是愤怒的争论。[26]纳粹高官甚至认为让罪犯充当奴工都没有意义。第三帝国劳动力调配总代表弗里茨·绍克尔（Fritz Sauckel）就认为这种政策很愚蠢："吃不饱的奴工，疾病缠身，满怀怨气，悲观绝望，充满仇恨，永远不会卖力干活，他们满足不了我们的需要。"[27]他没有做任何事情去阻止屠杀。有段时间，德国最无力负担"最终解决方案"时，纳粹还是坚持大屠杀；这种对屠杀的痴迷没有任何经济或战略意义。

不管是否符合逻辑，纳粹一直在持续屠杀犹太人。作为精神病学家，我见识过为数众多非理性的自毁行为。如果整个国家都沉醉在那些显然对自身利益有破坏性的恶意之中，而脱离正轨毁灭就毫不令人惊讶。

屠杀对刽子手的折磨

纳粹德国试验了各种各样的屠杀方式。他们最初的目标集中在以下群体：有生理缺陷的孩子、精神病人以及其他无用的"酒囊饭袋"。这种屠杀工作很艰辛，屠杀的执行者们士气低下，因此一家安乐死工厂的工人在屠杀完第一万个人之后，开了一场派对进行庆祝，将尸体火化前用鲜花加以包裹。[28]

纳粹还尝试在特殊设计的货车车厢中释放一氧化碳，毒死车里运送的囚犯。这一招虽然奏效，但是警卫不喜欢这种杀人方式。它需要的时间太长，司机不得不忍受车里囚犯的尖叫和呻吟，而且将扭曲的尸体从车厢里拖出来也很困难，参与屠杀的警卫变得意志消沉，并开始越来越多地喝酒。他们还尝试过将人关入大仓库似的房子里，然后放火焚烧。这招也管用，但屠杀过程比较缓慢，而且能用的空房子数量有限。在东方，纳粹德国别动队的士兵在灌木丛中射杀了数量很多的人，在射杀之前，还强逼受害者给自己挖坟。事实上，这些机动屠杀小队杀死的人的数量多于在灭绝营中被杀的人。

屠杀场景经常出现在刽子手的梦境中，他们试图通过吸毒和酗酒来摆脱这种折磨，抹掉这些记忆。党卫军头目海因里希·希姆莱（Heinrich Himmler）探访一处屠杀场地时说："看看指挥部里这些人的眼神，他们的意志如此不坚定！这些人以后没有什么前途了。我们在这儿都训练了些什么样的部属？要么神经过敏要么野蛮残暴！"他试图振奋他们的士气，方法就是提醒这些刽子手，斗争无处不在，所有人都必须保卫自己免遭"害虫"侵害。[29]纳粹德国占领波兰后，统治波兰的汉斯·弗兰克（Hans Frank）试图安抚这些刽子手："绅士们，我必须要求你们摆脱同情的心态。我们必须清除在任何地方发现的犹太人，只有这样才能保持第三帝国的大厦不被侵蚀。"[30]

刽子手们在纽伦堡审判时提及自己遭受的精神折磨。乌克兰别动队的指挥官奥托·奥伦道夫（Otto Ohlendorf）做证时说，屠杀"要背负无比巨大的心理负担"，而"掩埋受害者对于别动队成员来说也无比煎熬"。[31]希姆莱领导下的党卫军军医报告说，党卫军的埃里希·冯·登·巴赫–热勒维斯基（Erich von dem Bach-Zelewski）将军甚至也无法摆脱射杀犹太人的场景一直萦绕脑际的折磨。[32]

大屠杀所具有的充满压力的本性对刽子手造成了一种不寻常的影响：他们将现实中的事情加以扭曲、修正，给它们做合理化解释。政治学理论家汉娜·阿伦特（Hannah Arendt）总结了屠杀行动队含蓄的文饰行为："屠杀者不会说我们这些人做了可怕的事情，而是说我在履行职责的时候必须直面这些可怕的事情，我肩上担负的责任多么沉重！"[33]

最终的大屠杀遇难数据

这不是你所了解的最典型的嗜血屠杀。纳粹在整个欧洲都建有集中营。这些集中营并不孤立，也不稀少，而是密集分布在多地；纳粹设置了超过四万个各类营地——奴工营、隔离营、集中营、战俘营以及安乐死中心，它们散布在纳粹德国及其东部占领区。不同种类的营地根据它们的毁灭性程度而存在重大差异。囚犯在奴工营多因过度劳累和饥饿而渐渐死亡。纳粹告诉法本化学工业公司管理的一处劳动营的奴工，他们到这一营地不是来生活的，而是走向"确定无疑的死亡"，事实上他们的平均预期寿命只有三个到四个月。[34]相比之下，灭绝营杀起人来却是惊人的干脆；纳粹士兵可以在仅仅两个小时的时间内组织数百名囚犯下火车并完成屠杀和火化。

到"二战"结束时，纳粹政权屠杀了600万犹太人和数百万其他非战斗人员，包括波兰人、乌克兰人和白俄罗斯人；另外遭屠戮的还有：20万罗姆人、30万耶和华见证会的信徒、70万精神病患者和残疾儿童、10万同性恋者。[35]光看数字不容易理解纳粹惨无人道到何种境地，历史学家依然在努力寻找展示这些数字背后滔天罪行的方式。不管是300万还是400万，这都是一个天文数字。就算只是将被屠杀的犹太人的尸体从头到脚首尾相连，按每个人平均身高5.5英尺来算，也将延伸6250英里。[36]也可以从另一种角度来总结这场屠杀：到战争结束时，75%的集中营幸存者其实是他们家庭中唯一活下来的成员。

这场骇人听闻的大屠杀惊呆了很多学者，并引发了对纳粹具有辱骂性的挞伐。著名评论家乔治·施泰纳（George Steiner）评论道："如果在这些黑暗的领域花费大量时间和精力，我不确定是否有人能够丝毫不受影响。"这些集中营不过是将地狱从地下转移到了地表。他接着评论说："这些集中营栩栩如生地体现了欧洲艺术和思想史中塑造的地狱形象……我们发明了相关技术，用来施加没有意义的痛苦、实施没有目的的兽行、制造不必要的恐怖。六百年来，欧洲人对地狱的想象原本一直是：被诅咒的人忍受着剥皮、折磨和尖利的嘲弄，无处不在的鞭子、烤架和地狱之犬，空气中弥漫着恶臭。"[37]对于研究纽伦堡战犯的学者来说，施泰纳陈述了令人惊恐的事实。在集中营这种阴郁的地方工作过的人，都留下了可怕的记忆。

由于实施了大屠杀这种罪孽深重的行径，纳粹分子必然要受到惩罚，但是同盟国不确定应如何处置他们，于是先将俘虏的纳粹领导人隔离起来，直到确定了处置方案。这种隔离为人们初次从心理学角度来观察他们提供了机会，但问题也随之而来。

第二章

战犯陆续来到"垃圾箱"

> 上校评论说:"假设有人以此为主题创作了一个剧本……当幕布拉开时,这些人全都粉墨登场。节目单上应该印着'1945年6月的一座卢森堡监狱'。"
>
> ——约翰·肯尼思·加尔布雷思(John Kenneth Galbraith)于1945年对于"垃圾箱"监狱的描述*。

从水疗所到战俘营

随着战争进入尾声,被俘的纳粹领导人被秘密关押在不为人知的地方。经历了残酷战争和惨绝人寰大屠杀的折磨,人们的神经都很敏感。将

---

* John Kenneth Galbraith, "The 'Cure' at Mondorf Spa," *Life*, October 22, 1945.

纳粹领导人关押在戒备森严之处是非常明智的做法，这样既能防止纳粹支持者解救这些战犯，也能防止纳粹受害者以私刑处死他们，此外，还能预防这些战犯效仿希特勒自杀。这三种情形都是很有可能发生的。

年轻的约翰·肯尼思·加尔布雷思很快就意识到，关押纳粹领导人的监狱非常离奇，他觉得同盟国对于监狱处所的选择荒诞不经。监狱中似乎在上演一出戏，反派角色和正面人物在一场接一场的戏中登台演出。正面角色包括：监狱长伯顿·安德鲁斯和心理学家道格拉斯·凯利。反派角色是本书聚焦的四名战犯中的三个：赫尔曼·戈林、罗伯特·莱伊和尤利乌斯·施特莱彻。[1]

这出戏剧的核心场景位于卢森堡大公国一个名叫蒙多夫莱班（Mondorf-Les-Bains）的村庄，它位于卢森堡市以南十英里。奢华的王宫酒店作为温泉疗养度假胜地一直营业到19世纪中期。它的近现代历史比较复杂。在20世纪30年代，像钢琴家阿图尔·鲁宾斯坦（Arthur Rubinstein）一样的难民从纳粹德国逃离，在这里落脚。"二战"初期，纳粹德国官员在这里度假、休养。到了1945年，美军占领了这家四星级酒店，环绕四周修建了高15英尺的带刺铁丝围栏，并设置了瞭望塔，竖起了探照灯。

王宫酒店就此变身为第32号中央大陆战俘营，代号为"垃圾箱"。[2]这儿的安保如此严密，以至于有人说，要想进去必须出示"上帝签发的通行证，而且还有专人负责核验上帝的签名"。[3]1945年4月，一个由厨师、理发师和酒店经理组成的德国战俘小分队被派遣到"垃圾箱"，为被俘纳粹高官的到来做准备工作。奢华的装修被移除，房间里都摆上了行军床，为了预防自杀，所有的玻璃窗都被换成了屏风和木栅。

严格说来，"垃圾箱"并不是一座监狱。它是一座战俘营，战

图2 "二战"前的王宫酒店。经过授权,翻印自约翰·多利布瓦(John Dolibois),《荣归故里:一位大使的故事》,肯特州立大学出版社,1989年出版(Pattern Of Circles: An Ambassador's Story, Kent, OH: Kent State University Press, 1989.)

俘可以在监禁区域自由走动。它透着些许优雅,有一丝老旧大学生联谊会会堂的感觉,与之不同的是,它还有:持枪的卫兵、始终存在的铁丝网围栏和探照灯。到了1945年5月中旬,"垃圾箱"已经改造完毕,静待新客人前来。当客人来到王宫宾馆时,我可以想象得到监狱里的工作人员对他们的好奇心有多么强烈。

监狱长安德鲁斯

1945年5月20日,上校伯顿·C.安德鲁斯(Burton C. Andrus),[4]被任命为"垃圾箱"的监狱长。他第一次面临枪林弹雨是在19世纪90年代,当时他仅有两个月大,他那同样毕业于西点军校的父亲带着家人前往美国印第安人保留地边界地区。[5]50年后,当安德鲁斯

图3　伯顿·C.安德鲁斯,"垃圾箱"监狱和纽伦堡监狱的监狱长。(美国国家档案馆)

来到蒙多夫莱班时,他已经于第一次世界大战期间在装甲部队度过了辉煌的职业生涯。在那场战争中,他在美国佐治亚州一个混乱无序的军队监狱严肃军纪、重整秩序,为他赢得了高效监狱管理者的声誉。第一次世界大战结束时,他成为加利福尼亚州蒙特雷(Monterey)的普雷西迪奥(Presidio)监狱官员,此后他继续在装甲部队服役,并担任过多个不同职务。

第二次世界大战期间,安德鲁斯依然在军队服役,他的主要职责是协调空地关系,负责纽约港的安全,后来被派驻欧洲做交通管理（trafic regulation）工作。"交通管理"这个词容易让我们联想起超速摄像头和用雷达检测汽车超速的监视区。但是，在"二战"中，那个如今听上去对社会有益的部门却监管着至关重要的军队调遣，以及在欧洲被炸毁的道路上协调军队和物资运输。

1945年春，安德鲁斯出乎意料地接到命令去美国驻巴黎大使馆，他在那儿见到了德怀特·戴维·艾森豪威尔，并被任命为"垃圾箱"的监狱长。[6]到任后，他发现了安全漏洞并立刻加强防御，在围墙上安装了警报器，新增了训练有素的守卫，铺设了迷彩伪装网，配备了更多机关枪。根据自己管理监狱积累的经验，他非常重视围墙之内的情况。他配备了狱医，建设了足够的厨房和公共卫生设施，并请求增加物资供应。他还制定了相关规则，添置了用于联络的电传打字机，增设了文书岗位。安德鲁斯是一个考虑问题十分周密的人。

一些纳粹高官带着自杀的想法来到"垃圾箱"。希特勒、戈培尔和希姆莱是他们的榜样，而且有些人在来"垃圾箱"之前已经试图自杀。汉斯·弗兰克差点就成功了，他割了自己的手腕、胳膊、肋部和喉咙。而约阿希姆·冯·里宾特洛甫（Joachim von Ribbentrop）非常抑郁，其他囚犯都担心他会自杀。为了防止他们自杀，每名战犯抵达之后都要接受彻底的搜查；安德鲁斯发现了粘在鞋底的剃须刀、小瓶的氰化物和藏在衣服里的其他违禁品。他没收了他们的剪刀、领带、吊裤带、棍子和其他所有尖利的器具——能够用来自残的任何东西。最终，他阻止自杀的努力还是失败了。

安德鲁斯把战犯的思想状况作为自己关心的要务。这不是因为他喜欢他们，相反，他相当厌恶这些人。更确切地说，在他看来，自杀是反抗的表现——破坏规则，而他管理着一座模范监狱。在这种情形下出现的自杀会成为宣传上的噩梦，战犯自杀会被视为无法忍受残酷虐待的绝望之举,或者会被视为成功的反抗行为。不光是在防范自杀方面,安德鲁斯里里外外都是管理监狱的行家里手。监狱长的职责就是照料犯人,确保他们的安全直到被释放(或被行刑)。安德鲁斯为监狱配备了士气高昂的官员。他觉得,没人能够在他的看护下自杀,除非他发话同意。

戈林到来

帝国元帅赫尔曼·戈林1945年5月7日写信给美军,宣称自己想投降,第二天晚上,美军就监禁了戈林。他是在极度不寻常的情况下投降的,因为希特勒几周前以不忠为由判处他死刑。即使是在美军的关押之下,戈林依然担心纳粹党卫军要置他于死地。所以,在被美国人关押的第一天,美军允许戈林的下属陪在他身边,甚至允许他们带着武器保护戈林,虽然这看起来很奇怪。

5月9日,他从阿尔卑斯山脉的奥地利小镇基茨比厄尔(Kitzbühel)飞往德国。飞行员在航行中一直提心吊胆,他不确定这架只有两个座位的小飞机能否承载像戈林这样的大胖子。当戈林走下飞机的那一刻,飞行员紧悬着的心才放下,他后来评论道:"(戈林)表现得好像是在观光……他还指给我看自己长大的地方。"[7]

戈林着陆后,期待自己被作为国家领导人来对待。围绕他的地位问题随即就发生了冲突,这是对于未来将发生事情的一个预兆。戈林最终于1945年5月20日来到"垃圾箱"。监狱长安德鲁斯指出,"他随身带着与自己身份相称的16个绣有交织字母图案的手提箱,一个红色帽盒和贴身男仆",他的手指甲和脚指甲都涂了红色的指甲油。他还携带了大概两万片双氢可待因片,自称因为"心脏问题",一天需要吃40片。在经过一番讨论后,戈林承认他之所以要吃双氢可待因片——一种吗啡衍生物,是因为他长期以来无法摆脱吗啡依赖。[8]他对于吗啡的依赖源于1923年的慕尼黑暴动,他当时腿部中弹并从此落下了慢性疼痛的病根。他因为吗啡依赖于1925年在瑞典住院,1927年在德国又因同样的原因住院。[9]

除了医疗问题外,戈林还带来了其他挑战。在搜查他随身行李时,监狱官员发现了埋在一罐雀巢咖啡中的一小瓶氰化物,另有一小瓶氰化物被缝进了他的一套制服中——他需要被严密看管。

在同盟国制定具体的德军遣散方案时,戈林期待同盟国能够让他住在奢华的温泉疗养中心。让他始料未及的是,迎接他的是打心眼里看不起戈林的监狱长安德鲁斯。人们对这位监狱长的一致评价是"热爱工作"。他有些严肃的军纪官的气质,旁人观察到他"不会走路,只会快速齐步走!"[10]他经常把"见鬼,我14岁才知道上帝并不姓'该死'(Damn)"挂在嘴边。[11]喜好奢华、愤世嫉俗的戈林并不喜欢看上去拘谨古板的安德鲁斯。当安德鲁斯与戈林碰面时,立刻火星飞溅。安德鲁斯认为戈林是一个"爱傻笑又邋遢的懒人",提起他时语气充满鄙视,并嘲笑说,"奢华生活养成的赘肉在他的夹克下颤抖"。[12]

戈林是关键战犯。当他来到"垃圾箱"监狱时,身高5.6英尺的他体重达264磅。他经常大汗淋漓,呼吸困难,浑身颤抖,而且心律不齐。他过度肥胖到把一把椅子直接坐塌。他讲述了自己前些年经历的多次"心脏病"。关于"心脏病"的记录,让我第一次意识到,弄明白纽伦堡战犯的医疗和精神病治疗史是多么困难。在1945年,心电图和通过验血检测心肌酶的诊疗方法都没有被广泛应用,"心脏病"这一概念用来描述从心悸到突然死亡之间任何与心脏有关的问题。在戈林的案例中,"心脏病"这个词可能是指心律不齐，而且这一症状无疑会因焦虑和停药而恶化。不过，他的"心脏病"也可能是惊恐症发作。"垃圾箱"监狱的医疗评估上写着，"他经常性地心包疼痛、呼吸困难、大汗淋漓和惊悸不安，这表明他心脏病周期性复发"，其实，上述所有症状也是惊恐症发作的表现。[13]

在来到"垃圾箱"几天后的5月26日，监狱方面开始慢慢减少给戈林服药的剂量。5月31日，他患上了支气管炎，有几个星期暂时没有服用双氢可待因片。7月19日，他抱怨说受到头痛和失眠的困扰。到了7月底，他体重下降了20磅，但血压急剧升高。安德鲁斯指出，"当他看到每次拿到的药片剂量都比上次要少时，便会痛哭着抱怨……到了8月12日，我们就帮助他完全摆脱了药物依赖"。[14]在这个过程中，他始终都没有摆脱"心脏病"的折磨，安德鲁斯也因此被上级领导批评，他们担心这些战犯支撑不到受审便会死掉。戈林的心脏病症状和上级的压力都在增加，安德鲁斯开始担心起来。他并不喜欢戈林，他只是不希望戈林在"垃圾箱"关押期间，在自己眼皮底下出任何意外。因此，安德鲁斯要求给监狱配备一名医生——要精通药学，擅长药物依赖和心脏病治疗。军医道格拉斯·凯利看起来符合他的要求，道格拉斯于1945年8月4日飞抵蒙多夫莱班。[15]他收到的指令很隐晦："你要联系位于蒙多夫莱班的王宫酒店的米勒上尉……上尉会给你具体指示，向你分配任务。"[16]

最不寻常的精神病学家

"二战"期间，医学博士道格拉斯·凯利是设在比利时的美军第130号综合医院的首席精神科医生，他在那儿创立了一套有效治

图4 道格拉斯·凯利，大概摄于1945年。经道格拉斯·凯利之子授权翻印

疗战争衰竭症的疗法。他是一个坚定而独特的人，同时还有些古怪，人们既因他所取得的成就也因他的人格而尊重他。他愿意前往蒙多夫莱班工作。凯利才华横溢，善于长篇大论讲故事，同各种人都能合得来。他口齿伶俐，喜欢成为众人瞩目的焦点，但这招致其他人的敌意，尤其是在后来具有政治敏感性的战犯审判期间。

凯利从小在加利福尼亚州的特拉基（Truckee）长大，是富有开拓性的麦格拉申（McGlashan）家族的后代，这个家族出了很多律师和法官。他确实是一位天才，曾经是著名的心理学家刘易斯·特曼（Lewis Terman）研究天资聪慧青少年项目的对象。他对于司法精神病学很感兴趣，对诈骗犯和装病逃避工作的人抱有深深怀疑，他对于精神病的界定很严格。他还是一个健谈者！他具备异乎寻常的聊天禀赋，能够很快评估出人们的优势和软肋。他才华横溢，涉足多个领域，例如，他是一个专业魔术师，第二次世界大战结束后，他甚至成为美国魔术师协会副主席。此外，他还是世界著名的罗夏墨迹测验专家。

罗伯特·莱伊的到来

在我们从"垃圾箱"监狱讲到纽伦堡之前，还得先介绍两名战犯。如今的读者可能对罗伯特·莱伊并不熟悉，但是他是被俘的纳粹高级领导人之一。1945年5月16日莱伊在贝希特斯加登（Berchtesgaden）附近的城镇施莱兴（Schleching）身着睡衣被捕，他以恩斯特·迪斯特尔-迈尔（Ernst Distel-meyer）博士的假身份隐藏在施莱兴。在被抓获时，他试图服毒自杀，但士兵将药瓶从他手中打翻。在搜身时，士兵还发现了隐藏在他戒指中的一瓶氰化物。到"垃圾箱"监狱后，管理人员允许莱伊将睡衣换下，穿上卡其制服，但即使是这样，他"看起来也像喜好狂饮作乐的种植园懒汉刚进入征兵站"。[17]

在纳粹党发家早期，莱伊只是一个流连于啤酒馆的小流氓，但是到了"二战"末期，他攫取了出人意料的权力，肩负重大的使命。他是一家反犹报纸的主编，不过，让他名声大噪的是领导德国劳工阵线。他摧毁了独立的工会（当然还有它们的领导），设立了一个密切配合纳粹战争计划的劳工团体，帮助政府组织奴工支持战争。尽管被指控傲慢无能，但同希特勒的亲密关系确保了他的稳固地位。莱伊是一个空想家，基本不具备执行力，也欠缺有条不紊的组织能力，他的梦想涉及很多领域——将大众公司打造成"为人民生产汽车"的公司；创办以工人为服务对象的银行、旅行社和游轮公司；对工人进行全面监管以确保他们忠诚可靠。

莱伊有严重的口吃问题,这源于第一次世界大战期间的一次意外。他驾驶的战机在一次战斗中被击落,在昏迷数小时后醒来时,他已完全不能说话。这给他留下了后遗症——说话结巴,不过喝酒能缓解这一症状。这种现象并不罕见,并可能是造成他酗酒的原因。借着酒劲儿登台演讲的他,口齿虽然并不是特别清楚,但是讲话内容非常具有煽动性,在蛊惑人心方面很成功。

他私生活混乱,[18]曾因严重的贪污行为以及酒后失态令纳粹党尴尬不已。莱伊为了扩张自己的权力经常同其他纳粹高层争吵。阿尔贝特·施佩尔(Albert Speer)称他为"粗鄙的酒鬼",阿尔弗雷德·罗森堡(Alfred Rosenberg)抱怨他是"纳粹党中的自大狂"。其他人用更粗俗的语言称他为"没脑子的吹牛家"。[19]

此外,莱伊做事不可预测。他深爱自己的第二任妻子英格(Inge),在一次宴会中,为了展示对妻子浓烈的爱意,他突然扯掉英格的衣服,以让客人赞赏她的曼妙身材。[20]莱伊的出格行为和频频发作的毒瘾让英格忍无可忍,她最终在1942年12月饮弹而亡。此后莱伊更加堕落。他变得越发古怪,性情暴烈、嗜酒如命,下属对此深感担忧。希姆莱对他很关心,要求自己的私人医生对莱伊进行治疗。不过,一个月之后,这名医生就放弃了,因为当他"上门出诊时,莱伊没有一次不是醉醺醺的"。[21]

在"垃圾箱",几乎没有其他纳粹高层跟莱伊有任何来往。他们因为跟他争权夺利发生过太多冲突,即使是在戈林看来,他的酗酒和腐败问题也实在太严重了。对莱伊的审问进行得非常艰难,每次审讯时,他都会偏离主题,说话结巴,大声吼叫,还在房间内来回踱步。在整个审讯过程中,他竭力主张自己对同盟国有用,可以把劳工高效地组织起来,就像在德国做过的那样。不过,审讯人员拒绝了他的提议。

尤利乌斯·施特莱彻的到来

在莱伊抵达"垃圾箱"一周后，美军在靠近德国贝希特斯加登的奥地利城镇魏德灵（Waidring）将新闻出版人尤利乌斯·施特莱彻抓获，他被称为"头号犹太迫害者"。[22]施特莱彻在魏德灵时"化身"名为约瑟夫·塞勒（Joseph Sailer）的艺术家，被抓时，他确实正在创作主题为阿尔卑斯山的风景画。来到蒙多夫莱班几天后，他就抱怨说，在此期间，他被黑人士兵虐待，他们逼迫他喝光小便池里的尿，还用烟头烫他的脚。在虐待他的同时，还有犹太人在一旁拍照片。[23]

反常的是，在"垃圾箱"，施特莱彻曾经声称对犹太人改变了看法。他表示："一个美国人拿着一罐可可饮料和一些饼干走进来，把东西放到桌上便向后退。然后说，'这是我送给您的，施特莱彻先生，我是犹太人'。我无法控制自己的感情，放声痛哭……我总是说，犹太人没一个好东西，但是他的表现证明我错了。"[24]他对犹太人看法的转变一定是转瞬即逝的，因为安德鲁斯监狱长曾写道："他沉浸在仇恨之中，每次提到'犹太人'这个词，他明显在颤抖。"[25]

"垃圾箱"的一些员工指出，施特莱彻经常夸口自己取得的巨大成就，并会因为激动而不停地咆哮。他认为《纽伦堡法案》是在自己的鼓动下制定的，但其他纳粹高官却抢了他这一功劳。[26]

施特莱彻是一个粗鲁而且不得体的人，其他被关押的纳粹战犯都讨厌他。他迷恋女色，吹嘘说如果人们想知道他有多强壮，应该送个女人到他的监舍中。在一次体检中，医生要求他脱衣服时，女翻译开始走出房间。"施特莱彻色迷迷地斜眼看着女翻译说：'怎么了？你害怕会看到一些美妙的东西？'"[27]这个人根本不在乎能否给别人留下良好印象。

言行得体从来都不是施特莱彻的强项。"二战"期间，他在闲聊时说，戈林不够雄壮，没法让妻子怀孕，戈林的女儿埃达（Edda）一定是人工授精的结果。更糟糕的是，他将这一传言公开刊登在《冲锋报》（*Der Stürmer*）上。戈林将他控告到纳粹党仲裁和调查委员会。主持审判的纳粹法官表示："我们会一劳永逸地清除这个病态想法。"[28]基于戈林的这一指控，再加上他此前干过的那些不法商业勾当，1940年，施特莱彻被软禁在他农场里的房子中，直到战争结束。[29]

在"垃圾箱"的生活

被关押者的身份并不确定。他们还没有以任何罪名被起诉，那么，他们是被保护性监禁，还是战犯或战俘？确切地说，他们像战俘一样被关押，但是不像在一般的监狱中那样活动受那么多严格限制。在"垃圾箱"，这些纳粹分子认为对自己的关押是临时的，这一状况等同盟国的胜利条款确定下来后就会改变。在他们被监禁的几个月间，情报官员经常审讯他们，但是他们有大量时间在长长的走廊踱步、思考和聊天。尽管里面的家具有些简朴，这所监狱更像是一处休养中心。这些犯人在王宫酒店前摆姿势照了一张著名的合影，被称为"1945年的毕业班"。

这些囚犯渴望聊天。他们习惯于叱咤风云，对于待在这儿感到厌倦和担忧。"如果好几天都没有人审讯他们，他们会觉得被忽视。如果你经常被长时间审讯，这意味着你是重要人物。"[30]有些人会把心里的内疚说出来，但是，就像"垃圾箱"的情报官员约翰·多利布瓦所指出的那样，"他们最喜欢的消遣就是卸责"。这些战犯

图5 被关押在卢森堡蒙多夫莱班的"1945年的毕业班"中的战犯：尤利乌斯·施特莱彻（最后一排最右）、罗伯特·莱伊（第四排右二）、赫尔曼·戈林（第一排中间）。经美联社授权翻印

对精神科医生的访谈和心理检查持有异乎寻常的开放态度，上述评论有助于我们理解个中缘由。

戈林对于自己遭受的管制非常不耐烦，认为安德鲁斯是一个狭隘的暴君，他称之为"那个自负的消防员"，因为安德鲁斯喜欢戴着自己那顶锃亮的红色钢盔在监狱里巡视。安德鲁斯对他们也十分恼火："他们是变态狂、瘾君子和骗子。弗兰克博士到这儿时，竟然穿着一条蕾丝短裤。戈林带着一个脸颊红润的'贴身男仆'。莱伊到达时，人们指责他患有淋病，他还抱怨说离了女人没法活。纳粹国防军指挥官威廉·凯特尔（Wilhelm Keitel）到来时，因权杖被拿走而立即崩溃，他还给艾森豪威尔写了一封信投诉。这些可都是策划并发动了世界大战的鹰派人物!"[31]

从旁观者的角度来看,这些战犯都是纳粹党高层,人们倾向于认为他们看待事物的观点是一致的。事实上,他们是完全不同的一群人——将军、内阁成员、工业家、宣传鼓动家。许多人早就看其他人不顺眼。戈林坚持自己是这些战犯的领袖,但是卡尔·邓尼茨(Karl Dönitz)元帅才是希特勒指定的继任人。纳粹德国内政部长威廉·弗里克(Wilhelm Frick)不满戈林把他当小孩子对待,[32]施特莱彻则抱怨说戈培尔抢走了自己在制定《纽伦堡法案》中的功劳,戈林不满戈培尔和里宾特洛甫在希特勒面前进他的谗言。[33]几乎其他所有纳粹高官都冷落施特莱彻。每当施特莱彻坐在旁边时,邓尼茨和其他几个人就会立即把自己的椅子搬走,拒绝挨着他坐,因为他们认为施特莱彻是施虐狂、强奸犯和可恶的色情狂。[34]

施特莱彻在蒙多夫莱班唯一的朋友是莱伊,他们被称为"形影不离的双胞胎",不仅因为他们总是坐在一块儿,而且他们的相貌和体形也相似。[35]尽管如此,施特莱彻也会跟其他人一块儿在酒店走廊上踱步,但是当只有他自己时,他会立正,敬礼并大喊:"希特勒万岁!"[36]

"垃圾箱"被清空

"垃圾箱"于三个月后的1945年8月12日关闭,这处建筑又被恢复成王宫酒店。被关押者(当然还有监狱长安德鲁斯和精神科医生凯利)转移到纽伦堡。战犯鲁道夫·赫斯、心理学家古斯塔夫·吉尔伯特、检察官罗伯特·杰克逊会跟他们在那儿会合。我们将在第四章具体讲述这几个人。不过,为了思考一场战犯审判是如何实现的,而且为什么审判地点会选在纽伦堡,简单地提几句是必要的。

"垃圾箱"后来命运如何？1988年，王宫酒店被拆除，如今矗立在其旧址上的是一家新酒店，名为蒙多夫葡萄园温泉酒店。[37]现代的旅游指南对这家酒店的描述是："这处疗养胜地位于宁静如画的乡野田园，东边紧邻葡萄园和树林，西边靠着洛林山脉（Lorraine hills）。"[38]只字未提"垃圾箱"。

第二部分
纽伦堡

第三章

纽伦堡战争罪审判：
该如何处理这些战犯？

The War Crimes Trial: What Do We Do with the Criminals?

> 这场审判给德国树起了一面反躬自省的镜子，帮助它解开令自己困惑的谜团，这一谜团就像在纽伦堡及附近乡村遍地开放的花朵……痴迷于花儿的人一定也喜爱一切美丽和简约的东西，这是毫无疑问的。这儿的景致依然无辜地惹人怜爱，散发出自然、单纯的诱惑。生长在松软、微红土地上的松苗清香怡人，它们有朝一日会长成高大的松树……磨坊主的小儿子在磨坊水池尽头的绣线菊花丛中逗弄灰色小猫，这些景象当然给人一种和谐无害的印象。但是，岁月静好的表象之下埋藏着滔天罪恶。
>
> ——丽贝卡·韦斯特（Rebecca West），《非凡的流放》（"Extraordinary Exile"），1946年9月7日

我们要谴责和惩罚的这些罪行都是纳粹精心策划出来的，无比邪恶，极具毁灭性。人类文明无法容忍他们逃脱罪责，因为我们不能眼睁睁地看着这种悲剧重演。四个伟大的战胜国因取得的胜利而备受鼓舞，同时也因所遭受的伤害而痛苦不堪，但是，它们并没有放手去报复被俘的敌人，而是自愿将他们交给法律去制裁，这是迄今为止，权力向理性最具深意的致敬。

——检察官罗伯特·杰克逊，开庭陈词，
国际军事法庭，1945年11月21日[*]

审判的目的

在那个漫长的夏天，当"垃圾箱"的客人在王宫酒店的走廊上散步时，同盟国正在仔细推敲设立国际军事法庭的细节。自1943年以来，相关讨论虽然时断时续，但这项工作一直在向前推进。应该如何处理这些被俘的第三帝国领导人？历史对此并没有提供太多借鉴。拿破仑·波拿巴被流放并监禁到厄尔巴岛，在第一次世界大战后，德国皇帝威廉二世退位，在流亡中度过余生。此类仁慈的安排肯定会激起怒火，尤其是在纳粹设集中营搞大屠杀的阴影下。

因此，同盟国在审判纳粹战犯的问题上存在巨大分歧，并不让人意外。苏联人认为没有必要搞审判，他们主张尽快将这些战俘在某栋大楼背后的小巷子里处死。在1943年召开的德黑兰会议上，约瑟夫·斯大林建议处死五万至十万德国军官。温斯顿·丘吉尔被这

---

[*] Rebecca West, "Extraordinary Exile," *New Yorker*, September 7, 1946, 45; Robert Jackson, Testimony, November 21, 1945, *Trial of the Major War Criminals before the International Military Tribunal, Nuremberg, 14 November 1945—1 October 1946*, 22 vols. (International Military Tribunal,1947), 2:99.

一建议激怒，他威胁退场，而富兰克林·罗斯福开玩笑说，或许枪决4.9万人就够了，紧张的局面得以缓解。[1]随着战争接近尾声，三位领导人在这些问题上的立场依然犹豫不定。令人惊奇的是，在后来的会议上，丘吉尔却建议将这些纳粹领导人即刻枪决，但斯大林偏偏反对说："在苏联，我们从未不经审判处决任何一个人。"[2]有些美国人认为，一场有选择性的审判是浪费时间，处决更多德国人才更有意义。约瑟夫·普利策（Joseph Pulitzer）认为150万是合适的数字。[3]但是，美国领导人最终决定要举行一场公开审判，他们认为这是必要的，不仅可以惩罚纳粹领导人，还可以揭露他们是如何泯灭人性的。

最终，国际军事法庭得以创立。在第三帝国的司法体系下，公平正义的理念消失得无影无踪，同盟国设计的国际审判要彰显法治和公正已经重回德国。苏联人贯穿整场审判的态度始终未变，差不多可以准确地概括为："现在可以杀他们了吗？"法庭草创初期，在为法庭工作人员举行的招待会上，参加过斯大林大清洗审判的苏联检察官安德烈·维辛斯基（Andrey Vyshinsky）在致祝酒词时说："为罪犯、为他们从正义之宫走向绞刑架而干杯。"[4]此时，审判甚至还没有开始。法官应该为这种祝酒词而举杯吗？俄罗斯法律学者阿伦·特赖宁（Aron Trainin）认为："为了惩罚轴心国战犯，俄罗斯不能允许自己被传统法律条文束缚手脚。"[5]

即使就组建军事法庭达成一致，同盟国也不确定这一法庭是否具有足够的智慧。这场审判不会显得只是在作秀，或是"胜利者正义"的又一次上演吧？鉴于苏联在波兰和乌克兰实施了大屠杀，同盟国是否会被视为借审判向纳粹领导人复仇的伪君子？同盟国在1945年的整个夏天都在反复讨论这些细节，尤其是审判地点的问题。

同盟国之间的分歧预示着起破坏作用的冲突将逐渐主导纽伦堡审判。审判中揭发出来的大量恐怖残忍之事深刻影响到参加审判的每一个人的心理——律师、法官、卫兵、翻译、证人，当然还有心理学家和精神病学家。这些情感上的影响长期困扰着他们对罪犯心理的评估。

　　描述这种现象有一个需要解释的专业术语：反向移情。多年来，我在给医学院学生授课时，总是不断听到他们哀叹："我在给精神病人问诊时，为什么会感到筋疲力尽？真是搞不懂，出诊安排并不繁重，病人也不是生命垂危，但是在听病人讲述了一整天离开病房时，我很难控制住自己想大叫的冲动。"当你对精神病人做访谈时，你会对他所讲述的内容情不自禁地产生情绪反应。初出茅庐的医生有时会因这些情绪反应而感到困惑，他们对此手足无措。从医这些年来，我诊疗过数千个精神病人，但是即使我看过十倍的病人，如果把我派到纽伦堡与这些邪恶的人亲密接触，我也无法做到心如止水。

纽伦堡：国际军事法庭所在地

　　在一个过去以风景秀丽和文化氛围浓厚而闻名的地方，所有这些怪物被推到了前台。数百年来，纽伦堡在玩具制造方面享有盛誉，作为玩具之都，它的产品多样：惹人怜爱的瓷器娃娃、设计精妙的木头玩偶、种类繁多的锡制玩具、让人爱不释手的火车和蒸汽机模型。是纳粹党改变了这一切。越来越多的冲锋队员在广场和剧场聚集，砰砰落地的军靴、震耳欲聋的宣誓、晚间挥舞的火把、黑红白三色的纳粹党旗，取代玩具成了纽伦堡的新标志。当第三帝国议会于1935年在这座城市召开并通过《纽伦堡法案》时，这儿已然成为以辱骂毁谤为特长的纳粹党所办报纸的据点。纽伦堡很快就发展出了庞大的军工产业，附近弗洛森比格劳工营中的奴工成为这一产业的主要劳动力。玩具产业烟消云散，取而代之的是战争，到了战争末期，原来的纽伦堡已经不复存在。持续不断的轰炸毁掉了这儿90%的建筑；估计有三万具尸体在废墟中腐烂。这座城市散发着死亡和阴暗的气息。那个曾经美好的纽伦堡已经消失在黑夜和浓雾中。

具有讽刺意味的是，纽伦堡正义宫却在战争中基本未受损伤，并成为国际军事法庭审判主要战犯的"起点"。与纽伦堡法院大楼相邻的一座大型监狱也在轰炸中挺立。而这些建筑周边的广阔区域被炸成废墟也为这场审判提供了天然的安全防线。

除了上述现实优势，纽伦堡还是纳粹德国具有象征意义的中心。如果想在第三帝国这头怪兽的心腹地带搞一场审判，没有比纽伦堡更合适的地点了。它既具备组建法庭的现实条件又具有强烈的象征意义。不过，这是怎样的一场审判呢？

法律团队：争吵和积怨

美国联邦最高法院法官罗伯特·杰克逊被任命为纽伦堡法庭的美国首席检察官。杰克逊在纽约州的乡村长大。他没有获得过法律专业的学位，他在奥尔巴尼法学院（Albany Law School）接受了一年的法律训练，然后在律师事务所实习了一年。他的职业生涯异常成功，并因能言善辩而声名鹊起。他从1934年起开始为美国联邦机构效力，并步步高升，从财政部下属的国家税务局首席律师做到助理司法部长，再到司法部长。到了1941年，他被任命为美国联邦最高法院法官。[6]

罗斯福总统于1945年4月12日去世。碰巧的是，第二天，杰克

图6　法官罗伯特·H.杰克逊（美国国家档案馆）

图7　纽伦堡正义宫俯瞰图，1945年11月20日。纽伦堡正义宫是位于市中心的一幢巨大建筑；右边是法院大楼，后面是监狱（被半圆形的围墙包围）。图片来源：哈佛大学法学院图书馆，历史和特殊收藏（美国国家档案馆）

逊被安排做一场主题为"各国法治"的演讲。他告诉听众，虽然自己并不反对将纳粹领导人草草处决，但是他担心如果未经审判而行刑会让他们成为烈士。关于审判，他谈到了对于司法权和国际法应用方面的担忧："用哪种标准来确定罪名。"他用如下有说服力的评论做了总结："如果你不愿意看到有人因没被定罪而逍遥法外，你必须将他送上法庭接受审判。"[7]有人将他的演讲内容汇报给了总统。

两个星期后，总统哈里·杜鲁门要求杰克逊从联邦最高法院请假赴纽伦堡负责领导美国检察官。第二个月，政府内部和媒体围绕法庭的使命争论不休，杰克逊表示，如果强硬派试图削弱诉讼程序的作用，他就要辞职。虽然有媒体谴责他"对纳粹德国心慈手软"，但杰克逊的观点占了上风，他带着自己的团队飞往欧洲，开始收集证据。1945年6月7日，他雄辩地阐释了审判战争罪行的正当性：

> 我们要拿他们怎么办？我们当然可以在未经审判的情形下将他们释放，但是，美国付出了无数人的生命代价才打败并俘获这些人，让他们逍遥法外是对牺牲者的嘲讽，也会让生者变得愤世嫉俗。另一方面，我们也可以未经审判处决或惩罚他们。但是如果没有经过公正而明确的罪行裁定就不加区分地处决或惩罚……会让美国人良心不安……唯一正确的途径就是经过庭审，判决嫌疑人是无辜还是有罪，这个时代和我们惩处的骇人暴行赋予我们公正的审判的权利……在这个不稳定的时期，我们有责任确保自己的行为能够引导世界思潮，转向加强法律对国际行为的约束力上，从而降低战争对掌管政府和手握民族命运者的吸引力。[8]

1945年的整个夏天杰克逊都在收集证据并商讨审判所需的诉

讼程序。同盟国之间要达成一致困难重重,一方面是因为初现端倪的冷战造成两大阵营对抗,另一方面则源于各方法律传统不同。例如,在讨论如何组织即将到来的审判时,苏联少将约纳·尼基琴科(Iona Nikitchenko)问杰克逊:"英语中cross-examine(交叉询问)是什么意思?"[9]这只是对未来发生冲突的一个预兆。

纽伦堡审判是"二战"后数百起战争罪行审判中的首起,这些审判最终起诉了数千名被告人。希特勒、戈培尔和希姆莱都已经自杀,还有些人下落不明。在纽伦堡,同盟国起诉了能够抓到的所有纳粹高官,他们分别掌管着第三帝国的经济、军事和宣传等机构。这给全世界提供了一次近距离观察、聆听他们的机会,可以帮助人们了解他们是如何变成魔鬼的。

参加这场审判的翻译、律师、审讯者、监狱看守等大约有1500人。密切关注审判的记者则有数百名,包括丽贝卡·韦斯特、沃尔特·李普曼(Walter Lippmann)、约翰·多斯·帕索斯(John Dos Passos),另外还有专程造访的电影明星,比如,丽塔·海华斯(Rita Hayworth)、玛琳·黛德丽(Marlene Dietrich)。可以想象,精心组织这么一场审判简直是一场噩梦。[10]

我体验过法庭审讯,对审判程序了然于胸,知道大家依照职责和身份分别应该坐在什么位置、应该什么时候发言。我曾坐在旁听席上数小时听取单调冗长的证词,也见识了原告和被告人如何竭力编造己方版本的"事实"。我无法想象坐在纽伦堡法庭中参加长达十个月的审判会是怎样的体验。媒体明确报道称,纽伦堡审判期间,证词大都千篇一律、单调乏味,不过这种情形会不时被令人震惊的证词和非常怪异的行为所打破,而这些人可能是坐在法庭中的任何一个。

纽伦堡法庭的法官和检察官之间也存在龃龉。罗伯特·杰克逊自愿从美国联邦最高法院请假出任首席检察官；他的起诉状却要由弗朗西斯·比德尔（Francis Biddle）这位他认为不如自己资深的法官来裁判，这令他烦恼。比德尔反过来也对杰克逊不屑一顾，他写道："杰克逊的交叉询问整体而言毫无效用且苍白无力……他根本不听犯罪嫌疑人的回答，而是更依仗自己的记录，这是交叉询问没有说服力的标志，他根本就没有充分理解自己的案子。"[11]

大多数观察家也认同，杰克逊确实在交叉询问的技巧上比较生硬，但他对于事先有所准备的内容总能雄辩有力地陈述。例如，他的法庭总结陈词中大量引用莎士比亚作品中的典故，今天听起来依然振聋发聩："（被告人）站在法庭前，就像血迹斑斑的葛罗斯特公爵站在被他杀戮的国王尸体前那样。他乞求那位寡妇，正如他们（被告人）乞求你们一样：'姑且说我并没有杀掉他们。'皇后回答道：'倒不如说他们没有被杀。可是他们确已死了……'如果你们要说这些战犯无辜的话，那就等于是说根本没有发生战争，也没有屠杀，没有犯罪。"[12]

尽管拥有演讲的天赋，但杰克逊认定这场审判必须以被缴获的大量第三帝国政府文件为基础。杰克逊认为，文件比证人证言更加可靠。证人存在一系列问题：可能找不到他们、他们的记忆可能不准确、他们的动机可能令人生疑。但是政府文件都是白纸黑字，确定无疑的。在纽伦堡，作为证据的文件数量惊人。它装满了六节火车货运车厢，洋洋洒洒数百万页，其中包括十万份书面证词和来自超过3.5万名证人的潜在证词。[13]

杰克逊的观点是对的，但是也有人指出这场审判的重要意义不仅在于给被告人定罪。美国战略情报局局长威廉·多诺万（William Donovan）将军相信，如果要想让这场审判影响到德国以及世界其他国家的民众，确保证词生动很关键。[14]没有引人入胜的证词，人们不太可能会关注这场审判。多诺万自愿协助杰克逊做检察工作，不幸的是，模糊不清的职责归属导致二人心生嫌隙。

多诺万敏锐地察觉到苏联和西方国家的同盟关系迅速恶化。在他看来，维护与前敌人德国之间的同盟关系对于对抗苏联和获取纳粹残余的军事资产，对西方来说是至关重要的。虽然这些问题在冷战期间会变得非常重要，但它们跟杰克逊的工作毫不相干。

二人之间的分歧后来演化成人身攻击：杰克逊认为多诺万试图抹黑自己，而且喜欢攀龙附凤，是一个浅薄的势利小人。[15]多诺万觉得杰克逊的世界观很幼稚，缺乏宏大的国际视角。他们的争斗还影响到对不同法律岗位的评判——文件审查者和审讯者，哪个更重要？

各国工作人员之间的竞争既激烈又狭隘。美国检察官托马斯·多德（Thomas Dodd）在家书中，生动描述了这种竞争："这儿的人都不择手段争权夺利，每个人都不甘人后。许多身着肥大制服的平头百姓都急切地想攀爬到显耀的位置。"[16]

这种争吵始终存在。只要关乎地位和声誉，即使芝麻粒大小的问题都能让人冲昏了头脑。在开庭第一天，法官们就谁的椅子应该高一点，谁的应该低一点发生了口角。即使是在审判最后行刑的那天，此类围绕琐碎事件的争吵依然存在。1946年10月1日，当法官宣读判决时，杰克逊拒绝了军队充当官方观察员与检察官团队并排而坐的要求。数周后，将军们找到了报复机会。对杰克逊的怠慢耿耿于怀的将军拒绝了让他手下的一名检察官见证行刑。[17]

即使在就审判程序商讨了几个月之后，盟国间对法律体系的理解依然存在分歧，苏联经常横生枝节。苏联人尼基琴科在审判中途从检察官转岗为法官，他对于司法公正的理解与美国人不同。他认为没有必要搞旷日持久的审判，这么做只是为了"创造一种法官是讲求公正的谎言……这只是在拖延时间"。[18]在为斯大林担任发言人时,他主张进行一场快速审判。

审判过程

监狱长伯顿·安德鲁斯为战犯的安全问题而焦虑。他恼怒地抱怨说,卫兵数量不足,对他们的训练也不够,而且士气低落。在"垃圾箱",他担心罪犯会逃出去,或民间护法者冲进来。到了纽伦堡,他要操心的问题更多,安德鲁斯的担忧将会变成现实。

囚犯自杀的风险始终存在。安德鲁斯并不崇拜精神病学家和心理学家,但是他相当喜欢直言不讳的凯利,尽管最初很不情愿,但他还是听从了凯利的建议,努力让犯人保持良好的精神面貌。同时,安德鲁斯对犯人严加看管。他经常派人搜查监舍并给犯人搜身,严密控制别人接触他们,同时,卫兵对犯人实行全天候一对一的监视。犯人房间中的桌子和椅子都是用轻薄材料做成的,以确保无法用来自残。

但是,这些措施并不能百分之百保证不出意外。莱昂纳多·孔蒂(Leonardo Conti)医生于1945年10月5日上吊自杀。孔蒂曾经是党卫军卫生部门负责人,他的专长就是给人实施安乐死。他被关押在纽伦堡等待审判,但是通过自杀得以逃脱。他当然也不是在纽伦堡自杀的最后一位战犯,起码还有两位追随者,自杀的情形一个比一个惊人。安德鲁斯的声望随着自杀人数的增加而不断下滑。他采取的安全措施越来越严密,对员工的训练越来越精细,对犯人的管束也越来越严格,以至于犯人经常在睡梦中被他吓醒。八名犯人曾对自己的律师说监狱长经常出现在自己的噩梦中。[19]还有两个问题困扰着安德鲁斯:犯人之间的打斗和争吵。比如,施特莱彻朝纳粹

图8 宣判日。当法官进入法庭准备宣布对被告人的判决结果时,全体与会人员起立(美国国家档案馆)

宣传部高官汉斯·弗里奇(Hans Fritzsche)啐唾沫;党卫军的将军恩斯特·卡尔滕布伦纳(Ernst Kaltenbrunner)患上了中风。安德鲁斯这个监狱长真不好当。

1945年10月19日,监狱长安德鲁斯向犯人交付起诉书,并要求他们写下自己的想法。赫尔曼·戈林写道:"获胜的一方总是充当法官,战败的一方则被送上被告席。"鲁道夫·赫斯写道:"我什么都不记得了。"安德鲁斯向犯人提供了一份律师名单,施特莱彻看后说:"都是犹太人,这些都是犹太人的名字,我知道法官也都是犹太人。"罗伯特·莱伊举起双臂,做出像耶稣被钉在十字架上那样的姿势,大叫:"为什么不把我们靠墙排成一排,直接射杀?"[20]

纽伦堡审判最终于1945年11月20日拉开帷幕。在所有证人证言发表完毕后，检察官于1946年7月26日对案件进行了总结，法庭开始休庭审议。1946年10月1日，法官宣布审判结果。两周后，判决得以执行。

被告人在审判期间的行为

这场审判给心理学家提供了罕见的机会，他们得以在法庭、监狱餐厅和监舍观察战犯。战犯的有些行为是显而易见的，有些行为只有通过精神科医生访谈才能发现。很明显的是，这些被告人之间千差万别。有些是纳粹党高官，有些只是碰巧被抓到。不管他们在纳粹国家机器中处于何种地位，很多人彼此厌恶。约阿希姆·冯·里宾特洛甫和赫尔曼·戈林经常争吵不休。有一次，戈林要用自己的元帅权杖打里宾特洛甫，并大叫："闭嘴，你这个香槟小贩"，里宾特洛甫则回答说："我还是外交部部长，我的名字是冯·里宾特洛甫"，他说这句话是在维护自己的高贵地位。[21]

随着审判的压力逐渐增大，他们身上的戾气也在滋长。戈林骂检方的证人为"猪猡"，而施特莱彻则被他们可能都要被判绞刑报以欢快的笑声。即使是选择跟检方合作的前军备部长阿尔贝特·施佩尔这样的人物也脾气见长。这些被告人虽然分歧巨大，但在一点上看法一致：冯·里宾特洛甫不能胜任外交部部长的工作。希特勒青年团头目兼维也纳地方长官巴尔杜尔·冯·席拉赫（Baldur von Schirach）很高兴看到里宾特洛甫"骗子"的真面目被揭穿。经济部长兼帝国银行总裁亚尔马·沙赫特（Hjalmar Schacht）称他为"糊涂蛋"，希特勒的副总理弗朗茨·冯·巴本（Franz von Papen）认为他是"傻子"。[22]纽伦堡审讯员约瑟夫·迈尔（Joseph Maier）言简意赅地总结道,他们是"一群乌合之众"。[23]

大部分被告人都将责任归咎于别人,主要是推到已经死去的希特勒和希姆莱身上,反正他们也没法再回击了。十个月的庭审期间,他们不停重复以下论调为自己辩解:这些大屠杀确实骇人听闻,但是我们毫不知情,即使知情,也没有意识到屠杀的规模会如此之大,如果我们反对这一屠杀行为,希特勒会将我们枪毙;我所做的仅仅是填表一类的文牍工作而已。被告人弗里茨·绍克尔的反应很典型:"我只是无法理解这些事情——虐待外国劳工——怎么会发生。我对此可没有责任。我就像是船舶代理,如果我给船舶提供海员,在船上发生的任何我所不知道的残忍事情都和我无关。我只是执行希特勒的命令给克虏伯军工厂提供劳工。如果他们在工厂受到虐待,不能把账算到我头上。"[24]

戈林从不像他们那样。他将那些言论视为懦弱和无尊严的辩解。在他看来,那是向敌人出卖自己的灵魂,他要主导这场审判并控制站到被告席上的同僚。检察官多德注意到:"他在恐吓和威胁他们,尤其是那些可能会承认某些罪行的战犯。他希望所有人都被判处绞刑,以此证明罗斯福是'二战'的发起者。"[25]在听完检方一名刻薄的证人发表的证言后,戈林向他的同僚吼道:"见鬼!我只希望我们所有人都有勇气只说三个字的辩护词:'去死吧。'"[26]

戈林自视为所有被告人的领袖,他告诉凯利:"我们所有被指控者有那么点像是一个团队,我们的使命是团结一致完成最强有力的辩护。我理所当然是众人的领袖,我的责任就是督促每个人都贡献自己的力量。"[27]

在审判初期,如果发现有人思想动摇、跟自己意见不一,戈林便会利用午饭时间要挟他们服从自己,他反对签署认罪协议,也反对推卸罪责或承认罪行。在施佩尔向监狱管理方打他的小报告后,

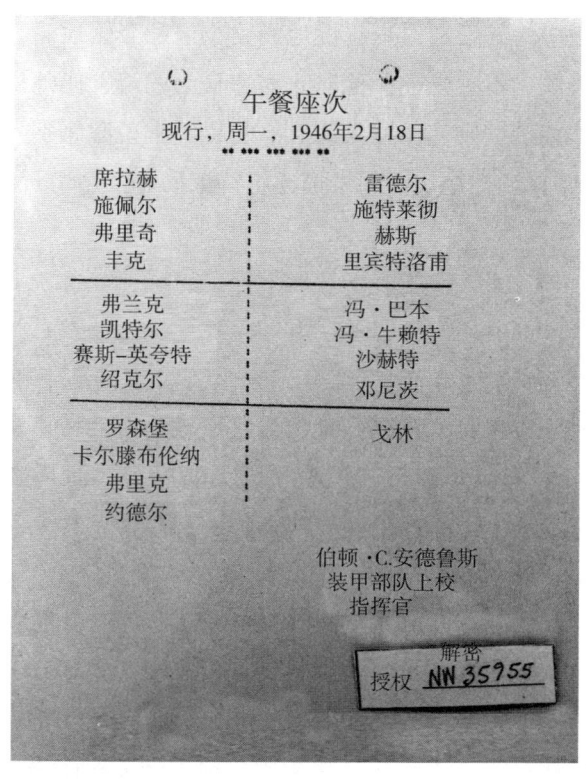

图9　监狱长安排的座次表将戈林隔离（美国国家档案馆）

安德鲁斯迅速调整了午餐时间的规矩。当我在位于马里兰州科利奇帕克的国家档案馆翻阅档案时，奇怪的东西忽然映入眼帘，我偶然发现了监狱长安德鲁斯给被告人安排的午餐座次表。

他给每个人都安排了固定座位。你可以把他们的午餐想象成正式的宴会，但是安德鲁斯这么安排座次的目的只有一个，就是将戈林和其他被告人隔离开。和其他人不同，他独自坐在一张餐桌旁就餐。[28]而在法庭的被告席上，这种隔离是不可能的，戈林坐在前排，他在庭审时，经常跟其他被告人窃窃私语，低声讨论。

在审判中，赫斯通过炫耀性地阅读小说和夸张地痛苦呻吟来假装对审判厌烦、不感兴趣。他对法官和自己的辩护律师提出了巨大挑战。而施特莱彻则完全让人无法忍受，经常说激怒别人的话。俗话说"祸从口出"，这句话用来描述施特莱彻非常贴切。

审判结果

经过将近一年的审理，法庭归于寂静，审判落下帷幕。审判的参与者和观察者都兴高采烈地离开这座被炸毁的城市，开始动笔撰写回忆录。他们知道自己承受了巨大的压力，而且亲历了非常具有历史意义的事件。纽伦堡审判结束后还举行了一系列德国战争罪行审判，作为这些审判的研究人员，乌尔苏拉·舍曼（Ursula Sherman）总结说："我们搞这方面研究的人，多少都有点快发疯了，我们经常发脾气，这是发泄抑郁的一种方式。从这一年开始做相关研究以来，这种糟糕的情绪在我心头潜滋暗长。"[29]

认真思索的观察者也为这场审判所揭露的人性所困扰。纽伦堡审判的律师之一布拉迪·布莱森（Brady Bryson）评论说："我们生活在一个非常危险、凶残、邪恶的世界，这场审判根本没有做任何事情来断绝人们发动战争的念头……我们的大脑有致命的缺陷，因为它聚集了巨大的智力资源，却一心只为暴力服务。"[30]

在大型组织机构中，争权夺利和搬弄是非不可避免；有些人会泄密，有些人会撰写回忆录，这也并不罕见。但是人们在纽伦堡的经历却有独特之处。十个月以来，见证审判者日复一日坐在法庭中，聆听毛骨悚然的证词，目睹令人震惊的物证展示，眼看着被告人为自己的罪行开脱。长时间浸泡在如此"有毒"环境中，所有在场的人都变得麻木冷酷。[31]

第四章

战犯和精神病学家

> 纳粹主义是一种社会-文化毒瘤……我在纽伦堡对最纯粹、最知名的纳粹病毒群体进行了研究，这些战犯就像被隔离放入22个烧瓶中的病毒一样供我观察、研究。
>
> ——道格拉斯·凯利，《纽伦堡的22间牢房》（*22 cells in Nuremberg*），1947年^{*}

从蒙多夫莱班到纽伦堡的航程很平静。在被送往更为昏暗的新关押地途中，罗伯特·莱伊、尤利乌斯·施特莱彻和赫尔曼·戈林目瞪口呆地凝望着纽伦堡的废墟。他们不会继续住在四周被铁丝网围起来的度假酒店，而会被关押在一所正规监狱中，里面关着22名纽伦堡审判的被

---

* Douglas Kelley, *22 Cells in Nuremberg* (New York: Greenberg, 1947: reprint ed., New York: MacFadden, 1961), 18.

告人以及其他将要在稍后出庭受审的人。"垃圾箱"和"垃圾桶"（Dustbin）（英国的战俘营）中的囚犯全都被送到了纽伦堡。纽伦堡监狱面积巨大，阴冷潮湿，监区用石头建造，牢房共有三层，每间牢房面积大约为100平方英尺。这些建筑潮湿发霉，内部空气污浊。在接下来的几个月中，监区中这种令人恐惧的沉默会被转动钥匙开门的声音、列队行进的卫兵脚步声以及施特莱彻偶尔发出的尖叫声所打破。

本书中的两位新的重要角色也加入到这群从"垃圾箱"转移出来的人中。战犯鲁道夫·赫斯从英国飞过来，而作为监狱工作人员来到纽伦堡的古斯塔夫·吉尔伯特，很快就成了凯利的死对头。

鲁道夫·赫斯从英国抵达

第三帝国副元首鲁道夫·赫斯从1941年起就一直被关押在英国。他身材瘦高，个性腼腆，一心扑在纳粹党的事业上。他激励党员要忠诚，经常在大型集会中演讲，还推动签署了《纽伦堡法案》，为后来的大屠杀铺平道路。

1941年5月10日，怀着说服英国与德国结盟的目的，赫斯独自一人偷偷驾驶一架双引擎的梅塞施米特战机飞往苏格兰，这一举动震惊世界。赫斯身着纳粹德国空军制服，骤然从天而降，一个目瞪口呆的苏格兰农民发现了他，这活像喜剧《弗尔蒂旅馆》（*Fawlty Tower*）中的一幕。赫斯向这个农民宣告："我有非常重要的信息要告知汉密尔顿公爵（Duke of Hamilton）。"这个农民有些不知所措。赫斯后来写道："（他）把我带到他家中，在壁炉旁摆了一把摇椅，还给我倒好茶。"[1]赫斯被火速送往伦敦塔，然后被转移到一处防守

图10　成为废墟的纽伦堡（美国国家档案馆）

森严的乡间宅院待了一年。最后，他被送到梅恩的夫庭院军事医院（Maindiff Corut Military Hospital），并在那儿被监禁了三年。

英国人对赫斯进行了严密的医疗观察，因为他在跳伞时伤到了后背和脚踝，此外，他非常焦虑，多次试图自杀，还经常投诉所接受的治疗，精神状况不稳定。他自那时起的精神病诊疗记录异常丰富，他要求将这些记录向大众公开，以便未来的人能够看到"有人能以迄今为止不为人知的方式，将别人置于何种境地，就像……催眠术后遗症……在这种处境中，人们的意志完全丧失，会做任何别人要求的事情，本人甚至可能无法察觉"。[2]赫斯公布诊疗记录的宣言让我们从侧面了解到精神科医生都做了哪些工作。

赫斯的第一个医生，J.吉布森·格雷厄姆（J.Gibson Graham）指出，赫斯高度怀疑自己的食物有问题。[3]赫斯有时会出其不意地跟看守他的卫兵交换盘子，有时会要求精神科医生替他试吃食物，否则他拒绝吃饭。赫斯担心厨房里的某个员工"为犹太人工作"，会想方设法毒死他。[4]另一方面，当他吃过饭感觉良好的时候，他也会认为犹太人的毒药已经生效。赫斯抱怨自己房间或隔壁房间的噪音是阻止他睡觉阴谋的一部分。格雷厄姆总结说："他表现出了明显的疑心病和妄想狂倾向，担心被迫害，并出现幻觉。经常错误理解简单的事件并进行邪恶的解读。"[5]

在英国监禁的几年间，很多精神病专家给赫斯看过病。精神病学家J. R.里斯（J. R. Rees）为赫斯的失眠症、焦虑、抑郁、多疑和自知力缺失所震惊。"我判断他为精神分裂类型的心理病态人格……他易受外界影响，很容易表现出歇斯底里的症状。"[6]另一位精神病学家亨利·迪克斯（Henry Dicks）将赫斯描述为"典型的精神分裂症，明显地表现出敌视和怀疑倾向"。[7]赫斯抱怨自己的注意力受到损害，无法集中精力，但迪克斯对此表示怀疑，他用瑞文标准推理测验偷偷地对赫斯进行了智商测验,他骗赫斯说,这只是个游戏。赫斯得分排在前10%。由此,迪克斯认定他的注意力不存在问题。

精神病学家M. K.约翰斯顿报告说,赫斯在自己的房间里藏了一些小纸片,并抱怨自己因为大脑中毒而无法集中精力,记不住单词,记忆力减退。赫斯渐渐得了间歇性失忆症,短时记忆和长时记忆都出了问题。他捅自己的胸部,指控"犹太人诱使"他自杀,因为只有他了解他们催眠术的神秘力量。[8]约翰斯顿还报告说,赫斯与一名来自瑞士使馆的官员会面,赫斯要求瑞士使馆对他桌上的酒进行毒性检测。

约翰斯顿接着说:"他……签署了一项声明……考虑到自己的腹部疾病已经无法治愈,他愿意死掉。他希望死后,能给他穿上空军制服并把尸体送回德国,他相信在自己的祖国,通过化验肯定能够发现他显然'死于毒害'。"[9]

有时候,赫斯的表现显示他是在伪装失忆。比如,他不能解释"滑雪"这个词的意思,也想不起来莎士比亚是什么人,这都不是失忆症的典型表现。他偶尔会对自己的失忆表现得毫不在乎;有时又会强烈抱怨自己大脑一片混沌。医生建议给他注射镇静催眠药阿米妥(Amytal)以提高记忆力,但是赫斯最初的态度是拒绝,他说:"如果我想起来一些事,我会忍受折磨……可能是老天可怜我,让我丧失了记忆。如果我记起以前所有的事情,我会难以承受。"[10]尽管如此,他还是同意接受精神病专家对他进行访谈。在注射了阿米妥,情绪稳定后,他接受了精神病专家亨利·迪克斯的访谈。下面的医疗记录摘要很有"阿米妥访谈"的特色。赫斯只是抱怨自己肚子疼,他的失忆症并没有任何好转。

迪克斯：你哪儿不舒服？

赫斯：疼！肚子疼！（痛苦的呻吟）我要是没这问题该多好！肚子疼。（呻吟）水！水！渴！

迪克斯：马上就给你水喝。你都忘掉了什么？

赫斯：我不知道。疼！渴！

迪克斯：你还是跟我们说一下你都忘掉了什么事情吧。（原文如此）

赫斯：水！身上疼！我看到一团烟雾……

迪克斯：你还记得你小儿子的名字吗？

赫斯：（低声说）我不知道。

迪克斯：你妻子的名字，她叫伊尔莎（Ilse）。

赫斯：我不知道。

迪克斯：你还记得你的好朋友吗？豪斯霍费尔（Haushofer）……

赫斯：不记得了。（呻吟）肚子疼！哦，老天啊！

迪克斯：为什么会疼？

赫斯：……（呻吟）

迪克斯：讲讲你小时候在埃及亚历山大的生活吧？

赫斯：不。

迪克斯：在慕尼黑和希特勒在一起的那些激动人心的日子，还记得吗？

赫斯：忘了。

迪克斯：在兰茨贝格（Landsberg），你们一起蹲监狱。

赫斯：不知道。

迪克斯：其实，讲出那些对你造成伤害的事情，我们可以帮你缓解痛苦。[11]

赫斯对医生说他身患多种疾病，口袋里装满了顺势疗法和自然疗法的各种药物，其中还有来自中国西藏的藏传佛教寺庙中的一种灵丹妙药。[12]这些并非他新近出现的症状。终其一生，他非常在意自己的健康和饮食，他总是只吃自己准备的食物，即使是和希特勒一块儿吃饭时也是如此。

在英国被关押了四年后，精神病专家总结赫斯在三个方面情况不稳定：近乎偏执地怀疑英国人在食物中下毒并破坏他的睡眠，严重的健康疑虑症，从医学上看缺乏"合理性"的失忆症。丘吉尔认同这一结论，评论道："在我看来，这些医疗记录明显体现了他思想的严重混乱。从交谈记录来看，他就像一个对谋杀或纵火感到内疚，但精神出问题的小孩儿。"[13]

除了这些病症外，他还是一个极端古怪的人。他是占星术爱好者，他相信神灵，并咨询过占卜师。赫斯说，之所以飞到苏格兰是因为占卜师梦到他在驾驶飞机。这表明，他最多只能算是个无比奇怪的人，但是他疯了吗？要下结论必须等到纽伦堡审判。

1945年10月10日，赫斯飞回了跟他离开前完全不同的家乡。当年，纽伦堡巨大的广场上挤满了奉承他的冲锋队队员，这种景象一去不回，取而代之的是冤死的鬼魂和遍地残垣。迎接他的并非他敬爱的元首希特勒，而是监狱长伯顿·安德鲁斯。赫斯见到安德鲁斯后，赶紧把自己打包的食物和巧克力递给他，要求他化验里面有没有毒。在漫长的监禁生涯中，他的记忆力时好时坏。到底有没有办法治疗他的精神问题呢？

古斯塔夫·吉尔伯特到达

因为道格拉斯·凯利基本不会说德语，监狱官员让约翰·多利布瓦在蒙多夫莱班和纽伦堡为他做翻译。多利布瓦是一个随和、招人喜欢的翻译，但是他急切地要求转岗。[14] 1945年10月23日，心理学家古斯塔夫·马勒·吉尔伯特中尉接替了他，吉尔伯特在工作中很严厉。[15] 吉尔伯特出生在纽约一个贫穷的奥地利裔犹太人移民家庭，他是在孤儿院长大的。他在纽约的城市学院读了大学，后来在哥伦比亚大学获得了心理学博士学位，专长是社会心理学。他在哥伦比亚大学简要地学习过罗夏墨迹测验，但对此并没有太大兴趣。[16]

在被派往纽伦堡之前，吉尔伯特在军队中负责审讯战俘。他的德语非常地道，一心想要找出那些应该为纳粹战争罪行负责的人。他非常珍视自己去纽伦堡任职的机会，认为自己可以"在社会病理学方面，做历史上最能够被完美控制的实验"。[17]

凯利和吉尔伯特各有所长，研究方法也不相同。凯利将自己在纽伦堡的职责视为一个有意思的任务，可以让自己丰富的医疗和法医病理学经验更加完整。纳粹战犯很喜欢凯利，但是他们终究是犯人，凯利为工作中遇到的挑战所激励，但也为纳粹的罪行所烦扰。自从吉尔伯特中尉接替多利布瓦后，军衔高于吉尔伯特的凯利上校就将他视为翻译和助手。吉尔伯特的观点与凯利并不完全一致。在他看来，这些纳粹战犯是邪恶的化身，他也不认为自己是凯利的翻译，他认为自己是审讯者，并对战犯的道德问题大加挞伐。

除了翻译工作以外，监狱长安德鲁斯还分配给吉尔伯特一项隐秘的任务：充当监狱长在犯人中的耳目。但吉尔伯特和监狱长的关系并不融洽，他虽然服从安德鲁斯的命令，但是，当安德鲁斯提出关于犯人心理的独特见解时，他会表现出对安德鲁斯的鄙视。二人的关系变得越来越糟糕，安德鲁斯甚至想把他调离纽伦堡。此

图11 古斯塔夫·吉尔伯特（右）和数名纽伦堡战犯在一起（美国国家档案馆）

时，凯利劝阻安德鲁斯打消了这个念头，并提醒吉尔伯特应该跟监狱长修复关系。[18]

模糊不清的职责和从属关系影响了凯利和吉尔伯特的交往。凯利是罗夏墨迹测验专家，但是基本不懂德语；吉尔伯特精通德语，但是对罗夏墨迹测验却不甚了解。凯利为人冷静沉着却喜欢冷嘲热讽，吉尔伯特则感情丰富但缺乏幽默感。凯利来自富裕的加利福尼亚家庭，家世显赫；吉尔伯特则生于纽约贫困的新移民家庭。

有一天吃晚饭时，凯利和吉尔伯特讨论他们诊疗的犯人，并决定写一本书，以他们对犯人的观察为基础。作为第一步，凯利建议吉尔伯特在每次诊疗时都做笔记。吉尔伯特认为当着犯人的面做笔记会妨碍谈话，所以他每次都在诊疗结束后尽量复原并写下这些谈话。他将自己的笔记给了凯利一份，这个时候，他并没有怀疑凯利的动机。

出于科研目的而游说

多年来，我一直好奇，凯利和吉尔伯特在纽伦堡都做了什么，他们被派往那儿有没有别的解释。查找图书馆的特殊馆藏和档案就像参加社区里的资产拍卖一样：你永远不知道自己会发现什么宝贝。在国会图书馆的地下储藏室查资料时，我碰巧发现了一些微缩胶卷，它们的内容是学者和情报官员以及纽伦堡法庭检察官之间的通信信件。这些学者写的信中提议用罗夏墨迹测验研究战犯的心理状况。

1945年6月11日，纽约的约翰·米利特博士代表一群有名望的教授给杰克逊大法官写信。这些教授包括：阿尔文·贝拉克（Alvin Barach）、卡尔·班热（Carl Binger）、理查德·布里克纳（Richard Brickner）、弗兰克·弗里蒙特–史密斯（Frank Fremont-Smith）、阿道夫·迈耶（Adolf Meyer）、特雷西·帕特南（Tracy Putnam）和乔治·史蒂文森（George Stevenson），他们基本上代表了心理学各个分支学科的教授群体。[19]在1945年，这些不同学科的教授认为应该研究被处决的纳粹领导人的大脑。这无疑是一封异乎寻常的信件。对战犯的审判尚未开始，但是学术界却已经开始建议这些战犯的处决方式，即保证事后他们的大脑可以被拿来解剖。此外，这封信中还明确要求对战犯进行罗夏墨迹测验。

> 有关这些纳粹头目人格的详细情况……应该很有价值，对于那些参与德国重建、对德国国民进行再教育的人来说具有指导作用……除了让战犯接受心理学家访谈外，让心理学家对他们做一些测验，例如……罗夏墨迹测验……会更有益处。如果这些被告人被定罪并被判处死刑，行刑完毕后，我们希望能够对他们进行详细的尸检，尤其是对大脑进行细致的检查。因此我们建议，在行刑时，将子弹射向战犯的胸部而不是头部。
>
> （签名）约翰·米利特[20]

三天后，战略情报局探员谢尔登·格卢克（Sheldon Glueck）写信给多诺万将军，催促在纽伦堡设立精神病专家委员会的事，"这场审判的首要目标是……从法律、医学和社会学的视角阐释事实和解读整个纳粹领导层，从而让后世相信这些事实。对德国军事、政治和工业领袖的心理状态进行全面科学研究，这在历史上尚属首次"。格卢克同样要求专家委员会中必须包括罗夏墨迹测验专家。[21]

专家对于给战犯做罗夏墨迹测验抱有很大兴趣，这在今天看来很难理解，但是在20世纪40年代，罗夏墨迹测验是唯一的心理学测验。瑞士精神病学家赫尔曼·罗夏（1884—1922）观察到病人会把自己的幻想和担忧投射到无色彩、图案模糊的墨迹图卡上。罗夏还指出，墨迹测验能提供基本的指南，让医生得以从认知角度观察病人是如何处理问题的。这有点类似大脑扫描，换句话说，在相关仪器发明很久之前，心理学家就开始扫描大脑了。[22]罗夏墨迹测验具备描绘人类思维的能力，使它一时间成为精神病评估的一种有效辅助手段，当时，在这一领域，专家非常看重潜意识，而墨迹测验的无结构特性适合评估明显具有防范心理和不合作态度的病人。因此，这种测验成为纽伦堡战犯精神评估中的核心组成部分是完全合理的。

国会图书馆档案中保存的有关心理测验的信件十分丰富。在收到格卢克信件的第二天，多诺万写信给杰克逊，对格卢克的提议表示支持。6月23日，杰克逊给米利特回信，对他的想法给予谨慎的支持。他觉得米利特的提议有价值，但是担忧给战犯定罪之前对他们做精神病评估会对审判不利。杰克逊表示："他们的律师可能会要求你们写相关评估报告。结果很可能是我们被迫在诉讼中讨论被告人的精神状况……可想而知，对于他们的精神状况，你们这些教授之间的看法会有分歧……最让我们头疼的谣言可能会逐渐传播，那就是我们以被告人患有精神病为借口替他们开脱。"[23]

杰克逊同意在给被告人定罪之后进行精神评估："我认为，这些人的心智缺陷、心理反常以及性变态问题需要科学界定，并昭告天下，这有利于阻止未来的德国人编造他们是超人的神话。"对于米利特提出需要战犯的大脑做研究的要求，杰克逊回应说："你建议行刑时射击战犯的胸部而不是头部，我要告诉你的是，军方的总体态度是那些被判处死刑的罪犯应该被施以绞刑而不是被枪决，因为绞刑本身就是对他们的羞辱。"[24]

1945年8月16日，米利特给杰克逊回信表示，如果杰克逊需要，他愿意给他推荐专家。杰克逊一个月后答复并感谢他的建议，"把祸害全世界的一撮人关押在一所普通监狱的狭小空间内是一种罕见的体验，我们也在摸索如何应对。（但是，他警告说）他们正在接受审讯……正如你所知，没完没了的检查和审讯让他们心烦意乱"。[25]

没过多久，情况就发生了变化。杰克逊意识到他确实需要对其中一些被告人进行精神病检查，不是出于科学目的，也不是为了向历史负责，而是担心他们的状态是否适合接受审判。因此，他于1945年10月12日写信给米利特，要求他提供专家名单。在一句有意思的题外话中，杰克逊既透露了要求的急迫性，又对多个学会不太可能很快就人选达成一致表示理解。他表示："如果你不能代表委员会提供官方名单，我将非常感激你个人向我提供建议。我知道我的要求太急迫，没有给你们留出充分的协商时间。"[26]

紧迫的问题：处理赫斯

赫斯的精神状态是促成杰克逊在精神病检测方面忽然转变态度最可能的原因。赫斯的失忆和妄想问题非常严重，道格拉斯·凯利写信给监狱长安德鲁斯，建议进行阿米妥访谈。凯利承认这种访谈会出现罕见的致死案例，不过他表示，在自己的职业生涯中所诊疗的一千个病人中，他没有在一个人身上发现严重副作用。[27]杰克逊拒绝了凯利的请求，注射阿米妥的潜在风险虽然很小但无法排除，他对此表示担心。他还表示，如果赫斯是自己的家人，他倾向于接受凯利的建议。[28]

五天后，多诺万将军要求法庭任命一个委员会"调查他（赫斯）的精神健康状况，以及他是否具备与律师讨论自己的辩护事宜的能力"。1945年12月，法庭授权专家对被告人进行精神病检查，条件是"这些精神病学家必须具备相关资质，愿意对战犯进行纯粹的科学研究，不能在研究中掺杂与审判相关的任何问题"。[29]不过，凯利和吉尔伯特当时已经对被告人做完了罗夏墨迹测验，因此这项"授权"并没有实际意义。

1946年6月，米利特再次写信给大法官杰克逊，鉴于凯利的资质和所取得的观察数据，没有必要再派遣一个精神病专家团队对战犯进行更广泛的研究。但是，他认为在对战犯宣判之后到可能执行死刑的这些日子中，需要比平时更多的精神病专家和心理学家密切观察他们，他想知道法庭的人手是否充足。[30]杰克逊被米利特的话激怒，他在回信中提醒米利特说，法庭现有的专家人手非常充足，而且预计判决和执行间隔很短，如果米利特需要派额外的专家过来，必须在判决以后马上行动。

情报界和心理学界的联盟

我是带着怀疑的态度阅读这些信件的，它们揭示了美国心理学界、精神病学界和情报界之间令人惊叹的热情友好关系。在1945年，每个人都知道纳粹政权痴迷并且致力于毁灭和屠杀、战火和虐待——好像这就是他们追求的目标。[31]美国学术界和政府竟然存在共同目标，这在今天是难以想象的。

从德国流亡而来的一批学者，比如，精神分析学者艾瑞克·弗洛姆（Erich Fromm）和弗瑞达·瑞茨曼（Frieda Reichmann），还有社会哲学家西奥多·阿多诺（Theodor Adorno）和赫伯特·马尔库塞（Herbert Marcuse），甚至在第二次世界大战开始前就写了大量文章分析纳粹分子的精神问题。

美国社会学家，如塔尔科特·帕森斯（Talcott Parsons）帮助政府研究如何在战争期间鼓舞国民士气；人类学家，如玛格丽特·米德（Margaret Mead）和格雷戈里·贝特森（Gregory Bateson）受雇于政府帮助解释国民性（敌人的文化），并协助白色宣传（激励国民士气）和黑色宣传（消磨敌人斗志）。精神分析学说认为，幼儿时期的如厕训练和婴儿时期被襁褓包裹的经历在很大程度上塑造了人们成年后的言谈举止。[32]

哈佛大学历史学家威廉·兰格（William Langer）领导战略情报局的一个分支机构，带头进行这项研究。作为中央情报局前身的战略情报局，工作人员中有大量精神病学家和心理学家。[33]兰格的弟弟沃尔特（Walter）是一名精神分析专家，他和哈佛大学心理学家亨利·默里（Henry Murray）、社会研究新学院的厄恩斯特·克里斯（Ernst Kris）、纽约精神分析研究所的波特拉姆·卢因（Bertram Lewin）合著了一本被列为机密的著作《阿道夫·希特勒的心理分析》。[34]青年律师默里·伯奈斯（Murray Bernays）领导着美国陆军部下属的一个特殊项目分支，他的妻子是西格蒙德·弗洛伊德（Sigmund Freud）的外甥女。很明显这个时代的社会科学界并没有站在政府的对立面。相反，正在发展中的美国社会科学界和战略情报局关系紧密，因此情报部门对检测纽伦堡战犯的精神状况表现出兴趣并不令人惊奇。

多诺万将军在整个战争进程中对于心理分析一直保持浓厚兴趣，他带着这些兴趣来到了纽伦堡。他领导的部门实现了很多明智的心理学目标——对宣传活动进行分析、鼓舞士气、推断敌人的动机和目标、为招募新兵建立筛选程序等。同时，他们还提出了很多不那么明智的建议，比如，将绑有燃烧弹的蝙蝠投放到敌方城市，或者给希特勒的菜园投毒以改变他的行为。[35]

精神病学在监狱背景下的常规运用

在大部分西方国家，监狱官员非常关心囚犯的精神健康状况，甚至对死囚也是一样。虽然监禁的目的是限制和惩罚，政府还是会给他们提供医疗服务，包括精神治疗；政府不希望他们通过患病或自杀的方式逃脱监禁。[36]就像安德鲁斯监狱长所指出的："和那么多想法乱七八糟的人挤在那么狭小的监舍中，换作是谁都会发疯。"[37]因此，纽伦堡监狱的工作人员中包括牧师、风纪官员、福利官员、精神科医生也不足为奇。虽然这些犯人很有可能会被判处死刑，监狱方面依然严密监控他们的健康状况。例如，凯利建议给犯人设立监狱图书馆，并给他们锻炼时间。安德鲁斯最初认为这是纵容他们，最终还是采纳了他的建议。

精神科医生和心理医生要负责确保犯人的精神状态适合出庭受审，并且可以与自己的辩护律师合作。专家不能保证所有被告人都能配合。企业家古斯塔夫·克虏伯（Gustav Krupp）因年老昏聩被免于起诉。还有些被告人深陷抑郁，企图自杀。莱昂纳多·孔蒂就在纽伦堡监狱上吊自杀。

大家都意识到赫斯不太对劲。法庭担心他会绝食而死，因为他怀疑同盟国在毒害他的大脑，他的记忆问题使得他无法与自己的辩护律师合作。法官任命了由国际专家组成的小组评估他是否适合出庭。

凯利和吉尔伯特忙于处理施特莱彻和其他被告人之间的争执。施特莱彻的状况令人非常不安，法庭也指定同一个国际专家小组评估他是否适合受审。从法医学视角来看，戈林为人坦率，在他的案例中，专家没有发现他能力受损的迹象。

凯利的特殊测验

道格拉斯·凯利是极少数完全不受限制、能够自由接触战犯的人。他和翻译多利布瓦每天都会探监。多利布瓦为这些纳粹战犯做了不少事，比如帮助他们和妻子联络。这些战犯在接受精神病专家访谈和测验的时候，都喜欢多利布瓦在场，因此也可以说，多利布瓦像润滑剂一样让凯利的访谈变得更容易。凯利后来声称，他花在每一名囚犯身上的时间都长达80个小时，不过他可能有所夸张。他确实在戈林身上花费了大量时间，但是很难相信他在22名纽伦堡被告人中的每一个那儿都花费了80个小时。毕竟，这些被告人1945年8月12日才到纽伦堡，而凯利1946年1月份就离开了。

凯利健谈的天赋让他和被告人相处得非常融洽。他在自己的著作中表示，他认为那些战犯是大屠杀策划者、投机家和野心家。但是在和他们交往中，他将这些想法抛诸脑后，不会当面评价或批判他们。这些战犯已经习惯于要求供述罪行的频繁审讯，而凯利的问题跟那些审讯者不同，他把他们当成正常人来对待和理解，他们喜欢凯利的造访。

除了监狱长分配的任务以外，凯利还有个人盘算。他想通过智商测验，以及当时最有效力的心理学测验——罗夏墨迹测验，总结战犯的思想特征。

古斯塔夫·吉尔伯特的角色

古斯塔夫·吉尔伯特于1945年10月下旬来到纽伦堡接替多利布瓦，照理说，作为翻译，他的工作不应该跟多利布瓦有太大差别。多利布瓦想离开纽伦堡，他打算在军旅生涯的最后几年，做点别的工作。另外，吉尔伯特热切盼望去纽伦堡研究和总结纳粹领导层的堕落和恶行。最初，凯利和吉尔伯特对于携手合作表示满意，但是他们的人际交往模式存在巨大差异——凯利待人随和，喜欢开玩笑，而吉尔伯特不苟言笑，讲求效率。在他们的著作中，人们可以感觉到，在纳粹分子对他们的影响方面，二人存在深刻差别。凯利发现纳粹战犯是"有趣的家伙"，他喜欢向媒体讲述他们的故事。从他的描述中，看不出来他在和这些战犯交往时会失眠。吉尔伯特没有像凯利那样平心静气地跟他们交往，他也没发现这帮人有趣，相反，他憎恨他们，并毫不掩饰地当面告诉他们这一点。二人之间还存在其他差别。凯利诊疗经验丰富，对于自己治疗的患有战斗衰竭症的美国军人非常同情。而吉尔伯特对于军人缺乏这种同情心，他在后来将他们描述为"不适应环境的士兵"。[38]

两人的个性差异也表现在他们1945年圣诞假期的安排上。凯利完全放下工作，离开纽伦堡去度假了。而吉尔伯特去了德国巴伐利亚州南部，找到等待被处决的达豪集中营守卫做了访谈。[39]

行事风格迥异的他们自然也吸引到了不同的战犯，有些喜欢凯利随和轻松的性格，有些则喜欢吉尔伯特的严谨风格。凯利发现战犯都特别渴望交谈："在我的精神病诊疗生涯中，鲜有像他们中的大部分人这么容易沟通的……都不需要你打探或鼓励，他们就主动开口。"他评论说赫斯跟他保持距离，但是戈林"毋庸置疑非常友善，乐于跟我每天会面，当我离开纽伦堡动身去美国时，他竟然不加掩饰地哭了起来"。[40]

对诉讼提建议

在纽伦堡监狱不存在医患保密协定。凯利和吉尔伯特都给监狱管理方（安德鲁斯监狱长）和检方（杰克逊大法官）提过建议，内容涉及战犯之间的交流，以及他们的律师团队在盘算什么样的辩护策略等。两位专家甚至还就公诉策略出谋划策。

凯利写信给多诺万，告诉他，戈林宣称"同多诺万建立了特殊友谊，他毫不迟疑地说，将军您和我（凯利）是他在这个世界上仅有的真正还存有一丝信任的人"。在同一封信中，凯利警告多诺万，巴尔杜尔·冯·席拉赫总是"像鹦鹉学舌一般重复戈林的话，大意是'我们当然要在法庭上呈现出团结一心的面貌'"。[41]吉尔伯特也不甘落后，他经常向检察官提建议。有评论员毫不客气地描述他，"就像四处拱土寻找块菌的猪一样急切地打探情报"。[42]

心理评估

凯利和吉尔伯特将心理测验作为访谈的补充。吉尔伯特修订了韦氏智力测验量表，将测验中出现的文字改为德文，凯利负责实施罗夏墨迹测验，以总结战犯的思想和行为动机。[43]当吉尔伯特有其他事情时，凯利在工作中会带其他翻译。战犯的监舍非常狭小，他们经常坐在犯人的床上，让战犯坐在两人中间以方便交谈。

战犯的智商测验结果显示，最低分是尤利乌斯·施特莱彻的106分，最高分是亚尔马·沙赫特的143分。这些战犯在骄傲地比较着分数，就像高中生拿到考大学所需的学业能力测验成绩一样。离开纽伦堡后，凯利在接受《纽约客》采访时被问到战犯的智商情况："他们中没有天才。比如，戈林虽然得了138分，表现很好。但他也不是聪明绝顶。"[44]凯利对于战犯智商的评论非常有意思，因为凯利是个不折不扣的天才，这一点得到了刘易斯·特曼本人的证实。[45]很多战犯陶醉于罗夏墨迹测验。戈林"对于纳粹德国空军将士没有接受过这么棒的测验感觉遗憾"。[46]

凯利和吉尔伯特共用一间办公室。他们有时一块儿与战犯周旋，有时则各自面对不同的战犯。没有迹象显示二人因为测验或因战犯答案的翻译问题而发生过争吵。不知是什么原因，有些战犯重复接受了罗夏墨迹测验，凯利和吉尔伯特分别在不同的时间对他们进行了测验。[47]

随着时间的推移，吉尔伯特觉得自己承担了大部分工作，例如，他整理好访谈的记录后，还要给凯利一份。这两人都雄心勃勃，意识到了他们目前工作的重要性和他们日后以此为主题的著作将会给自己的职业生涯带来何种影响。他们后来都被指责为了名声与财富而夸大了对战犯评估的重要性。[48]

凯利离开纽伦堡

1946年2月6日，凯利离开了纽伦堡。他自从1942年起就没再见过自己的妻子，他想回家。[49]他也渴望尽快动笔撰写关于纳粹思想的书，精神科医生莱昂·戈尔登松（Leon Goldensohn）在纽伦堡接替了他的职位。[50]

对于凯利的离开，人们看法不一。凯利在接受媒体采访时自我宣传，陶醉于成为公众瞩目的焦点，这让安德鲁斯监狱长非常不满。凯利在接受采访时总是热情洋溢，妙语连珠，虽然他的话有时候准确性值得怀疑。凯利告诉记者，他"实际上跟赫斯住在一起"，"戈林就像吃花生一样吃止疼片，他会在读书或说话的同时，将药片扔进嘴里"。[51]凯利对媒体说，戈林"专横、好斗、残忍，但性格外向，有时候乐呵呵的，让人感觉到亲切"。凯利提到，希特勒身边都是溜须拍马之徒，戈林对此的回应是："那些敢说不的人都被处死了。"[52]凯利就是这样对记者讲话的。[53]

1946年9月6日，安德鲁斯监狱长向陆军部投诉凯利："他离开这儿多少是因为受到怀疑，我们怀疑他违反安全条例向媒体透露信息，更严重的是他还违反了法庭制定的政策，并拒绝服从命令。"伦敦的《星期日快报》（Sunday express）1946年8月25日刊登了对凯利的采访内容，安德鲁斯对此尤为恼火，他懊悔地说：

> 自从凯利医生结束军旅生涯后，我不太了解还能对他采取什么惩罚措施，不过，我报告这件事情是希望确实能够采取措施约束他……在这篇附寄的报道中，他几乎每句话都违反了国际军事法庭的政策，完全辜负了我们对他的信任。不过，我对于他引用的被告人的话语比较满意，因为那些话绝大部分都是不确切的。[54]

《星期日快报》刊登的那篇文章的副标题为"一切问题源自希特勒的嗜好；当里宾特洛甫想要一枚勋章时；为什么希特勒会推迟婚期"。这些标题让人感受到凯利作秀口吻的叙事风格，这也惹恼了安德鲁斯和其他一些人。

虽然安德鲁斯对于凯利的离开表示满意，但大部分战犯对此感到悲伤。1945年12月26日，第三帝国前东方占领区事务部长阿尔弗雷德·罗森堡写信给凯利说："我对你离开纽伦堡感到很遗憾，和我关押在一起的同僚都这么想。感谢你的人道行为和你为理解我们所付出的努力……愿你在以后的生活中好运。"[55]看起来凯利一度确实走了运，但是他内心的魔鬼却缠上了他。

第三部分
恶意的面孔

第五章

被告人罗伯特·莱伊的"病态大脑"

Defendant Robert Ley: "Bad Brain"

> 我肩负神圣的使命,要保证劳工安分守己、工厂顺利生产,还要激励工人信任民族社会主义体系。事实证明我完成了自己的任务……直到1945年5月1日,全国没有发生一起罢工,也没有出现破坏生产的行为。与之相对应的是,军需物资产量平稳上升,即使是外国劳工也表现良好。我想不出比这更好的信任投票。
>
> ——罗伯特·莱伊,自述,1945年

纳粹德国的外国劳工政策是大规模流放和奴役……不给外国劳工充足的食物却驱使他们过度

工作，他们经受了惨无人道的虐待和羞辱。

——托马斯·多德，检察官，向纽伦堡法庭提供的关于外国劳工的证词，1945年12月11日[*]

选 择

纽伦堡审判的每一名被告都极为独特。哪些应该放在本书中讨论，对我来说很难抉择。我最终选定了四人，他们的背景和行为方式迥然不同。我在第二章和第四章提到过他们，现在该依次详细介绍他们了。他们在掌权时是什么样子？他们在监狱中时，凯利和吉尔伯特是如何研究他们的？他们在法庭上将会面临什么样的命运？

为什么是他们四个？其中的两人（鲁道夫·赫斯和尤利乌斯·施特莱彻）表现出了很多精神问题，法庭不得不正式要求对他们进行精神评估。罗伯特·莱伊在监狱中自杀，在对他的大脑做检查后，研究人员得出结论：他的邪恶是由病态的大脑驱动的。赫尔曼·戈林是首要被告人和战犯中级别最高的纳粹官员。我将按照他们四人死亡的先后顺序依次写他们的故事，因此罗伯特·莱伊就成了我讲述的第一个对象，他是最难以理解的战犯之一，几乎没人还记得他，但他不该被遗忘。

能把他的大脑给我们吗？

当罗伯特·莱伊于1945年上吊自杀时，他肯定不会想到自己的

---

[*] Robert Ley, autobiographic statement, p.4, Douglas M. Kelley personal papers; Thomas Dodd, quoted in Christopher Dodd, *Letters from Nuremberg: My Father's Narrative of a Quest for Justice* (New York: Crown, New York, 2007), 198.

图12 被逮捕的罗伯特·莱伊。承蒙亨利·普利特（Henry Plitt）授权，翻印自美国大屠杀纪念馆

这一举动满足了美国多个学术协会的愿望，他们的代表曾写信给罗伯特·杰克逊大法官索要战犯的大脑。我在第四章中提到过这封信，他们要求："如果这些被告人被定罪并被判处死刑，行刑完毕后，我们希望能够对他们进行详细的尸检，尤其是对大脑进行细致的检查。因此我们建议，在行刑时，将子弹射向战犯的胸部而不是头部。"[1]

在所有战犯中，只有莱伊满足了他们的愿望，他们对他的大脑做了全面细致的检查。其他战犯在行刑后被火葬，他们大脑的秘密也随之化为灰烬。[2]

一种老的根深蒂固的医学传统将恶意与大脑损伤——"坏的大

第五章 被告人罗伯特·莱伊的"病态大脑"　　93

脑"，如果你愿意这么说的话——相联系。在纽伦堡，人们普遍相信神经系统出现问题会导致恶意，特别是在莱伊的例子中。莱伊的大脑不仅曾经严重受损，还被证明是个异常大脑。

莱伊的背景

罗伯特·莱伊的职务听上去是为造福大众而设，他是德国劳工阵线领导人，这个组织控制着95%的德国劳工。在职期间，他下令杀害不支持纳粹党方针的工会活动分子，并且在整个德国推动开办以奴工为劳动力的工厂。他还因为所做的宣传工作而受到指控。他斥责天主教会，并像纳粹党内的许多人一样，编辑了一份反犹主义报纸。他在文章中写道："犹太人利用一些势利小人——他们从骨子里就腐化堕落……令人作呕的邪恶，就像所有下贱的生物一样懦弱——恶毒攻击国家社会主义……我们必须将这些垃圾赶尽杀绝，彻底清除。"[3]在另一篇文章中，他写道："犹太人当然也是人……但是跳蚤也是一种动物——只不过是没人喜欢的那种。因为跳蚤令人讨厌，我们没有义务照料它们，看护它们，如果任由它们泛滥成灾，它们会吸我们的血，给我们带来病痛，所以必须有所行动以避免受到伤害。我们对犹太人也是一样。"[4]

莱伊1890年生于莱茵省一个人口众多但贫穷的农民家庭。就像第二章提到的那样，在第一次世界大战期间，他的大脑受过严重的损伤。这一损伤给他造成了伴随终生的口吃后遗症。第一次世界大战之后，他过了一段不稳定的生活，并在此期间严重酗酒。尽管如此，他重返大学校园并以优异成绩获得了化学博士学位，随后进入法本化学工业公司，但很快就因为酗酒和参加纳粹党的政治活动而被解雇。在成为纳粹高官后，在法本公司的工作经历给了他灵感，他鼓动希特勒在战争中使用致命的化学武器。

莱伊是希特勒的狂热追随者,并认为纳粹党是"我们的修道团,是我们的心灵家园。离开它,我们就活不了"。[5]希特勒是他眼中的弥赛亚,而犹太人则被他视为撒旦。他认为,第二次世界大战是善良与邪恶之间的末日大决斗,为了赢得这场战争,德国人需要一个团结和谐的国家。

莱伊是纳粹党主要的宣传家,"二战"结束后,美联社提到了他的一些格言。关于战争:"战争是上帝的祝福……它是男子气概最崇高和最理想的表达方式。"关于美国:"仇恨!仇恨!每个德国人都要仇恨这些流氓、杀人犯、刺客,他们来自全球犹太人和资本主义的中心——美国……我们不能在这场战争中向这些杂种美国人让步,他们跨过大洋在一场和他们无关的战争中屠杀我们。"[6]

莱伊在国际劳工大会上发表政治谈话,他称赞纳粹德国是劳工的天堂,但是他并没有成功完成自己的外交使命。在参加一次国际劳工会议期间,他比平时喝得更多,而且还惹恼了拉丁美洲的代表团,因为他说拉美的代表看起来就像是有人"用香蕉把他们从树林里引诱出来的一样"。[7]

纳粹党内的其他人认为莱伊是一个"可笑的妖怪""古怪的空想家",莱伊的目标是将德国劳工打造成一支忠诚可靠的力量。[8]如果工人们愿意配合,他会在自己职权范围内让他们生活得舒心。他是劳工权利的拥护者,主张男女同工同酬,给劳工提供法定假期,宁愿雇用更多工人也不愿因人手不足让他们过度劳累。他开展运动争取改善住房条件和工作环境,并倡导"力量来自欢乐",为实现这一目标,他为劳工创办了广受欢迎的"力量来自欢乐"旅行社,提供慷慨的、价格合理的度假福利。85%的德国工人通过该旅行社乘船巡游莱茵河或赴北海海滩度假。[9]莱伊甚至自掏腰包给工人们买了一艘游船,并"谦虚"地将它命名为"罗伯特·莱伊"号。他帮助创建了"为人民生产汽车"的大众公司,并支持建造预制装配式房屋。在莱伊看来,生活幸福的工人必然会生产效率高涨,第三帝国可以在盖世太保警觉和关切的监视下给工人提供上述所有福利。其他纳粹领导人妒忌他权力不断扩张,怀疑这些劳工福利的价值何在。例如,戈林就对此嗤之以鼻:"劳工阵线应该多贡献一些力量,少享受一些欢乐。"[10]

莱伊不仅是一个仁慈的未来主义者,另一方面,他还是纳粹党的残暴打手。如果工人们不配合——例如,如果他们罢工或反对纳粹党——他们就会被"清除"。在控制劳工方面,他尤其擅长欺骗。他的残酷无情早在处理反对纳粹党的劳工领袖时就已经表现出来。1933年,为庆祝五一国际劳动节,纳粹党组织了游行,并举行了烟火表演。第二天,纳粹党突袭工会,占领了工会大楼,逮捕了工会领导,冻结了工会银行账户,关掉了工会办的报纸。体现莱伊残忍的著名事例还有很多。当同盟国的军队突破德国边界时,莱伊和戈培尔组建了"狼人战队",计划在德国跟"入侵者"打游击战,同时开展暗杀和破坏行动,他们最终害死了三千至五千人。[11]

莱伊是一个复杂的人。当他过上奢华的生活后,会时常想起自己出身贫寒,并努力鼓舞下层民众的士气。他说:"如果一个人认为自己在社会中毫无价值,没有比这更令人羞愧的了。"[12]

他脾气暴躁,经常勃然大怒,比纳粹领导层的其他人更加腐化。他的酗酒问题臭名远扬。1937年,醉醺醺的他驾车载着温莎公爵和公爵夫人在慕尼黑横冲直撞。他的一个助手后来讲述说:"他开车冲破锁着的大门,在营房之内全速前进,把人们吓得魂飞魄散,还差点儿从几个人身上碾过。第二天,希特勒命令戈林接待来访的温莎公爵，以免他被莱伊害死。"[13]随着莱伊的问题越来越严重，阿尔贝特·施佩尔接手了他的大量工作。

监狱中的莱伊

美国人于1945年5月逮捕了莱伊。他被"战犯"这个称呼激怒并抱怨说，国际法不应该溯及既往，"我不明白你怎么能用一部事后制定的法律制裁我。即使是上帝也是先制定了十诫，然后用来评判人类在十诫制定以后的活动"。[14]在纽伦堡等待受审期间，他告诉凯利和吉尔伯特："让我们靠墙站成一排，然后枪毙我们得了，你们是胜利者，可以为所欲为。为什么非要把我弄到这儿像个罪—罪—罪（罪犯）一样出庭受审……那个词，我都说不出口！"[15]他用同样的语气给自己的律师写信："我明白胜利者要把他们仇恨的对手赶尽杀绝。我不是在为自己辩护该不该被枪决或杀掉。我有权捍卫自己的尊严，我不应该被污蔑为罪犯，他们无权将没有任何法律基础、随心所欲的审判程序强加在我身上……我是德国人和国家社会主义者，而不是罪犯。"[16]

在监狱中接受审讯，谈及纳粹的失败时，莱伊表现出出乎意料的开放、富有洞见。1945年9月1日，他说："此时，我想说，有一件事导致了我们的失败——不仅是外部因素，更重要的问题出在我们内部……我们曾经相信人类的意志是万能的，我们不需要上帝的怜悯。灾难（即战败）给了我们深刻的教训，让我们意识到自己错了。"[17]

莱伊在审讯中表现得异于常人，话语中交织着各种奇怪的看法，除了表达悔恨外，也不乏见解深刻的观点，还有令人惊讶的错误判断。他报告说，自己在牢房里同死去的妻子讨论过这场战争。

他认为如果能有机会跟犹太复国运动领袖哈伊姆·魏茨曼（Chaim Weizmann）交流，犹太人就会原谅他。他想建立一个由反犹太主义者和犹太人共同参与的委员会，并且陶醉于自己的这个想法，他还想在美国组建一个不反犹太人的纳粹党。[18]

对莱伊的审讯进行得很艰难，别人很难理解他，不仅因为他说话口吃，还因为他特别容易激动，难以约束。担任翻译的约翰·多利布瓦指出，每次对他进行访谈，他都至少三次从椅子上跳起来，挥舞胳膊，来回踱步和大叫。[19]凯利评论说，如果不以咆哮开场，莱伊就"完全无法进行条理清晰的谈话"，"他会站起来，在地板上踱步，伸出胳膊做夸张的手势，动作越来越暴力，并且开始大喊大叫"。[20]

纽伦堡法庭的一个审讯者要求莱伊回答纳粹党是如何组建的，莱伊突然离题万里，大谈他对国家本质的神秘主义看法，还有血统、种族、生物、能量和力量的重要性。从我摘录的莱伊一部分谈话内容可以看出，他大脑中的言语生成系统出了问题，就像"垃圾箱"的观察员所指出的那样。

> 一个民族的地位越高，需求就越多，它会很自然地产生各种需求，比如对劳动力、交通以及文化机构的需求，它还需要多个组织上的职位。首先，最重要的事情是找出国家的本质，国民的感觉——血统、种族、生存和国家的历史背景。与能量所遵循的法则相比，它就像是一个权力场。人们必须要靠自己来辨认这些权力，当你熬过这一步骤，了解人类的本质，就能更好地辨认权力。国家是人们为了满足自己的需求而创造的一种观念。人们总是将国家当作自己的搭档，自己的同盟。[21]

一个星期以后，莱伊被问到自己取得了什么成就。在下面援引的笔录中，他省略了自己是如何"遣散"原先的工会以及工会领袖的。"遣散"是他一贯的说法，事实上，他摧毁了工会，谋杀了工会领袖。

> 我们当然遣散了工会，但是同时做了更多工作：组建"力量来自欢乐"旅行社，给工人提供大量娱乐项目，增加休闲时间，花费巨资配厂医保障工人健康等。我们实施了规模庞大的专业化教育项目；还推出了学习模范工厂、采纳先进经验的项目，号召数百万工人参与以提升工作效率。此外，我们还制订了提供大规模住房的计划以及面向数百万民众的公共教育项目……我努力让德国工人和外国劳工生活得幸福……很遗憾这种理想的组织没有能够介绍到其他国家，没能造福更多人。[22]

莱伊在1945年10月收到了起诉书，他对此感到震惊。他并不介意被当成敌人，但是被视为罪犯令他蒙羞。虽然自5月份以来就被关押并被反复提审，他明显否认这些审讯所代表的含义，直到被正式起诉。看到监狱方提供的为他辩护的律师名单时，他说："如果可能的话，我希望给我安排一个犹太人做律师。"[23]

他在两周后就死掉了，但并不是死于法庭的行刑。1945年10月25日，他将几条毛巾打结连在一起做成一个绞索套进脖子，将自己的内裤塞进嘴里以免发出呻吟声，然后耐心地将绞索另一头系在水槽旁边的管子上，再坐上马桶，身体前倾将自己勒死。警卫误认为他只是在上厕所，等发现真相时为时已晚。安德鲁斯监狱长后来评论说："这是一种什么样的死法——坐在自己的粪堆上，用自己遮羞用的缠腰布勒死自己。"[24]安德鲁斯尽可以对此冷嘲热讽，但这对审判来说并不是一个好兆头，这位监狱长对此心知肚明。他增加了警卫数量并宣布他管理下的监狱防卫森严，没人能继续在他眼皮底下自杀。希腊语中的hubris（狂妄自大）说的就是这种人。

莱伊写了数封遗书。在其中一封中，他特意强调并没有在监狱中受到虐待。在另一封中，他为自己在战时的行为表达了悔恨和内疚：

> 我再也无法忍受这种耻辱……我是责任人之一。我曾经在最美好的日子里追随希特勒，当时我们完成了计划，满怀希望。在前景暗淡的时期，我依然想追随元首。上帝指引我们取得伟大成就……我们却抛弃了上帝，也因此被上帝所放弃。反犹主义扭曲了我们的世界观，我们犯下严重错误。承认错误很难，但是关系到国民的生存。我们纳粹党必须鼓起勇气摆脱反犹主义，我们必须向年青一代承认这是一个错误。[25]

其他战犯对于莱伊的自杀漠不关心。狱医H.尤克利（H. Juchli）向多诺万将军报告说，莱伊的狱友认为他是"一个荒诞离奇的空想家，他的空想和他说的话一样混乱难懂"，而且还感觉"他15年前就该去死了"。第三帝国经济部长亚尔马·沙赫特尖刻地说，"唯一感到遗憾的是他自杀得太晚"。戈林的反应是"彻头彻尾的厌恶"，施特莱彻为"跟这么一个意志薄弱者关在一起而感到羞辱"。希特勒青年团头目巴尔杜尔·冯·席拉赫认为，莱伊的自杀是懦弱之举，对其他战犯来说不公平，因为他没有机会帮他们在法庭上辩护了。[26]纳粹集团缺乏同情心，但是却不乏肮脏污秽的思想。同情心的缺乏会成为即将到来的关于纳粹领导人的精神病理学争论的焦点。

凯利和吉尔伯特的评估

吉尔伯特于10月23日来到纽伦堡，莱伊两天之后就自杀了，因此，吉尔伯特对莱伊的观察很少。而凯利自从莱伊被关押在"垃圾箱"时就认识他，而且和他在纽伦堡又共处了一段时日。他对莱伊观察了六周，其间每天都有接触，并在莱伊自杀前向纽伦堡的内部安全别动队指挥官提交了总结报告。阅读凯利的报告，人们可以感受到熟悉的精神状况检查的节奏。

> 精神运动反应正常、态度和行为正常。心态正常，但是情绪极易波动。莱伊很容易激动并展现出明显的情绪不稳定。虽然出现欣快症倾向，但谈话还算正常。感觉中枢未受损，洞察力和判断力正常。罗夏墨迹测验结果显示情绪不稳，在测验中对色彩和阴影的反应、对图形的混乱辨识和心理反应构建不充分证明额叶受损……由于大脑受伤的病史导致严重精神不稳定，莱伊是最有可能自杀的犯人之一……（莱伊）能够出庭受审。[27]

在点评莱伊的罗夏墨迹测验情况时，凯利指出："莱伊的罗夏墨迹测验整体情况表明，他绝对忍受着大脑额叶受损所引发的病痛的折磨。"[28]凯利还在别处指出，莱伊的"抑制中枢功能受损"。[29]

莱伊接受罗夏墨迹测验的细节非常引人注目。他很容易就离题万里，凯利对此是这样描述的："在第四张图卡上，他看到一头'滑稽的熊，皮毛炸开'，在我们的要求下，他解释说：'你可以看到它的头、牙齿还有可怕的腿，它有影子和独特的武器。它生命力旺盛，代表着布尔什维克主义在欧洲蔓延。'一旦开启布尔什维克的话题，他就没完没了，我们趁着他中间停顿，赶紧引导他把话题转回到测验的图卡上。"[30]

莱伊的精神不稳定成为凯利的主要关注点，凯利认为这是他的额叶受损导致的。莱伊抱有不切实际的幻想，他想移民美国去解决那儿的劳工问题。在自杀前一个月，莱伊写信给"亨利·福特阁下"，请求他给自己提供一份工作，他分析说，他们两人都曾经在汽车行业工作，都是反犹主义者，因此是天然的合作伙伴。[31]

关于莱伊的自杀举动，凯利1946年讽刺地写道："由于莱伊好心将大脑贡献出来用于解剖和检查，我们得到了罕见的机会来证实我们的科学分析和罗夏墨迹测验的发现是否准确。"[32]

莱伊的大脑

莱伊的死亡确实给科学家提供了接触纳粹领导人大脑的机会，至少媒体是这么描述这件事的。莱伊是纽伦堡战犯中唯一被取下大脑用于研究的。自杀后几个小时，莱伊的大脑被从尸体上取下送往华盛顿的美国武装部队病理学研究所。著名神经病理学家韦布·海梅克（Webb Haymaker）解剖了他的大脑。他最初的报告是用铅笔写在带有黄色栏线的纸上，他指出，大脑表皮的脑沟变宽表明了大脑萎缩。大脑表皮的脑膜变厚应该是很久之前的大脑损伤造成的。他评论说："他的大脑额叶出现了慢性萎缩……表现就是大脑长期持续退化，这是一种病原学依然未知的'慢性脑病'。"[33]

海梅克解释说，额叶是"抑制中枢的中心，它是约束大部分人使用暴力的真正控制中心，也正是大脑的这个区域让我们对同类保持同情心"。[34]用显微镜对莱伊的大脑进行的细致检查揭示了"长

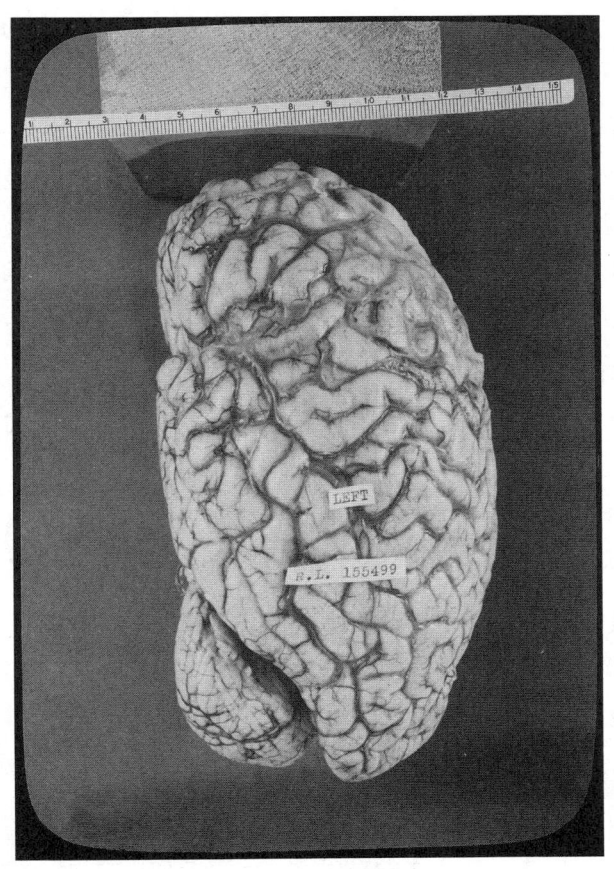

图13 罗伯特·莱伊的左大脑半球。承蒙道格拉斯·凯利授权翻印

时间、严重的慢性脑病损害了莱伊的精神和情绪机能,导致他在行为和感觉上的错乱"。[35]

当海梅克的说法流传出去后,《萨拉索塔先驱论坛报》(the Sarasota Herald Tribune)引用了军医总监特克(Turk)少将的观点,他说,这些脑部变化"足以解释莱伊的异常行为"。不甘示弱的《生活》杂志刊登了一篇揭秘海梅克解剖莱伊大脑的文章。美联社引用了《华盛顿时代先驱报》(the Washington Times Herald)的内容并提炼了一个直白的标题:"莱伊的大脑反常"。《华盛顿邮报》的标题比较委婉:"莱伊的大脑发生病变"。

这儿有一张翻印的莱伊大脑左半球的图片。它的确显示出轻微的额叶萎缩以及脑沟变宽,虽然没有挫伤的痕迹,但是脑膜出现纤维化并且增厚。严重酗酒和营养不良改变了大脑的乳头体,海梅克也一定观察到了这点,考虑到他对此只字未提,我们推断他认为这与莱伊行为异常无关。

凯利认为莱伊的额叶损伤可能是第一次世界大战期间头部受伤引起的,他曾经失去意识好几个小时。另外,他在1930年的一次交通事故中第二次伤到头部,而且再次不省人事。这次车祸加重了他的口吃问题,还导致他严重的耳鸣。[36]凯利评论说"为了克服……(口吃),他找到了良药:酒。他发现如果自己大量饮酒,口吃就不会那么明显"。[37]神经病理学家发现莱伊左右半脑的额叶都发生了病变,他们不认同凯利的观点——莱伊的脑部创伤导致了额叶病变,相反,他们倾向于认为莱伊的脑病是长期严重酗酒的结果。[38]

关于莱伊大脑的故事,还有个有意思的插曲。海梅克请求一位同事对莱伊的大脑发表专业意见。位于洛杉矶的兰利·波特神经精神病理学研究所的内森·马拉默德(Nathan Malamud)博士检查了经尼氏染剂和范吉逊染剂着色后的莱伊的大脑组织后,于1947年3月31日给海梅克回信说:"就像我之前跟你提过的那样,我并不觉得存在任何确定的病理学能够合理解释这一病案,不过仍有一些值得关注的临床器官病症。因为尸检不可能完全精准或者因使用固定剂所产生的伪影,解剖的结果很难评估。但是,如果这些病变是真的,也并非十分重要……这张解剖图片反映了一种原因不明的慢性扩散性脑病,就算使用会产生伪影的固定剂和用石蜡灌封的处理方

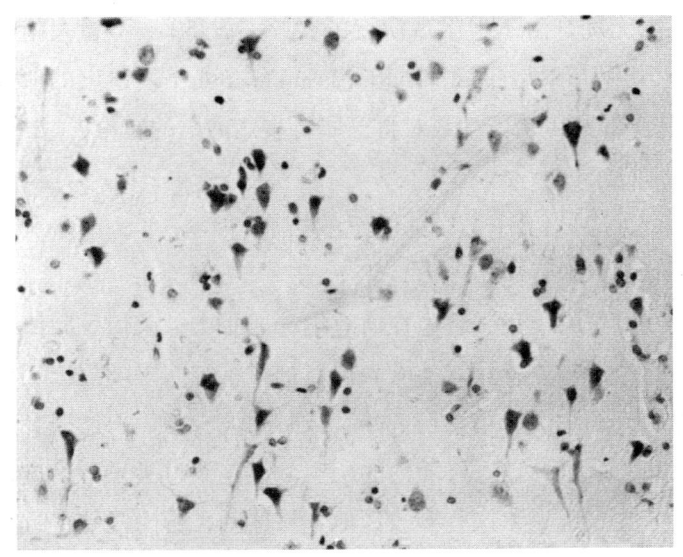

图14　罗伯特·莱伊的大脑的显微镜视图。承蒙道格拉斯·凯利授权翻印

法,也能看出这一点。"[39]

显微镜检查结果支持马拉默德的解释。这只是一个带有伪影的普通显微镜载片,没有发现梅毒(没有小胶质增生、血管周围的浆细胞成套、神经细胞丢失等症状),也没有阿尔兹海默症(没有空斑或缠结),也没有皮克病(没有神经细胞内的包涵体)。如果他天生具有恶意,在这个载片上是看不出来的。

参考了马拉默德的意见后,海梅克于1947年12月15日写信给凯利指出:"我非常认真地研究了这一案例,发现了病变,但是病变的程度比我们之前认为的要小。我个人认为我们最好不要再提这个事情了,因为这些病变的程度并不大,公开此事会引发争议。"[40]

媒体不出所料报道了这项历史性的医学发现,而且并没有人试图更正这项历史记录。在美联社的读者看来,罗伯特·莱伊的恶行确定无疑是由于他出现病变的大脑引发的。"不管大脑有没有病变"，莱伊并不是弗兰肯斯坦（Frankenstein）所造出的那种"怪物"。其实，莱伊是极少数对自己罪行表达悔悟的纽伦堡战犯之一。

21世纪的视角

从21世纪的视角来看，在所有纳粹战犯中，莱伊无疑值得人们做出不同的评估。毕竟，他的表现对神经精神病理学提出了很多问题。他的头部两次严重受伤，并且长时间失去意识，还完全失语了一段时间，严重的口吃伴随他的余生。但是回过头来看，这是不是他失语症的表现呢？这些事故让他容易冲动，行为怪异，过度酗酒无疑加重了这些症状。

在21世纪，我们会记录他的冲动性并用心理测试来描绘其程度。但是我们不会止步于此，我们还要评估他的记忆力和判断力。如今我们最有把握的是，可以获取他神经系统的影像以便测定他大脑受损的程度。这些在今天绝对都是常规评估。如果对大脑做一个活组织检查，我们可以使用新的染色技术（免疫组织化学）。如果莱伊是在21世纪接受审判，所有这些评估结果都会出现在律师案头，而法庭也一定会努力权衡这些评估与他所犯罪行之间的相关性。

第六章

被告人赫尔曼·戈林：
和蔼可亲的精神病态者

Defendant Hermann Göring:
"Amiable Psychopath"

> 戈林是超级自大狂，撒谎技术一流，但同时又是魅力无穷的恶棍。
>
> ——托马斯·多德，纽伦堡法庭检察官，
> 1946年3月18日

他们无须通过播放资料片和宣读文件来证明我们为了准备战争而重整军备，我们当然是在重整军备！为什么？我们重新武装德国是因为我们准备反击！很遗憾我们没有为重整军备做更多工作。当然，我们考虑到了你们的条约……像厕纸一样又臭又长。我当然希望重振德国！如果可以通过和平手段实现，那很好，如果要靠战争，同

样很好!

——赫尔曼·戈林同古斯塔夫·吉尔伯特的谈话，
1945年12月11日[*]

审讯戈林

戈林和莱伊完全不同。如果说莱伊将审判视为奇耻大辱的话，戈林则完全蔑视整个审判并希望继续战斗。他们就连自杀的原因和意图也是不一样的。莱伊是因内疚和悔恨而自杀，戈林则是出于羞辱同盟国的目的，他要像烈士一样牺牲。

在权势熏天时，戈林是第三帝国议会主席、盖世太保创始人、空军司令以及第一批集中营创建者。他戴着和蔼可亲人格的面具，而背后的性格是多面复杂的，既有吸引力又令人厌恶。戈林与众不同——生活放荡、骄奢淫逸、喜欢掠夺财富。然而与纳粹高层的其他人相比，他有风度、健谈、风趣，还有些古怪。戈林自视为现代沙皇，喜欢身着古装，佩戴昂贵的胸针，经常在自己的宅邸——卡琳宫——举行盛大的宴会，他通常会让客人参观自己驯养的宠物狮子，观看模型飞机向模型铁路上投掷炸弹。在用这些非同寻常的娱乐方式款待客人后，他通常带他们到另一个房间看自己喜欢的牛仔电影和印度电影。

虽然戈林非常腐败，到处掠夺艺术品，但是对动物却表现出仁慈之心，他对自己担任森林部长很自豪，专门颁布法律确保动物

---

[*] Thomas Dodd, quoted in Christopher Dodd, *Letters from Nuremberg: My Father's Narrative of a Quest for Justice* (New York: Crown, 2007), 237; Hermann Göring, as quoted by G. M. Gilbert, *Nuremberg Diary* (New York: Farrar, Straus and Giroux, 1947; reprint ed., New York: Da Capo, 1995), 67.

受到人道对待。但是戈林还有另一面。在普鲁士颁布了禁止动物活体解剖实验的法律后，他威胁说，任何违反这一法律的人都要面临"严重刑罚……要被送入集中营"。[1]在他关怀体贴的假面之后潜藏着惩罚报复。

对戈林来说，种族主义和反犹主义其实并非他关注的头等大事。当被问到为什么任命具有犹太血统的艾尔哈德·米尔希（Erhard Milch）元帅担任自己的副手，戈林回答说："在德国，谁是犹太人我说了算。"[2]戈林还营救了一对犹太姐妹并安排她们迁居国外，因为1923年他在慕尼黑暴动中严重受伤时，两位女孩救了他的命。由此可见，戈林既无比残忍，又体贴入微，这点非常有意思。他在监狱中给妻子写信说：

> 看到你可爱的笔迹，想到你那令我钟爱的双手会展开这张信纸……有时候我觉得我会因为爱慕和思念你心碎而死，不过这是一种美好的死法。我亲爱的妻子，我要向你表达诚挚的谢意，因为你赐予了我幸福、爱情和一切……你和埃达（戈林的女儿）对我的意义以及我对你的思念，言语无法表达万一。多么渴望热烈地拥抱你，亲吻你可爱甜美的面庞。[3]

但是，他这些温柔体贴的性情并没有扩展到家人和动物之外。正是他召集了万湖会议，设计出了"最终解决方案"。[4]

在审讯中，被称为"胖子"的戈林很难让人弄明白。审讯官员多利布瓦描述了戈林的复杂个性：人们用各种负面的语言来描绘他，从恶魔的化身到肥胖愚蠢的阉人……他其实是一个能力出众、精明强干的管理者，才华横溢、敢于冒险，但又残酷无情、贪得无厌。他有时会施展魅力，和他相处的人会感觉很愉快，他有时又会让人心生厌恶，但是和他相处的每一分钟都会让人觉得很有意思。[5]

位于马里兰州科利奇帕克的国家档案馆中收藏有大量关于戈林的资料。有一天早上，我在该馆的一个大房间中查阅资料，房间里博学安静的读者都在使用嗡嗡作响的微缩胶卷阅读机。我碰巧发现了一个收藏柜中装有戈林的审讯记录，令人惊奇的是，戈林的弟弟阿尔贝特的审讯记录也在其中。我从没有听说过阿尔贝特，但是他的故事非同寻常，他反对纳粹党，并且想尽办法救助犹太人，在其中一个案例中，犹太女人被逼迫跪着用酸液擦洗街道，他自愿加入她们的行列。他多次因为对抗政府而惹祸上身，戈林总是会保释他。1946年9月25日阿尔贝特被审讯：

问：当你告诉你哥哥发生在犹太人身上的暴行时，他说什么？

答：他总是说这些事情被夸大了，因为他收到了这些事情的精确报告。他让我不要再插手政治事务和历史事务，因为我对政治一无所知。他的原话是："你是个政治白痴！"……因为营救犹太人和反对纳粹党，赫尔曼总说我是家族中的害群之马。[6]

戈林被纽伦堡审判的法律前提所激怒，认为同盟国的做法非常虚伪，他历数同盟国的罪行：集中营是英国人在布尔战争期间发明的；苏联人在卡廷森林杀害了大量波兰军官，还屠杀了数百万自己的国民；美国人则屠杀了大量印第安人。听说美国人向日本广岛投掷了原子弹后，戈林评论说："啊哈，现在谁是战犯？"[7]

约翰·阿门（John Amen）上校对戈林进行了全面审讯，他的审讯记录提供了一个独特视角，从而一窥戈林对于个人责任的看法。1945年9月6日，阿门审问戈林关于轰炸鹿特丹的事情。

> 问：是你下令轰炸鹿特丹的吗？
>
> 答：是的，但是我没有下令轰炸鹿特丹，我只是下令轰炸发生战斗的地方。我们往那儿空降的伞兵被包围了，他们在那儿作战，这就是那个地方遭到轰炸的原因。我想说的是只有36架飞机空袭了鹿特丹，如果鹿特丹的民众没有这么拥挤，他们本来是可以把火灭掉的。没有任何鹿特丹人或消防队员试图灭火，火势才会疯狂蔓延，烧毁了所有房屋，它们都太老旧了。火焰吞噬了所有房屋……街区，情况越来越糟糕，甚至在战斗结束之后，也没有人想办法灭火。整个空袭只持续了五分钟。[8]

出于几个原因，这次交流令人印象深刻。戈林记忆力惊人，对于细节了然于心。即使空袭鹿特丹已经是五年前的事了，他记得关于轰炸地点的每一个细节，他在一个鹿特丹的大幅详图上将它们一一指给阿门。戈林总是试图转嫁责任，这一点尤为明显。他的观点如下：他并没有下令空袭鹿特丹，只是要求轰炸"发生战斗的地方"（也就是鹿特丹）。而且，只有36架战机空袭了这座城市，空袭持续的时间也很短。此外，那些房子都很老旧，没有消防设施。这座城市被大火烧成灰烬是市民的责任，因为他们居住得太拥挤而且没有努力救火。

阿门引导戈林认罪的努力不可避免地失败了。戈林用对自己有利的反驳巧妙回避了每个诱导性的问题。1945年9月7日，阿门希望引诱戈林承认曾经下令报复英国：

问：你发表过一个声明……警告英国人不要杀害你们的飞行员，大意是，他们胆敢杀害你们一个人，你就杀他们十个作为报复，你不记得了吗？

答：不，我从没有说过这话。

问：文件显示你说了。

答：我想看看那些文件。

问：我知道你想看，你最终可能会看到，但是我想先了解一下你是否还记得……

答：你的意思是那些文件上写着我曾经发布过的一个命令？

问：我不回答任何问题，需要回答问题的人是你……

答：好吧，你有文件资料做后盾来向我提问，我除了自己的记忆外，无所依靠。[9]

戈林有时坦诚得令人惊讶。当问到纳粹使用奴工的问题时，他回答："他们是为经济战服务的，我们出于安全原因使用奴工，这样他们就无法留在自己的国家干活，无法对我们造成威胁了。"[10]在同接替凯利的精神病学家莱昂·戈尔登松的一次谈话中，戈林评论这场诉讼说："坦率地讲，我的目的是将这场审判变为笑柄。我认为别国无权审判一个主权国家的政府。"戈林继续批评这场审判的组织机构，甚至法庭对被告人的选择。"我努力控制自己不对其他被告人发表批判性评论。他们是不具代表性的混杂群体。他们中的一些人实在人微言轻，我从来没有听说过他们。"他指的是汉斯·弗里奇、瓦尔特·丰克（Walther Funk）和威廉·凯特尔，比起自己来，他认为他们是小人物。[11]

在一次内容广泛的谈话中，戈林讨论了种族灭绝、内疚、善良和邪恶：

> 即使一个人对于灭绝一个种族毫无愧疚之心，常识也决定了在我们的文明中，这是野蛮的，会被来自国内外的批评浪潮所淹没，被谴责为历史上最惨无人道的罪行。虽然我遵循骑士准则，但我并非一个道德家。如果我真的认为屠杀犹太人意味着……战争胜利，我就不会为它所困扰了。但是屠杀犹太人没有任何意义，对谁都了无益处，除了让德国声名狼藉……我不信仰《圣经》和其他很多宗教信徒所信奉的东西。但是我尊重女性，也认为屠杀孩童是没有风度的行为。这是屠杀犹太人时最让我困扰的事情……对我个人来说，我对于大屠杀没有责任……我听到了大规模屠杀犹太人的谣言，但是我对此无能为力，我觉得调查这些谣言并准确地弄清情况毫无用处……何况我还忙于其他事务，而且如果查明大屠杀的真实情况，只会让我感到不安，无论如何，我都无力阻止这件事。[12]

"屠杀孩童是没有风度的行为"，戈林说到"孩童"时，好像自己谈论的是松鼠或乌鸦之类的动物。这些话并不能强有力地证明他具有同情心，也无法让人接受他的荒谬解释：他宣称没有调查关于大屠杀的谣言，是因为那"只会让我感到不安"。

此外，戈林是一个有多重人格的变色龙。纽伦堡法庭的审讯人员约瑟夫·迈尔敏锐地观察到："在法国人面前，他高高在上，神色鄙夷；在我们（美国人）面前，他表现得像强健的海盗一样，他认为这样或许可以吸引像好莱坞电影中需要救助的那些幼稚的美国人；在冷静、老练的英国人面前，他很安静，彬彬有礼，急于表现出他认为能吸引英国人的绅士派头……（在苏联人面前，戈林）表现出些许的畏缩和奉承。他知道不能装腔作势激起苏联人的好奇心,他对自己见到的每一个苏联人都怕得要死。"[13]

审判戈林

戈林认为自己是所有战犯的首领和发言人,他相信自己应该被特殊对待。安德鲁斯监狱长要求犯人每个周五清理自己的监舍,戈林被这一命令激怒并因此出现心律不齐的症状。安德鲁斯在这件事上向戈林让步,给他分配了一名犯人帮他打扫监舍,但是监狱长讨厌戈林,他评论说:"戈林明显装腔作势,在审判期间一直如此。他懒洋洋地坐在被告席上,一只肥硕的胳膊伸到身旁瘦弱的赫斯背后,另一只伸出的胳膊肘抵在被告席的边缘。这样他就可以舒适地斜靠着,抵在他面前被告席的木头栅栏上,肥大的面庞上浮现出夸张的笑容。"[14]

戈林努力组织所有被告人建立统一的辩护阵线,当其他战犯选择独立的辩护路径或者承认罪行时,戈林会气得七窍生烟。"猪狗不如的叛徒",他冲着党卫军将领埃里希·冯·登·巴赫-热勒维斯基愤怒地低声说。巴赫-热勒维斯基当时正在向检察官供述关于东线战场的反游击战活动。[15]戈林并没有安静下来,他接着骂道:"肮脏、该死、背信弃义的猪猡!污秽不堪的卑鄙小人!……为了保住令人作呕的烂命而出卖灵魂!"[16]他无法抑制自己的愤怒,下颌颤抖,他嘲笑自己的同伙,称他们为"胆怯的小朋友"。[17]

和其他受审的战犯不同,戈林在出庭时并没有认罪,也没有表达歉意。相反,他耐着性子主导了对自己的审判,并屈尊"承认"战争期间出现了暴行,但是所有人都难辞其咎,所有人手上都沾满鲜血。

图15 坐在证人席上的戈林（美国国家档案馆）

戈林对最后的判决结果不抱任何幻想。他对自己将被处以绞刑而不是枪决愤愤不平，但是他已经将判决视为成为烈士的方式。"我知道我会被绞死。我已经准备好了。我会作为伟人载入德国史册……五六十年以后，赫尔曼·戈林的雕像将会遍及德国，而小型塑像可能会进入德国每一户人家。"[18]

杰克逊对决戈林

1946年3月，戈林进行了他一生中最有名的表演，整整一个星期，他都在即席做证，他讲述了战争情况，自己在其中发挥的作用，并努力辩解这场战争的正当性，他记忆力惊人，对细节了如指掌。他的表现令见证者惊讶不已，人们因为他肥胖的外形而误以为他是个平庸之辈。为《纽约客》撰写报道的珍妮特·弗兰纳（Janet Flanner）评论说："这位帝国元帅让马基雅维利的《君主论》相形见绌，那本书的观点看上去像枯燥乏味的辩解；戈林显然更加没有道德观念，更加狡猾……在他高超的手腕、肥胖的身躯和所建立的'卓越'功勋背后，是一颗聪慧的头脑，而在他生活的时代，很少有人拥有这么睿智的大脑……但从他做证时的复杂供述中可以看出，在他的头脑中，良知已经泯灭。"[19]

戈林和大法官杰克逊展开了一场智力的对决。起初，杰克逊看起来正通往胜利的大道，其他被告人在证人席中围观，像希腊戏剧合唱队一样鼓噪不已，随着诘问的进行，他们时而喝彩，时而悲叹。[20]他们并不都是在声援戈林；有很多人对戈林满怀妒忌。更准确地说，很多人享受戈林做证的过程，将它视为像狩猎般流血的娱乐。被告人亚尔马·沙赫特心满意足地指出："到目前，这个胖子一直在遭受打击。"[21]

第一回合杰克逊占了上风，但是这个暂时的胜利很快就逆转了。随军记者哈罗德·伯森（Harold Burson）言简意赅地评论道："戈林将杰克逊驳得体无完肤。"22杰克逊习惯了其他被告人的辩解风格，他们回答问题的经典论调是："哦，这些事情太可怕了，但是我对此一无所知，即使知道也无权制止它们发生。"而戈林完全不同，他从不认罪，他会以如下方式猛烈回击："我们当然干了那些事情。蠢货，我们是在打仗。你们也做了同样的事情。"戈林这种猛烈的言辞咄咄逼人，杰克逊无力招架，惊慌失措，怒气冲冲而又张口结舌。

戈林大肆攻击杰克逊的每一个问题，并将它的意思完全扭曲。戈林英语流利，抱怨译员的翻译不准确，要求在回答问题时给予更多时间。杰克逊试图打断戈林的发言，但是法官裁定，戈林在回答问题时有权发表冗长的言论。下面的摘录可以让我们看到处境艰难的杰克逊越来越沮丧：

> 杰克逊：据我所知，在德国的元首制度下，你未能对德国人民发出警告，你未能施压……阻止那些事情，你甚至未能辞职以保护自己的历史定位。
>
> 戈林：你一次提了好几个问题。我应该先回答第一个……
>
> 杰克逊：……我来重复一下这个问题。赛斯-英夸特（Seyss-Inquart）出任奥地利总理时，是否知道必须邀请德军进入奥地利并向德国投降，还是在你的误导下，相信自己会领导一个继续保持独立的国家？
>
> 戈林：抱歉，你提出了一系列问题，我无法简单地回答"是"或者"否"。如果你问我："赛斯-英夸特出任总理，是希特勒和你的意思吗？""是的。"如果你问我："他出任总理时，

就已经知道要向我们发电报邀请德军进入奥地利?"我的答案是"不"。当他出任总理时,不存在向我们发电报的问题。如果你问我:"他出任总理时,是否以为自己能够保持奥地利的独立地位?"我只能再次申明,那天晚上,元首也没想清楚这个事情最终将怎么处理。[23]

还有很多类似的交锋,大部分观察家都认为戈林表现得更好。戈林向自己的律师吹嘘说:"杰克逊比不上我。"[24]当戈林完成做证时,他很享受自己的胜利。"不要忘了,英国、美国、苏联和法国集结了本国最优秀的法律人才来跟我对抗,他们的后盾可是这些国家的整台法律机器,而我是单枪匹马迎战!"[25]

凯利和吉尔伯特的评估

凯利喜欢嘲讽,不喜欢使用难懂的术语;吉尔伯特爱下断语,而且他后来的著作滑向教条主义。尽管二人风格迥异,但都认为,戈林唯利是图、腐化堕落且残暴无情。吉尔伯特指出:"戈林试图给人留下和蔼、务实的印象,让人觉得他虽然下了大赌注,但失败后坦然接受,是个输得起的人……他找出很多理由为德国的战争行为开脱,他声称对暴行一无所知,认为同盟国也有'罪责',他精心计算,随时展现幽默的一面,他要让人们认为自己和蔼可亲、并无恶意……他是一个病态的利己主义者。"[26]但以上是凯利和吉尔伯特仅有的共识。吉尔伯特认为戈林是恶魔,是一个内心懦弱卑劣的暴徒。相形之下,凯利却仰慕戈林这样的无赖,他进一步宣称,世界上像戈林这样的人多得是。"毫无疑问,在美国也有人踩着一半人的尸体往上爬,成功后就可以对另一半幸存者发号施令。"[27]在吉尔伯特看来,崇拜这样的"无赖"不仅离经叛道,更令人深恶痛绝。

凯利和戈林相处融洽,但有些人认为凯利跟戈林走得太近。[28]凯利鼓励戈林讲述自己的故事,而戈林把凯利当成了欣赏自己的听众,而且愿意帮助自己。凯利这样描述自己和戈林的交流:"戈林是容易相处交谈的战犯和病人之一。当我每天巡诊来到戈林的牢房时,他会从椅子上跳起来,满面笑容,伸出手说:'早上好,医生。我很高兴你来看我。请坐这儿。'然后他会慢慢挪动他巨大的身躯——当审判开始时,他体重依然超过200磅——坐在我旁边,准备回答我的问题。"[29]

戈林请凯利帮忙联系自己的妻子和女儿,凯利向她们转交了戈林的一封信。"今天我通过凯利上校向你转交这封信,上校也是为我治疗的医生,我对他完全信任。你也可以同他自由交谈……你可以通过凯利上校给我回信,你一定能够了解我是多么渴望你的回复。"[30]

戈林对凯利的帮助感激不尽,他将自己一枚镶嵌珠宝的大戒指送给凯利,但是凯利没要。戈林说:"那好,我这儿还有一个同样好的东西送你。"他送给了凯利一张自己的签名照。[31]

自己的女儿埃达生活得是否幸福,是戈林最大的牵挂,他担心自己和妻子死后,女儿无人过问。他向自己唯一信任的人——凯利——求助,万一女儿成了孤儿,他请求凯利收养她。[32]凯利是如何回复的,我们不得而知。但是,从今天的视角来看,我们会感到不安,思索这是否已经越过了精神病人和医生之间的界限。戈林很显然非常喜欢凯利,当凯利离开纽伦堡时,他甚至伤心哭泣。[33]

凯利认为戈林"充满魅力（当他愿意如此表现时）"，极为聪明、富有想象力、幽默风趣，同时也残酷无情，完全无视人的生命。[34]虽然凯利和戈林关系亲密，但是他仍然观察到了戈林的阴暗面："他是这么一个人：上一刻还是纳粹党的灵魂和所有人的朋友，下一刻就下令他所有的同伴去死，而且毫无悔恨之心。"[35]凯利继续写道："戈林过分自信，超级自恋……沉浸在自我陶醉中……对他的事业满怀热情，但对职责以外的事情漠不关心。"[36]

鉴于戈林的药物依赖、过度肥胖和不稳定的心脏状况，凯利担心他活不到审判开始。当戈林被抓获时，体重280磅，表现出多种心脏病症状。凯利声称自己通过利用戈林自恋的特点帮助他成功减肥，他告诉戈林"如果他能变瘦一些，会以更好的面貌出现在法庭上"。[37]凯利还声称治好了戈林的镇痛剂依赖，办法就是逐步减少他的药物剂量，同时再次借助戈林的自恋性格鼓励他彻底戒除了药瘾。"戈林自豪于自己的体能和忍受疼痛的能力。我的方法很简单，我只是告诉戈林，像里宾特洛甫（戈林痛恨他）这样意志薄弱的人才需要服药，可能一辈子都无法摆脱药物依赖，而他身体强健、意志坚定，根本不需要服药。戈林表示赞同，并全身心地配合我。"[38]

凯利报告说戈林的罗夏墨迹测验结果显示，"他天资聪慧，想象力丰富，过着奢侈豪华、争强好胜而又充满幻想的生活，野心勃勃，冲劲十足，想按自己的思维方式迅速征服世界"。[39]在另一份文件中，凯利写道，戈林的罗夏墨迹测验"展现出正常的基本人格"，但是他的思想"表露出显著的自我中心性和强大的情感驱动力"。凯利再次总结说："这个人精神正常，他没有显示出精神病理特征，他有能力面对审判。"[40]此外，凯利还在别处评论说："他的身体状况非常好，在最近出庭做证时异常清醒。他具有强烈的精神信念，一直在为自己的团体振奋士气……戈林用一种达观的态度面对命运。他期待被绞死，他没有精神问题。他不大可能会在某个时间点屈服，随着指控增加，他只会坚定信念，勇于面对，他能够不受干扰地坚持到底。"[41]

比起凯利，吉尔伯特对戈林邪恶的一面更加警觉（或者戈林在吉尔伯特面前更多展现的是这一面）。在谈到戈林1934年的一次演讲时，吉尔伯特引用了他的演讲内容并做了相当生硬的解读：

> 戈林：我在这儿不是为了实现什么公平正义，我要灭绝和摧毁！
>
> 吉尔伯特：如果说沮丧的民众退回到他们的独裁文化，选择对上唯命是从而又富有侵略性的行为模式，大声疾呼热衷使用暴力的领导阶层统治国家，戈林就是能满足他们要求的人。[42]

吉尔伯特文风粗糙、教条，文中遍布矫揉造作的谴责性术语。例如，"就像典型的精神病态者，戈林不愿受到约束的行为方式，反映了他摆脱不了婴儿期的自我内驱力"。[43] 在另一个例子中，吉尔伯特古板地评论戈林和妻子的关系。戈林的妻子因他盲目崇拜希特勒而苦恼，当吉尔伯特向戈林提起这一点时，戈林不屑一顾地说，这其实不是女人该掺和的事。吉尔伯特带着责难的态度用佶屈聱牙的冗语来解释戈林的反应："戈林老旧的利己主义价值观完全源自他尊崇女性的'骑士精神'，但这种精神背后隐藏着他的自恋癖，他的这种癖好被他对女性关怀备至和包容的假象所遮蔽。但他绝不允许饱含妇人之仁的博爱价值观干预他的自恋癖。"[44]

当吉尔伯特在战犯身边转悠时，他会努力偷听和汇总他们之间的谈话。戈林对战争的看法相当深刻，一个确实的权谋家才可能超出他。

为什么？民众当然不想要战争。在农场谋生的一群穷困邋遢的懒人肯定不会愿意冒着生命的危险去打仗，因为他最好的结局也只不过是能够在战争结束后保全性命回到农场。普罗大众自然不想要战争……这点很好理解。但是，制定政策的是国家的领导层，让民众听令是很简单的事情……民众向来服从领导人的命令。你只需要简单地告诉他们正在被敌人攻击，并谴责和平主义者缺乏爱国心，置国家于危险的境地。这一套放之四海而皆准。[45]

尽管戈林言辞犀利、智力超群，但是你无法忽略他性情中完全恶毒的一面。由于吉尔伯特总是在战犯身边转悠——在餐厅、夜晚的牢房或者法庭上——我们有机会得知他们私下都在说些什么。有一天，被告人沙赫特在出庭受审时试图将自己描绘成反纳粹者，而杰克逊刚摆出火力全开的架势要把他驳倒时，吉尔伯特偷听到戈林低声对赫斯说："戴上耳机，好戏开场了！"[46]

吉尔伯特认为戈林是"性格外向的自私自利者，为追求名利不择手段；同时又是一个狡猾、愤世嫉俗的现实主义者。他将实力政治视为争取个人利益的博弈，将历史视为一场表演，自认为像他这样强壮又聪明的人注定要扮演英雄角色"。[47]吉尔伯特还记录了一些凯利没注意到的事情。戈林特别擅长"挑拨离间"，经常煽动别人争吵。"他在精神科医生面前诽谤心理医生，在信奉天主教的监狱神父面前说信奉新教的监狱牧师的坏话，在心理医生和精神科医生面前中伤神父和牧师，或者反过来对后者说前者的坏话。然而，他会当面挨个奉承每一个人。"[48]

吉尔伯特对戈林做罗夏墨迹测验时，并不知道凯利已经对他测试过了。戈林看到吉尔伯特从公文包里拿出测验用的图卡时说："又是那些古怪的图卡。"[49]吉尔伯特对于凯利先他一步感到失望，但是他也承认："两次罗夏墨迹测验结果本质上是一样的，除了戈林在第二次测验中表现得更加抑郁，展现出更多病态的焦虑以外。"[50]

凯利声称罗夏墨迹测验结果显示，戈林天资聪慧。吉尔伯特并不认同，他认为，测验结果显示"他资质平庸……是个肤浅和乏味的现实主义者，远远不是聪明过人、有创造力的智者"。[51]对测验结果的这种解读可能反映了吉尔伯特的偏见，因为他在别的场合说过，戈林在智商测验中得分超出常人。

吉尔伯特在做罗夏墨迹测验中最著名的发现，源于戈林在观察图卡时做的一个小动作。

> 他确实试图"擦掉"图卡Ⅲ上面的"血迹"，在询问中，他对于自己第二次看那张图卡时的病态和施虐狂似的举动只字未提……这其实暴露了他潜意识里的内疚和渴望逃避这种情绪的心态，尽管他故作镇定……正如麦克白夫人的噩梦一般，擦掉这些"该死的墨迹"暴露了他的焦虑情绪……他是个懦夫，当他有能力采取行动时却只会逃避责任。

在被判处死刑几天后，戈林向吉尔伯特询问，他的罗夏墨迹测验揭示了什么，吉尔伯特回答说：

> 坦率地讲，测验结果表明，虽然你表现得非常活跃，甚至富有攻击性，但是你其实缺乏承担责任的真正胆量。你在做测验时的一个小动作暴露了你内心的真实想法……（你用手轻

弹其中一张图卡上的红点）你以为能用这个小动作擦掉这个血迹。你在整个审判过程中都在做同样的事情……在战争期间你也在做同样的事情，将种种暴行从你头脑中移除。你没有勇气直面这些……你就是个再常见不过的懦夫。"[52]

这是一个不同寻常的解释，我认为它显示了吉尔伯特很难应对他在审判期间扮演的多种角色。吉尔伯特现在既不是翻译，也不再是为罪犯看病的心理医生，他成了一个复仇者。吉尔伯特兴高采烈地指出，自己的评论激怒了戈林，"这足以让他给辩护律师一张谴责我的便条"。[53]在接受采访时，吉尔伯特很明确地表明了自己对战犯的态度："赫尔曼·戈林表现出的勇敢一面是伪装出来的。他们都是懦夫，每个人都是，包括戈林。他们在牢房里都吓得发抖，在法庭上展现出来的只是虚张声势的表演，他们都是色厉内荏之徒。他们随意屠杀别人，自己却贪生怕死。"[54]

其实，吉尔伯特对于戈林的总体描述有充分的事实依据。

> 罗夏测验自然不能揭示整个甚至基本的人格结构……通过长期的观察能发掘出很多东西。戈林是一个有攻击性的精神病患者，他对于权力、职位、财富、食物的欲望永无止境……他热衷于炫耀，为了达到目的，不惜谋杀、偷盗或诬陷；但他伪装成外向的幽默和蔼之人……他在法庭上的行为就是他在历史上所扮演角色的缩影：在法庭上，他卖力表演，伪装得亲切友善，展现出勇敢、忠诚、无辜和爱国的面目，但是私下里，他粗俗的品行暴露无遗。[55]

吉尔伯特对戈林的评价是："为达到目的，他将残忍好斗的个性隐藏在令人产生好感的友善态度中。"[56]几年后,他简洁而又巧妙地称戈林是"亲切的精神病态者"。[57]

戈林的结局

在戈林被判刑后,就有一些蛛丝马迹预示着麻烦来临。接替凯利的精神科医生威廉·H.邓恩(William H. Dunn)中校,在战犯等待执行刑罚期间,继续对他们进行巡诊。他警告说,戈林"会通过强化'自我为中心、虚张声势和表演卖弄'的个性来面对刑罚。他不会放过任何一个努力战斗的机会"。[58]在被执行绞刑前的一个小时,戈林悄悄服用氰化物自尽。他一直说他不会让同盟国绞死自己——这种结局有损他的尊严。在自杀遗书中,戈林写道:"我可以允许自己被行刑队处死。但是德意志的帝国元帅不应该死在绞刑架上,因此我选择和迦太基名将汉尼拔一样的方式死去……(我早就知道)自己会被判处死刑,在我看来,整个审判过程就是胜利者的政治噱头……(但是)我期待可以选择像战士一样死去。在上帝、我的人民和我的良心面前,我问心无愧地说,我没有犯下敌人法庭强加在我头上的罪名。"[59]

在写给妻子的信中,戈林还说:"我唯一的心上人,在郑重考虑并向上帝真诚祈祷后,我决定自尽,以免被敌人用可怕的方式行刑……我的生命走到了尽头,我最后一次向你道别……我永远忠于我们伟大的爱情。"[60]

法庭邀请了一些记者见证行刑。记者金斯伯里·史密斯(Kingsbury Smith)率先报道了戈林自杀的消息:"赫尔曼·戈林没有领导纳粹分子最后一次列队前进——走向绞刑架。他在牢房中自尽身亡,约阿希姆·冯·里宾特洛甫取代他走在队列最前面,带领战犯走向来世。"[61]

安德鲁斯上校不得不向世界宣布这起自杀事件。听到这一消息时，凯利评论说："他的自杀蒙着一层神秘色彩，凸显了美国守卫的无能。他的这一举动非常巧妙，极为成功，堪称功德圆满，他将成为未来德国人崇拜的精神大厦。"[62] 吉尔伯特的观点与凯利完全不同："戈林的死法同他活着时的表现没什么两样，只不过是一个精神病态者试图以一种引人注目的姿态嘲弄人类价值并逃避罪责。"[63]

戈林是如何弄到氰化物的，这依然是个未解之谜，虽然"二战"末期，在德国很容易搞到氰化物，自杀率也猛增。[64] 1945年4月，当柏林爱乐乐团在舞台上表演理查德·瓦格纳的歌剧《诸神的黄昏》时，苏联红军已经守在大门口了，希特勒青年团的成员就站在剧院出口处分发氰化物胶囊，任何宁死不愿投降的人都可以领取。[65]

监狱管理方经常搜查牢房并对犯人搜身，违禁品一经发现，立即没收，但是犯人储藏财物的房间成了搜查盲区。虽然来访者和律师也要被搜身，但是对他们的搜查只是例行公事，或许并不认真。因为监狱中士兵的数量逐渐减少，而且对他们担任守卫的岗前培训也不够。一些卫兵竟然喜欢上他们看守的犯人，尤其是那些名气大、有魅力的犯人，比如戈林。至少有两名守卫有可能给戈林提供氰化物。名为赫伯特·李·斯蒂弗斯（Herbert Lee Stivers）的守卫声称他的德国女友在戈林自杀前不久让他给戈林带过"药物"。[66] 另外一个有嫌疑的守卫杰克·"特克斯"·惠利斯（Jack "Tex" Wheelis），被认为对戈林过度友好，帮戈林从监狱的储藏室找回过他各种各样的东西。

甚至连战略情报局都被怀疑帮助戈林自杀。他们对戈林提供的关于德国的情报非常感激，因为他们知道，这些情报有助于在即将到来的冷战中跟苏联做斗争。允许戈林选择体面的死法或许是他们能够接受的交易。战略情报局局长多诺万的助手内德·普策尔（Ned Putzell）声称自己给戈林提供了氰化物，因为"在取得英国方面同意后，多诺万秘密决定让戈林服用氰化物自尽。戈林非常配合我们的工作，作为回报，我们真的应该给予他这种方式的怜悯……他对此也很高兴。这比绞刑要好多了"。[67]

最后一个嫌疑人是道格拉斯·凯利，尤其是在他死后几年，对他的怀疑愈加强烈。很多观察者都注意到了他跟戈林的亲密关系，怀疑他给戈林提供了氰化物。即使是数十年后的今天，我们也无法确定到底是谁将氰化物给了戈林，不过他的自杀沉重打击了监狱长安德鲁斯。他的对手瞒天过海，欺骗了他，媒体很快就将账算到他头上。《时代》杂志的报道怒气冲冲地指责道："这是怎么发生的？因为军队任命的监狱长自负傲慢、毫无想象力……根本不能胜任自己的工作。伯顿·C.安德鲁斯上校喜爱这份工作，每天早晨，他拖着肥胖矮小的身躯，像膨胀的凸胸鸽一样，迈着威严的步子走进法庭。"[68]

几年后，安德鲁斯驳斥《时代》杂志说："我体重160磅，身高5英尺10英寸，胸围44英寸，腰围36英寸……肥胖的凸胸鸽是这样的吗？"[69]他不愿费心回复其他言论。但即使是在1977年临终之际，安德鲁斯依然被戈林自尽一事所困扰，他迷迷糊糊地大叫："戈林刚刚自杀了，我必须向委员会报告。"[70]

第七章

被告人尤利乌斯·施特莱彻："恶人"

Defendant Julius Streicher: "Bad Man"

> 在最开始接触到宗教教义时，我生平第一次意识到犹太人的品质是如此低劣可鄙，令人作呕。
>
> ——尤利乌斯·施特莱彻，1945年8月3日

> 中校格里菲斯-琼斯（Griffith-Jones）:称他们为"寄生虫""吸血鬼和敲诈者的民族"——你认为这是在公开鼓吹仇恨吗？
>
> 施特莱彻：这是一项声明，表达了能够被历史事实所证明的坚定信念。
>
> ——纽伦堡审判文字记录，1946年4月26日

> 我们的目标不是告知,而是鼓动、激励、鞭策。我们创立的组织在某种意义上来说,应该扮演执鞭者的角色,将拖拖拉拉的懒鬼从沉睡中唤醒,驱使他们无休无止地干活。
>
> ——约瑟夫·戈培尔,1938年[*]

再次于纽伦堡受审

到目前为止,我们已经讨论过悔罪的罗伯特·莱伊,在维护工人权益方面,他的很多做法超前于自己的时代;还向大家介绍了戈林,他目空一切,魅力超凡。他们不是粗线条的恶魔,美好和恶意在他们身上并存。我们马上要探讨的尤利乌斯·施特莱彻却是个不折不扣的恶魔,他绝无一丝一毫的仁慈之心。

这不是施特莱彻第一次出现在纽伦堡的法庭上;在过去的多年中,他因为诽谤、腐败、施虐和强奸多次在这儿受审。[1]他向吉尔伯特吹嘘说自己被审判过"十二次或者十三次。我出庭过太多次了,不足为奇"。[2]他在战前因为一起性犯罪被判刑后在纽伦堡的监狱服刑。[3]他曾对凯利说在监狱里睡得很香,因为自己"问心无愧"。[4]

性和暴力是他长久的兴趣。他对性的痴迷到了不可理喻的地步,他过问孩子们的性行为,并告诉他们自己每天晚上都会梦遗。[5]他很享受打人并通过鞭笞犯人来缓解压力,[6]在权势熏天时期,他喜欢拿马鞭抽打别人,他承认自己可以因此产生性战栗:"现在

---

[*] Julius Streicher, quoted in John E. Dolibois, *Pattern of Circles: An Ambassador's Story* (Kent, OH: Kent State University Press, 1989), 115; testimony, April 29, 1946, *Trial of the Major War Criminals before the International Military Tribunal, Nuremberg, 14 November 1945–1 October 1946*, 22 vols. (Nuremberg: International Military Tribunal, 1947), 12: 348; Joseph Goebbels, cited in Ronald Smelser, *Robert Ley, Hilter's Labor Front Leader* (Oxford: Berg, 1988), 55.

图16 尤利乌斯·施特莱彻（美国国家档案馆）

我得到释放了，我还要。再来！"[7]

施特莱彻对于自己蹲过大牢的历史非常自豪。在自己事业如日中天时，他命人给关押过自己的牢房挂了一块牌匾，并尊为故居。他自夸说，这间牢房甚至成了纳粹分子朝圣的处所。[8]他此前的坐牢经历并没有让他更容易适应国际军事法庭监禁的生活，尽管看起来残酷冷漠而又强硬坚韧，他却无力承受审判的压力。纽伦堡监狱的犯人经常在深夜被他的大叫声惊醒，他还出现了心律失常。[9]不过，他试图通过赤身裸体在牢房锻炼身体保持士气，这让守卫感到恶心。

很多观察者都评论过施特莱彻的外貌。英军少校艾雷·尼夫（Airey Neave）指出，施特莱彻就像"动物园关在笼子里当众暴露阴部的大猩猩"，或者是"16世纪下流的木版画里刻画的……上身赤裸的中世纪施虐者，冷酷无情，喜欢灼烧肉体散发出的味道"。[10]记者乔尔·塞尔（Joel Sayre）写下了自己的观察：

> 他的身高只有5.6英尺，体重却有190磅……他厚实肥胖的下半身给他那日耳曼民族特有的活力提供了源源不断的能量。他的脑袋形状像个鸡蛋……浓密的眉毛和胡子特别显眼，几乎就是元首的翻版……他脸上最引人注目的可能是眼睛——蓝色的瞳仁色彩鲜艳，眼白上布满了像细红线一样的血丝。下巴上堆满赘肉，跟优等獒犬的脖子并无二致。[11]

丽贝卡·韦斯特从更深的层面上考虑问题，她指出："施特莱彻是值得同情的，因为他的罪孽实质上是社会而不是他自己造成的。他原本只是一个在公园惹是生非的龌龊老头，如果德国是一个理智的正常国家，很早之前就应该把他送到收容所了。"[12]

审讯人员很快就了解到，施特莱彻不仅面貌奇特，举止更加出人意料。在被审讯期间，他罕见地喜好争论，拒不认罪。[13]在一次审讯中，他坚称自己无辜，并把罪责归咎于纳粹党。他说："无论发生了什么，都是超人（希特勒）造成的。"

施特莱彻具有煽动民心的天赋，他的演讲和文章能够激发受众的热情。他的忠实读者给他写信揭发犹太人邪恶的阴谋，他欢欣鼓舞地雇他们到反犹主义周刊《冲锋报》工作。例如，一个精神病院的病人写到，犹太医生为了让他变成疯子给他注射鸦片，还伙同他的病友在夜里扮成幽灵吓唬他，让他无法入睡。[14]施特莱彻的《冲锋报》上充斥着这样以及更糟糕的故事：犹太人杀人祭神以及性虐待的案例，犹太人造成德国大规模失业和灾难性通货膨胀的证据以及他们从东方蜂拥而入，占领了最好的土地，抢夺了最赚钱的生意的证据。《冲锋报》还报道说，犹太医生给病人下毒，即使犹太人有时候看起来是在做好事，但背后的动机都是邪恶的。

在他接受审讯和审判期间，同盟国迅速把目标瞄准了他下令刊登的各式各样的文章。

> 问："是你同意刊登这篇文章的？作者使用了"灭绝"这个词。
>
> 答："灭绝"和"毁灭"在德语中是两个不同的词。现在我们讨论的是毁灭。"毁灭"这个词是元首说的……在德语中，当我说应该取某人的性命时，我会说"杀掉"或"谋杀"，但是，我觉得"杀掉"应该是正确的表达。可以通过绝育达到灭绝的目的……"灭绝"这个词并不一定意味着杀人。[15]

他的上述阐述对于减轻刑罚没有帮助。要做到种族灭绝，他不一定需要鼓吹屠杀囚犯,煽动给他们做绝育手术也可以达到目的。

1945年10月20日,战犯被正式起诉。当施特莱彻接到起诉书时,他说:"所谓起诉完全是无稽之谈,一定要有人成为他们的牺牲品。我对于这种国际正义表示怀疑。说他们为国际犹太人服务才更贴切。"[16]

国际军事法庭给施特莱彻提供了一份可供选择的律师名单,他拒绝了所有候选人,因为他觉得这些人的名字听起来都像是犹太人,他想要一个反犹主义者做律师。他最后做了一个体现自己想法的决定,选择了前纳粹党成员汉斯·马克思(Hans Marx)博士。而其他被告人都认真审视这份名单,考虑着可能的结果,试图做出明智的选择。[17]

施特莱彻认为"犹太人"无处不在,比如他确信杰克逊(Jackson)大法官真正的名字是"雅各布森"(Jacobson),艾森豪威尔也是犹太人。[18]他不信任吉尔伯特,因为他认为所有的精神科医生和心理医生都是犹太人;他当然也信不过凯利。[19]不管施特莱彻的政治立场如何,马克思律师要为这位棘手的客户而辩护。

施特莱彻一直在自掘坟墓,他的独特行为对自己的案件审理不利,法庭要求请外面的专家对他进行精神病测验。一心要说服所有被告人认罪的苏联人首先提出了这一要求,因为施特莱彻对他们说,他内心是一个真正的犹太复国主义者。对于这种令人震惊的表白,苏联人认定他的精神状况出了问题。[20]施特莱彻的律师在跟他交流时也存在一堆问题,同样要求对他进行精神病测验。

法庭从苏联、法国和美国召来三位精神病学家。不同于为赫斯撰写的冗长的报告,专家对施特莱彻的精神状况做出简洁而又确定的结论:"被告人尤利乌斯·施特莱彻神智健全,他适合出庭受审,有能力为自己辩护。我们三人一致同意此次鉴定结论:施特莱彻精神正常,他在审判期间能够理解自己行为的性质。"[21]

1946年1月10日,施特莱彻出庭受审。虽然他出庭的时间不长,但是牵涉他的法律问题非常独特。纳粹党非常鄙视施特莱彻,他于1939年秋天起被禁止公开发表演讲,到了1940年更被软禁起来。因此对法庭来说很难证明他参与谋划战争,也不好证明他犯有战争罪。相反,法庭指控他长时间积极煽动种族仇恨并明显奏效,这就构成了反人类罪。

检察官将施特莱彻发表的演讲和写作的文章作为他煽动暴力的证据。相关的历史记录相当丰富。例如,他曾经写道:

> 一个犹太人和一个雅利安女人同居就足以永远毒化她的血统。她在吸收"异族蛋白"的同时,也吸收了异族的灵魂,她从此就无法生下血统纯正的雅利安孩子,甚至嫁给雅利安人也没用。她只会生下杂种,一个躯体里装着双重灵魂,流淌着混杂血液的杂种。这些孩子就是杂种:相貌丑陋、性情不定、容易生病。犹太人为什么想尽办法勾引并强奸德国女孩,而且他们为何尽可能找年龄小的女孩下手?犹太医生为什么会趁女病人被麻醉时强奸她们……我们现在知道原因了:他们希望德国女人和女孩吸收犹太民族的精子。[22]

施特莱彻鼓吹对犯下污染种族罪行的犹太人判处死刑,还怂恿德国侵略苏联以消灭所有犹太人和共产主义者:"应该把他们全部灭绝。这样,世人就可以看到,犹太人的末日也是布尔什维克主义的末日。"[23]

1946年4月26日,施特莱彻在法庭上为自己做了辩护,4月29日,检察官对他进行诘问。为了引导施特莱彻开口畅谈,检察官问他是否认为自己宣扬种族仇恨，因为他在文章中写到，犹太人是一个"吸血鬼和敲诈者的种族"。施特莱彻回答说："我不是在煽动种族仇恨。这只是对事实的一种声明。"[24]

他的好斗言论引发了法庭的反感，甚至同为被告人的同僚也认为他非常卑劣。在施特莱彻做证期间，戈林对赫斯说："看来，我们至少干了一件好事：把那个蠢货踢出了办公室。"[25]另一名被告人对吉尔伯特说："法庭已经把绞索套到他脖子上了，至少我们这些被告人都这么认为。"[26]

有一天施特莱彻在做证时同自己的律师大声争吵。他非常愤怒，马克思没有提交犹太人杀人祭神的"证据"。相反，他的律师为他辩护说，由于整个纳粹领导层都讨厌施特莱彻，自从1939年起，他就靠边站，无法煽动任何人。这种辩护策略虽然符合现实，但是施特莱彻被激怒了，他感到受到污辱，断然否认他被纳粹党高层剥夺了权力。他对于自己律师所提的问题越来越愤怒，大喊大叫，斥责马克思表现糟糕，没有按照自己希望的方式辩护。法官要求他安静下来，否则就把他驱逐出法庭。杰克逊大法官甚至试图指控他藐视法庭。他的表现正中了那句谚语："祸从口出。"

施特莱彻为自己辩护说："有人说自己是因为看了我办的报纸而杀害犹太人吗？找出来一个给我看看。"他声称根本不知道有大屠杀这回事，而且也不能归咎于他。"我从没有写过'烧掉犹太人的房子，打死犹太人'。这种煽动性的话从来没有出现在《冲锋报》上。"[27]另外，他还表示，他的目的只是将犹太人赶出德国，回到自己的家乡（他因此自称犹太复国主义者）。在他总结陈词时，杰克逊嘲笑他的证词说："作为法兰克尼亚的地方长官，他却花大力气去写文章污蔑犹太人，而且他竟然不知道这些文章有没有人看。"[28]

吉尔伯特和凯利的评估

吉尔伯特认为施特莱彻僵化刻板、感觉迟钝并极为偏执："他觉得《圣经》是色情文学，对任何人甚至是基督也一样没用，因为基督是个犹太教徒。"[29]施特莱彻不会跟人和睦相处，他冒犯过跟自己打交道的每一个人。他因为宣称戈林没有生育能力而激怒后者后，被长时间软禁，但是在纽伦堡，他依然无法控制自己，又用淫荡的言辞向吉尔伯特重复了他的这一观点。[30]

吉尔伯特和施特莱彻下面的谈话可以让人了解到二人是如何交流的：

> 吉尔伯特："你为什么要刊登那些有关犹太人淫乱的文章？"
>
> 施特莱彻："原因都在《塔木德》里面。犹太人是实行割礼的民族。约瑟难道没有跟埃及法老的女儿通奸？（法官）现在正在迫害我。我知道，有三个法官都是犹太人。"
>
> 吉尔伯特："你怎么知道？"
>
> 施特莱彻："我可以分辨血统。当我看那些法官时，其中的三个感到不安。我就知道他们是。要知道，我研究种族问题足有20年。"[31]

吉尔伯特在日记中提到了施特莱彻："一个人跟这个精神病态者一次最多可以共处15分钟，多一分钟都无法忍受。他的说辞从来没有变过，他利用犹太人割礼的传统，攻击他们思想淫荡、行为下流，并借此发起反犹主义行动。其实明明是他自己言行肮脏。"[32]

吉尔伯特问施特莱彻是如何辨认出犹太人的。这是施特莱彻尤为感兴趣的话题,他谈兴大增,但是他的观点有些非同寻常——通过犹太人的屁股辨识。"犹太人的屁股与非犹太人的屁股不同。犹太人的屁股独具女性气质,很柔软、很女性化,你从他们走路时扭屁股的样子就可以看出来。"[33]

吉尔伯特对施特莱彻进行了智商测验,指出他在一道简单的数学题上花了整整一分钟("每张邮票价值2芬尼,你要买7张,你给了邮递员50芬尼,他要找你多少钱?")。[34]吉尔伯特认为施特莱彻并不是精神病患者,但他具有异常偏执的个性。吉尔伯特总结说:"他不是施虐狂,也并非不知廉耻;他只是个性冷漠、麻木不仁、极度偏执。"[35]

1946年7月26日,在听了检察官的总结陈词后,施特莱彻相当顺从地对吉尔伯特吐露心声说,他现在已经准备好要去帮助犹太人了。"我准备加入他们的队伍帮他们战斗……犹太人将会统治世界。我很高兴能引导他们走向胜利。"[36]

凯利也对施特莱彻进行了全面观察。他认为施特莱彻是个偏执狂,狂热的反犹主义者:"他有一整套的信仰体系……建立在他自己的情感和偏见而非事实的基础上……在其他一些事情上,他又表现得完全理智。"[37]施特莱彻令凯利深感困惑,他评论道:"他几乎只是靠情感支撑自己的生活和事业。当你看到尤利乌斯·施特莱彻懒洋洋地躺在牢房里小床上的样子时——秃顶、大肚子、皮肤松弛,穿着一身旧的美军制服——你很难相信成千上万'理智'的德国人曾经狂热地追随眼前这个人。"[38]

施特莱彻自视为被犹太人迫害的英雄。他对凯利说:"人类的全部历史证明,具有理智、掌握真理的人只是极少数,我就是其中之一。我深知自己是掌握真理的先驱中的一员,这给了我内在的力量,激励我在接受审判以来的这些艰难的日子里奋勇前行。"[39]

1945年12月13日，凯利写下了对施特莱彻的简短总结。他描述说，施特莱彻的精神状况是正常的，他字迹潦草地写道："他的思想反映了他偏执的信念，即犹太人在迫害他。多年以来，他都是这么臆想的。"凯利接着写下了他对所有战犯都做出的相同结论："这个人精神正常，他没有显示出精神病理特征，他有能力面对审判。"[40]

相对于这份简短的总结，凯利对于施特莱彻的罗夏墨迹测验结果却有很多话要说。他总结说，测验显示施特莱彻人格特质正常，但总是处于高度紧张状态（测验作答时处于情绪化和冲动的状态）。[41]施特莱彻的抗压能力（通过对运动形态和颜色的反应来判定）惊人地高，但是他的其他回答反映出他承受着不断增强的重大压力（对阴影的反应超出正常比例）。就墨迹内容来看，施特莱彻给出的答案多与解剖学相关（骨骼、解剖标本、髋骨、血液、经防腐处理的半月板）。这些答案被视为精神抑郁的标志。[42]他毕竟作为战犯被关在监狱中等待审判，任谁在这种情形下都会面临压力，情绪沮丧。

凯利在1946年1月5日的一份监狱文件中写道：

> 施特莱彻展现了极为粗俗的个性，他执着于自己的信念，却无法获得公众认可。这种信念日积月累让他发展成为真正的偏执狂。毋庸置疑，他全身心地奉行这种信念，也正是这种信念支撑着他度过这段审判期。他智力平庸，唯一的成就是对自己近乎妄想的信念坚定不移。他很明显非常理智，尽管他的想法是错误且古怪的，但仍不能归类为真正的妄想。这些无疑是错误的信念，但是他长期以来致力于证明它们的正确性，以至于不惜为此改变自己。[43]

后来，见证了纽伦堡审判的一位精神病学家写道："施特莱彻令我印象深刻的是，他具有传统的病态人格，在性等其他方面存在问题。他的缺陷表现在过度偏执的行为中，这种偏执在过去20年中充满了他人生狭窄的溪流。"[44]

21世纪的视角（向西塞罗致意）

所有观察者都给施特莱彻打上了"偏执狂"的标签，"偏执狂"含义广泛，指代多种人格特性，最严重的是精神变态或精神失常。只有极少数评估者认为施特莱彻精神失常；多疑、热衷暴力和性虐待是他终生奉行的行为模式。令人厌恶的信念和行为属于道德缺陷，但并不一定是精神疾病。施特莱彻的多疑却引起了很多棘手的问题。顽固坚守一些令人反感的政治观念能被归为精神病吗？尤其是当这些观念在某种文化中被广为信奉时，这个问题变得更加具有挑战性。现代精神病学家和心理学家不再把和文化相关的信念作为精神病诊断的基础。因为我们无法"治疗"一种文化，即使这种文化中的某些信念建立在错误或是煽动暴力的基础上。

施特莱彻给人印象深刻是因为他的行为离谱，即使纳粹分子也无法接受。他并不只是另一个暴力邪恶、坚守意识形态的反犹纳粹分子。相反，对施特莱彻来说，反犹主义甚至比他的生命更重要，那是他的北极星，是指导他行为的灯塔。

人们的自传总是能激起我的兴趣，不仅是它们的内容或风格吸引我，更重要的是它们揭示了传主是如何选择他们希望强调的人生特征的。1945年10月，在监狱中等待审判的施特莱彻写了两份自传性陈述，篇幅长的那份，用打字机以单倍行距打了两页半，其中

60%的内容讲述他认为犹太人非常危险的理念。[45]他还应凯利的要求，手写了一封短信：

> 致凯利少校：
> 我出生于1882年2月12日。我有三个兄弟，还有三个姐妹。我排行老五。我是个作家。我曾经担任过法兰克尼亚的地方长官。
> "他领东风起在天空，又用能力引了南风来。"
> 我感到身体很健康。
>
> 　　　　　　　　　　　　　　　　　　　　尤利乌斯·施特莱彻[46]

这封信的开头讲述了施特莱彻的家庭情况，然后指出了他作为作家和纳粹党领导人的身份，这是信件常见的开头格式。但是他引用《圣经》中《诗篇》第78章第26节的行为却与众不同，而且看起来跟信件内容并没有关联。有人认为这是他表现自己谦逊、顺应天命或者自以为是的宣言。不管怎样，这表明了他除了积习难改的偏执特性以外，还有其他面目。

施特莱彻确实在其他一些方面非同寻常。他和纳粹党同僚之间关系不睦，总是同他们争吵。他显然缺乏判断力，无法控制自己，四处散布关于戈林的坏话，这几乎要了他的命，只是因为在战争期间，他才侥幸被判处软禁。

他还犯下大量性方面的罪行。

施特莱彻的行为和纳粹党的助推自然有关，但是还有其他因素。他可能符合人格障碍的标准。人格是个体在生活中持久行为模式的体现，换句话说，是个人的气候状况，我们在生活中，都会遇见自己的坏天气，有时是阴云密布、雷雨交加，有时可能更糟。人格是我们的个体气候，在施特莱彻的案例中，他的气候反常——以腐败、多疑、暴力和性暴力为主。

人格类型在精神病学中通常是一个模糊地带。我们都知道有些人好斗、不值得信任、有强迫症。有些人变化无常、怪异或者自恋，还有一些人表现出在所有这些特性中摇摆不定的混合人格。当一个人的上述特性变得非常显眼并且顽固僵化时，他就变成彻底的精神病了。这些精神疾病多半症状不明，而且会转化出其他症状。

人格障碍多种多样。很多人因为自己的人格障碍而忍受巨大痛苦，还有些人会让自己身边的人遭受痛苦。很多人格障碍者都令人反感，但还有人格障碍者具备散发无穷魅力的能力。如果从一长串可供选择的形容词中挑出若干来描述施特莱彻，我认为没有人会选择"有魅力"这个词。

我家到处都散乱地堆着书。有一天晚上，我无法安睡，顺手拿起西塞罗的《图斯库卢姆辩论》（*Tusculanae Disputationes*），当我看到他对失去理智的人格类型的描述时，我大吃一惊。公元前45年，西塞罗评论说，人们被"各种各样的堕落恶行和邪恶任性"所困扰。他说："人们精神上的疾病比肉体上的疾病要多，精神疾病更加危险……如果精神出了问题，人们就无法承担或忍耐任何事情，就会被无休止的欲望所纠缠。"西塞罗指出，这些"堕落"，被社会力量驱使，难以消除。"（当）大众一致赞同错误的东西时，我们都会被彻底征服。"西塞罗的这番话用在身处纳粹党内部的施特莱彻身上非常贴切。[47]

我可能避开了一个核心问题。尽管不太可能，但是如果施特莱彻此前曾经走进一个心理医生或精神病医生的办公室，他可能被诊断为存在某种形式的人格障碍——同其他人长期保持扭曲的关系，存在认知障碍。在医生办公室以外的任何地方，他肯定会被简单地认定为"坏种"——好争吵、残暴、堕落、多疑、邪恶。我们将会在第十二章探讨像施特莱彻这样的个体是否从另一种角度显示了恶意的本质。

行　刑

按照规定，在走上绞刑架之前，犯人会被问及姓名。施特莱彻拒绝回答，作为最后的反抗，他大叫："希特勒万岁！你们明明知道我姓甚名谁！"行刑者将绞索套到他的脖子上后，他最后的话是："1946年的普珥节盛宴"，他令人吃惊地巧妙引用了《圣经·以斯帖记》的故事，将自己比作屠杀犹太人不成反被绞死的哈曼。他继续大叫："布尔什维克总有一天会把你们都绞死的！"[48]

见证者指出这是一次混乱的行刑。施特莱彻在绞刑架上挣扎，当他脚下的翻板被打开后，他一直在踢腿，导致他并没有笔直地落下去。施特莱彻的临终呻吟持续了好一会。最终，具有讽刺意味的是，他的骨灰在被撒掉之前，以犹太名字亚伯拉罕·戈尔德贝格（Abraham Goldberg）存放在骨灰瓮中。[49]

第八章

被告人鲁道夫·赫斯："很明显疯了"

Defendant Rudolf Hess: "So Clearly Mad"

> 赫斯值得注意，因为他很明显疯掉了：正因为他疯得如此显而易见，抓他审判看起来令人感到羞耻。他皮肤苍白，具有精神病人特有的古怪天赋，能做出某种僵硬的姿势，并保持数小时不动，而这种扭曲的姿势正常人只能维持几分钟……看起来，他的大脑除了噩梦所寄居的大脑深处以外，已经千疮百孔，每个部分都损坏了。
>
> ——丽贝卡·韦斯特，《长满仙客来的温室I》（"Greenhouse with Cyclamens I"），1946年

打个比方，如果主干道代表精神健全，而人行道代表精神错乱，那么赫斯这一生最重要的时

光都是走在二者之间的马路牙子上。

——道格拉斯·凯利,《纽伦堡的22间牢房》,1947年[*]

一个难解之谜

跟施特莱彻完全令人厌恶不同,形容枯槁、眉毛浓密的赫斯在精神评估方面对专家提出了巨大挑战。相比起戈林腐化堕落、喜好社交、追求享乐,赫斯完全不一样,他性格内向、死板而又诚实,为人拘谨,但是狂热地忠于希特勒(吉尔伯特形容说"像狗一样忠诚于主人")。[1] 赫斯总是抱怨自己健忘、身上疼痛,他坚信同盟国试图毒害他,因为犹太人通过催眠术控制了他们。他经常呻吟着腹部疼痛并不停来回摇晃身体,如果他被分散注意力,就会马上停止这种行为。在整个审判过程中,他都显得眼神空洞,并摆出怪异的姿势。一名法庭观察员评论说"他消瘦憔悴,反应迟钝……我并不是精神病学家或心理学家,但是在我看来,他已经完全对生活丧失了兴趣,也不关心自己周围发生了什么"。[2]

医学观察者也认同这种观点。《柳叶刀》杂志上的一篇社论总结说,赫斯"最大的可能是患上了偏执型精神分裂症",此外他还患有癔症性失忆、违拗症,更不用说他还经常装病,这加剧了他病情的复杂程度。[3] 不过,也有一些观察家认为赫斯是一个装病的老手,他欺骗了无数专家。

赫斯在20世纪20年代曾和希特勒被关在一起,他帮助希特勒撰写了《我的奋斗》一书。后来,赫斯成了纳粹党领导人,他在党内

---

[*] Rebecca West, "Greenhouse with Cyclamens I" (1946), in *A Train of Powder* (New York: Viking, 1955): Douglas Kelley, *22 Cells in Nuremberg* (New York: Greenberg, 1947: reprint ed., New York: MacFadden, 1961), 33.

图17　鲁道夫·赫斯在狱中阅读（美国国家档案馆）

负责教育、宗教和劳工事务，以及扩展国际空间，建立亲纳粹党同盟。尽管相貌与众不同，戴着人格面具，他在纳粹党早期的纽伦堡集会中，是广受欢迎的演讲者，他的讲话内容充斥着令人难以理解的夸张情感，并呼吁大家要勇于自我奉献。他经常说，希特勒"正为德国的天命履行自己的神圣使命"。他经常一再宣扬"要大炮，不要黄油"的军国主义论调。作为副元首，他参与制订了侵略奥地利和捷克斯洛伐克的计划。

　　随着战争不断拖延，由于赫斯的古怪性格不为人喜欢，再加上希特勒核心圈子的成员相互妒忌，赫斯的影响力在下降。他试图先发制人开辟第二条战线——入侵苏联，但是他的计划怪异而又不切实际。他秘密飞往英国希望能够说服英国和德国结盟对抗苏联。英国人不知道该拿他怎么办，震怒的希特勒将他开除出党，并宣布他"精神失常"。

英国人很快就体会到了他的"精神失常"，我在第四章中对此有所介绍。英国精神病学家怀疑赫斯精神分裂，他们指出："他坚信自己深陷特工巢穴，他认为，这些特工要么会逼他自杀，要么在筹划让他看起来像死于自杀的谋杀方案，还有一种可能是在他食物中下毒。"[4]

在纽伦堡失忆

在所有政治人物中，赫斯的精神诊疗记录最完善。在整个监禁期间，他的精神状况在偏执和失忆之间不断摆动，而且他对自己的健康状况过度关注。当他到纽伦堡后，法庭最关心的问题是：他是不是在装病？

对于囚犯来说，假装患有精神疾病是一种古已有之的诡计。《圣经·旧约》记载，为避免迦特王伤害自己，大卫假装疯癫，在城门的门扇上胡写乱画，唾沫流到胡子上（《撒母耳记》上，第21章12节~15节）。[5]纵观整个人类历史，不计其数的被告人通过假装疯癫来逃避惩罚。赫斯是又一个例证吗？美军审讯小组负责人约翰·阿门是这么认为的，很多人跟他观点一致。下面摘录的文字可以让我们对阿门的审讯有所了解。不管记忆是怎么出问题的，赫斯都是一个聪明人。

阿门：你是什么时候想到用假装失忆这个办法来逃避惩罚的？你是从什么时候开始觉得这是个好办法的？

赫斯：你认为，我觉得假装失忆欺骗你们是个好办法？

阿门：如果你不记得自己犯下的罪行，会让我们很难办，不是吗？……你说你不记得妻子的名字了，但是英国人跟我们说，你一直在给她写信。

赫斯：啊，是的。我收到了她写给我的信，我从信封上把她的名字抄了下来。[6]

接下来的审讯也是以同样的风格进行的——阿门总是试图从赫斯那儿套话，而赫斯总是狡猾地宣称自己失忆，或者在回答问题时东拉西扯。如果这是一场足球赛，阿门输定了。

阿门：你在德国担任的最后一项职务是什么？

赫斯：很不幸，我想不起来那个时间段的任何事情……医生告诉我，人们经常会忘事，尤其是在战争时期，但是我的记忆也有可能会恢复。我经常会忘掉10天前或14天前发生的事……一个医生昨天告诉我，人们有时候甚至会忘记自己的名字，他还说有人会因为受到震动突然之间恢复记忆。失忆对我来说很糟糕，我极度依赖自己的记忆，因为我要在即将到来的审判中为自己辩护。如果我都不能为自己辩护，没有人能帮得了我。

阿门：你的意思是你不记得在德国政府担任的最后一项职务了？

赫斯：我不记得了，感觉头脑里一片混沌。

阿门：但是你不知道这场审判的目的吗？

赫斯：不知道。我甚至不记得是不是有人告诉过我你们是以什么罪名指控我的。我只知道这是一场政治审判。

阿门：你知道犹太人是什么人吗？

赫斯：知道。他们是一群人——一个种族。

阿门：你很不喜欢他们，是吗？

赫斯：犹太人，不喜欢。

阿门：所以你推动通过了几部关于犹太人的法律，是吗？

赫斯：如果你非得这么说，我不得不相信，但是，我不知道有这回事儿。[7]

第二天，审讯继续：

阿门：你今天记忆情况怎么样？

赫斯：还是老样子。现在我感觉不舒服，我刚刚肚子绞痛发作。

阿门：你什么时候想出失忆这个花招的？

赫斯：我不知道。事实就是我现在什么都不记得了。

阿门：我是说，你什么时候想出这个主意的，认为失忆是个好办法。

赫斯：我不太明白你的意思。你是说……我认为失忆是个好办法，这样就可以欺骗你们了？

阿门：是的，我正是这个意思。

赫斯：哦，我只能说这不是事实。

阿门：对你来说，什么都不记得对于即将开始的审判是有好处的，不是吗？

赫斯：我不知道我能从失忆中获得什么好处。

阿门：当然能了。例如，你可以谎称不记得自己下令屠杀了很多人，虽然你这么做过。

赫斯：我做过这种事情？

阿门：是的，有证人可以证明这点。

赫斯：你的意思是，如果我不记得这件事情，证人证言的可信度就要打折扣？

阿门：哦，是有点儿。

赫斯：你的意思是我撒谎会影响审判？

阿门：你这么做的同时也是博取人们同情。[8]

阿门上校于1945年10月正式对赫斯提起诉讼，两个星期以后，他在凯利的陪伴下找赫斯谈话。尽管阿门此前对赫斯进行过多次审讯，但此时的赫斯甚至否认认识阿门。这场审判注定步履维艰。

赫斯来到纽伦堡后，当他在走廊里碰到戈林时，立刻向戈林行礼，并高喊："希特勒万岁。"但是事后他声称并不认识戈林。[9]他告诉安德鲁斯监狱长，他需要被关押在"垃圾箱"期间吃过的巧克力，这是英国人给他下毒的证据之一。安德鲁斯认为，赫斯"完全是在装病"。[10]他问凯利，如果赫斯有失忆症，他为什么没有忘记怎么说英语？安德鲁斯一心想着要揭穿赫斯失忆的假象。他给赫斯看了纳粹分子早期在纽伦堡集会的纪录片，但是赫斯声称自己什么也不记得："我当时一定在场，因为影片是这么显示的。但是我对此完全没有印象。"[11]

审讯者屡屡提起他的妻子、以前的秘书以及与他关系密切的教授，希望通过这种方式让他忽然恢复记忆，但是赫斯不记得他们中的任何一个人。安德鲁斯监狱长认为这证明赫斯是个同性恋。毕竟，多年前，他和希特勒在兰茨贝格监狱服刑时被关押在同一间牢房；而且赫斯记得希特勒的名字却不记得自己妻子的名字。在写给凯利的字条中，安德鲁斯透露："我们认为他记得希特勒的唯一原因就是二人之间存在变态的性关系。作为同性恋，他很容易记住和自己保持变态性关系的男人，而不是和自己保持正常性关系的妻子，这是自然而然的事情。我们认为这种变态情况（同性恋）很可能影响了他的记忆力。"[12]

安德鲁斯是一个优秀的监狱长，虽然他是一介武夫，却心思缜密，在审讯技巧方面也有自己的高见。他建议凯利通过说下面这番话来诱骗赫斯："你骗过了其他所有医生，但是你骗不了我。你我二人是仅有的知道你并没有丧失记忆的聪明人，如果我不跟其他人说出实情，我认为你基本上可以躲过审判，无罪释放。我想问你，要是如此，你愿意指证其他战犯吗？如果你不愿意，我就揭发你。"[13]

出庭受审时，赫斯坐在戈林旁边。在审判开始时，赫斯对戈林说："你看着吧，眼前的幻象很快就会消失，你将在一个月之内成为德国的元首。"戈林向吉尔伯特转述了他的话，并确信赫斯已经疯了。[14]令人敬畏的阿门上校于1945年10月9日审问戈林关于赫斯的情况。

阿门：你认为赫斯说实话了吗？

戈林：他说的绝对是实话。他完全变了……他给我的印象是他完全疯掉了。

阿门：你是说在飞往英国之前，他看起来就已经疯了？

戈林：不能说是完全疯了，但是当时已经不太正常了。他当时很奇怪地得意扬扬，或者说，兴高采烈。

阿门：当他飞往英国时，他的处境是不是比之前要糟糕？

戈林：尽管身居高位，但是战争爆发后，他其实基本上已无事可做，想要干一番事业的雄心大志可能是促使他发生转变的原因。他一直以来都想做具有决定性的事情……这让他神经特别紧张。而且他的下属鲍曼（Bormann）直接向希特勒汇报工作，并对他不恭敬，加剧了他的紧张。他决心干一番惊天动地的事业，并想出飞往英国以缔造和平的方案。也就是说，他要做些事情，以扭转自己不被重视、无所事事的局面。[15]

戈林告诉凯利，赫斯一直性格古怪，他还对其他精神科医生说："自我认识赫斯起，他就有轻微的情绪不稳的症状。"[16]自始至终，赫斯都不与他人来往，每天的锻炼时间，他都在监狱的庭院中踢正步。[17]他疑心重重，不愿与人合作，坚持写日记，所记的内容非常详细，包括提醒自己不吃任何安眠药和鸡蛋，他总是对自己吃的任何东西都充满警惕。[18]

同时，大法官杰克逊终于同意怀尔德·比尔·多诺万（Wild Bill Donovan）的提议，法庭证词必须具有吸引力，能够撼动人心。审判不能只是围绕文件进行无休无止的辩论，还需要纳粹战犯们的发言做证。作为第一步，法庭播放了一部关于集中营的纪录片。吉尔伯特和凯利分别站在被告席的两侧观察这些被告人的反应。这是检验赫斯是否记得些什么的一个机会。赫斯怒视着屏幕并表现出持续不断的兴趣，但是没有发表任何评论。[19]当被问起关于纳粹犯下的反人类罪行，赫斯愤怒地否认自己有任何责任，并指控为他治疗的英国医生是"真正的虐待者和刑讯者"。[20]

法庭对于国际专家的回应

法庭被赫斯的行为所困扰，召集了一个由七名医生组成的国际小组来对他进行检查。这个小组包括精神病学家、神经病专家、内科医师和心理分析师，还有温斯顿·丘吉尔的私人医生，他当时是英国皇家内科医学会的主席。《美国医学会杂志》在1946年3月23日的一篇文章中赞许地指出，由于这一案件的处理方式，"精神病学家在对轴心国主要战犯的审判中所发挥的作用具有重要的历史意义"。[21]这当然具有历史意义，不过，让这些专家达成一致却很困难。苏联医生并不认为赫斯患有精神分裂，觉得他的行为不存在减轻刑罚——确切地说是免除死刑——的理由。英国人证实赫斯是个偏执狂，但是认为他能够理解这场审判，最终认为他是"精神病态人格"。美国人和法国人认为，严格来看，赫斯并没有疯，他的失忆问题反映了他歇斯底里的个性，他其实是在装病。[22]最终，专家委员会经过仔细推敲达成共识："我们的检查发现赫斯并没有疯，不存在意识紊乱的问题，能够理解针对他所发起诉讼的本质……失忆的情形是伪装的……最初可能是在持续一段时期的压力之下有意识发展出来的保护机制；后来这种行为方式成为习惯，在某种程度上成为潜意识的一部分。"[23]

专家的意见主要是以他们对赫斯的检查为依据而给出的，不过，赫斯在法庭上特殊的行为方式也影响了专家的判断。他对于审判进程表现出夸张的漠不关心，在一些证人做证时，他摘下耳机阅读小说。专家认为他的行为明显反常，并指出真正的失忆症患者会津津有味地听取别人的证词。"他是选择性失忆，是偏执型的……他的大脑没有发生病变，他的思考能力基本未受损伤。"因此，专家的结论是，"从严谨的专业角度判断"，赫斯精神正常。[24]

专家报告的核心要点是：赫斯知道自己在接受审判，能够跟上诉讼进程，但是，由于他的记忆问题，他可能无法很好地为自己辩护。多么有意思而又微妙的总结！赫斯的辩护律师主张如果他不能很好地为自己辩护，那他就不应该出庭受审。检察官反驳说，没

图18 古斯塔夫·吉尔伯特告诉鲁道夫·赫斯他不必出庭。巧合的是，一名美军摄影师拍下了这一珍贵时刻。当时吉尔伯特（左三面对镜头者）告诉赫斯（穿西装者）和他的律师，赫斯不必出庭为自己辩护，他可能会成为不必出庭受审的唯一被告人（美国国家档案馆）

有证据证明赫斯的记忆问题是出于神经系统病变，不论他的失忆症是伪装出来的还是潜意识里就有的，他都得面对审判。令人不解的是，苏联专家预言，赫斯在审判中会恢复记忆。"当这种偏执狂不可避免地被迫面对必须正常行事的局面时，他们的偏执行为通常会终止。因此，赫斯的失忆症会在他被带到法庭后消失。"[25]

杰克逊大法官认为，既然赫斯拒绝接受对自己的失忆症进行治疗，他的辩护能力因此受到损害就怨不得别人，他要为这种行为后果负责。"他的失忆表现是故意为之。就像报告中所说，他在英国时就声明过自己早期的失忆症是假装的。在英国被关押期间，他的记忆恢复了，后来又出现逆转，并再次失忆。这都是他的个人选择。就是说，你无法确定，赫斯会记住什么、忘掉什么。他并没有患上那种由于人格障碍会忘掉一切的失忆症，也没有患上能够对他的辩护造成致命性影响的那种失忆症。"[26]

小说家丽贝卡·韦斯特在旁听这场审判时，更精辟地总结了杰克逊的观点："精神正常与否在某种程度上是一种选择，就看他是屈从外界的刺激，还是想对外封闭自己。"[27]

在这场纷争中，法官倾向于特许赫斯不必出庭，1945年11月30日举行了一场听证会专门讨论这件事。就在听证会开始前，吉尔伯特告诉赫斯，法庭正在考虑他是否有能力接受审判，他应该会被免于起诉。听证会开始时，赫斯的律师以精神状况为依据总结赫斯不应该出庭的理由，赫斯此时忽然起立并大喊他是在假装失忆：

> 你们可能会宣布我没有能力接受审判，为了避免这种情况……我做出如下声明……从此以后，我的记忆会恢复，我会正常对外界做出回应。我假装失忆是出于战略考虑。事实上，我只是在集中注意力方面稍有欠缺。但是我接受审判、为自己辩护、质问证人或回答问题的能力没有受到任何影响。[28]

凯利认为，吉尔伯特的提醒无疑让赫斯感到非常沮丧，因为他感觉被免于审判表明自己精神存在问题，这让他自卑。他想和自己的同僚一起面对审判……（他的行为显示了）他歇斯底里的本性，以及他想让自己成为众人瞩目焦点的愿望，这可能会带给他致命的后果。[29]

吉尔伯特评论道："他在法庭上声明自己是在装病，很显然，这是一种保全面子的诡计。在后来的谈话中,他向我坦白,自己并没有装病,而且他还知道自己在英国关押期间曾两次失忆。"[30]

在赫斯发表惊人的声明后,凯利对他进行了访谈,发现赫斯对于自己的举动非常得意,为成功愚弄了大家而感到自豪。但是,他依然抱怨自己的记忆出了问题。凯利认为他在法庭的声明是"典型的夸张表现,是歇斯底里的姿态",凯利评论说,从精神疾病中恢复过来的人会淡化他们之前的症状以"保护自尊"。

赫斯:我表现如何?很好,不是吗?我让所有人都大吃一惊,你不这样觉得吗?

凯利:(摇了摇头)我不认为"所有人"都吃惊。

赫斯:我假装失忆并没有愚弄到你?我一直担心被你发现。你在我身上花费了那么多时间。

凯利:你是否还记得我们之前给你播放的关于纳粹高层的纪录片……当时,你声称认不出那些人。

赫斯:是的,我记得……我以为你当时识破了我假装失忆的诡计。当时你一直盯着我的手看,这让我非常紧张,以为你已经揭穿了我的谎言。[31]

赫斯解释说,在英国期间,自己的记忆力开始出现问题,当他表示记忆出现问题后,他意识到对自己的审讯时间缩短了,因此他决定夸大病情,抱怨自己得了失忆症。第二天,凯利发现赫斯越发沉迷于自己的食物被下毒这一妄想之中。两个星期之后,赫斯更加多疑,精神更加恍惚,他开始承认他的记忆真的存在问题。

总是在战犯被告席和餐厅等地观察战犯的吉尔伯特,听到了其他战犯讨论赫斯的一些片段,他们对赫斯飞往英国讲和的荒谬做法评论说:"如此愚蠢……像孩子一样幼稚……真是丢人现眼——让外人以为统治德国的都是些不负责任的无能之徒。"[32]赫斯的自白和诡异的行为让其他战犯感到震惊。施特莱彻说:"如果你问我,我会说赫斯的所作所为是一种耻辱,损害了德国人民的尊严。"[33]有些战犯对赫斯精神出问题的原因还有别的看法。戈林认为赫斯的古怪行为是过度自慰引起的。戈林说:"咱们私下说,赫斯不能满足自己妻子的欲望。"[34]他接着说:

> 你知道,赫斯不正常——他或许恢复了记忆,不过,他依然被受迫害妄想症所折磨。例如,他抱怨说有人在自己牢房底下放了一个机器,他向我诉苦,说马达发出的噪音快把他逼疯了。我告诉他,我也听到了牢房底下的马达声。但他还是不停地抱怨这件事。这种事儿很多,有些我已经忘记了。但是你能想到他的行事风格:如果咖啡太热,他认为那是别人要烫伤他,如果咖啡太凉,他认为那是别人故意要惹恼他。这虽然不是他的原话,但是他经常抱怨诸如此类的事儿。[35]

虽然争论不断,法庭决定相信赫斯所言,准许他继续参加审判。矛盾的是,赫斯的证词令真相更加迷雾重重。一名参加审判的律师描述说:"(赫斯)的声明说服了法官继续审判他,也让我们这些律师坚信他的精神不太正常,因为他本来可以免于出庭受审,但是他偏要闯这个地雷阵。"[36]他"即将因为精神失常被判无罪",只有疯子才会在那种情况下愤然起立大声宣告自己一直在装病![37]关于赫斯精神状况的争论可能是他免于被判处死刑的原因,他最后被判处终身监禁。就算是在21世纪的今天,赫斯的情况也会令人困惑。更不用说,在1945年和1946年,纽伦堡的各国专家连通用的精神病学专业词汇都没有。法庭对于如何处置赫斯感到很棘手,不知道是不是应该允许他出庭。凯利建议对赫斯进行审判,至于死刑判决"对赫斯的思想状况来说是否无可指摘",他主张法庭向精神病学家寻求建议。[38]

审判赫斯的后续

审判结束后,1946年11月16日,赫斯在狱中给英国法西斯联盟的头目奥斯瓦尔德·莫斯利爵士(Sir Oswald Mosley)写了一封东拉西扯的长信。在戈培尔位于柏林的家里秘密结婚的莫斯利,一直是个狂热的法西斯主义者,曾与墨索里尼过从甚密。由于他的政治观点被英国政府视为洪水猛兽,"二战"期间,他先是坐牢,获释后又被软禁。赫斯给莫斯利写信究竟想得到什么好处?在美国国家档案馆,我发现了用打字机打出的信件,在页边的空白处有赫斯手写的修订文字。很难说这封散漫冗长的信有什么特别之处,我觉得它揭示了赫斯存在的严重偏执和精神紊乱问题。他写这封信什么好处都得不到,毕竟,他已经被判处终身监禁。

这封信开头写道:"请将此信用最秘密的方式送达伦敦的奥斯瓦尔德·莫斯利爵士,事成之后定会给予丰厚报酬。"他接着写道:"下面是我想说但从未说出口的'最后的话语'的第一部分。1942年春,为了减轻我肠梗阻的病痛,医生给我开了轻泻药,但是这些药完全无效……后来,我喝了可乐,肠梗阻再次复发。"赫斯用了好几页的篇幅抱怨自己的肠子出了问题,他的信从这儿开始更加混乱:

在英国时,我身边有些人的行为令人费解。这些人老是换

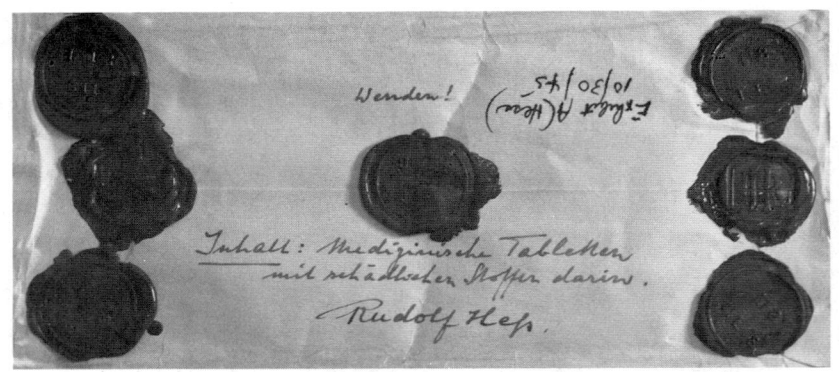

图19 鲁道夫·赫斯的信封,他将涂了橘子酱的食物样本用红蜡封住。他深信这些食物中有损害大脑的毒药。来源:道格拉斯·凯利的个人文件,照片为凯利拍摄

来换去。其中一些……在最初几天眼神看起来非常奇怪。他们的眼睛呆滞无神、蒙眬恍惚……不光我注意到了他们奇怪的眼神,1942年春天,给我治疗的约翰斯顿(Johnston)医生也发现了这一点……约翰斯滕(Johnsten)(原文如此)第一次见到我时并没有意识到他的眼神和那些人一样。但是,现在我要讲一下重点:我此前提到的一份关于审判的报告——尤其是莫斯科大审判——中提到,被告人有着非同寻常的眼神;它们呆滞无神、空洞无物、蒙眬恍惚。[39]

这些话看起来并不像同审讯者斗智斗勇时表现机敏的赫斯写出来的。几页之后,赫斯向莫斯利重复了他在纽伦堡法庭总结陈词时的片段:"在德国历史上,像阿道夫·希特勒这样的伟人一千年才能诞生一位,我很荣幸为他效力多年。即使我可以,我也不会把我人生中的这一经历抹去。作为元首忠诚的追随者我很自豪。我没

有什么可遗憾的。"[40]

凯利的评估

凯利每天都和赫斯见面,他于1945年10月16日给杰克逊大法官写了一份报告,指出赫斯看起来有些抑郁和多疑,但是不影响出庭受审。赫斯的失忆问题非常严重,他不记得自己的生日,也不记得自己早年间的任何事情。凯利请求对赫斯进行一次阿米妥访谈。他的这一请求遭到拒绝。

凯利担心赫斯吃不饱,赫斯对他说:"如果他们不打算绞死我,我多吃点,等到回家时可以长胖一些;但是如果他们要绞死我,那我逼迫自己吃药或者多吃饭又有什么意义呢?"[41]在审判过程中,赫斯觉得腹部绞痛问题有所改善,他将这归因于"放在我食物中的小剂量毒药产生了意外效果"。[42]凯利和吉尔伯特都描述过赫斯有保存自己所吃食物样本的习惯,他会将样本涂上橘子酱放在吸墨纸上,然后再用红蜡封起来。他希望能够检验里面有没有伤害大脑的毒药。[43]他告诉凯利,这种念头一直在他大脑中徘徊,他无法控制自己不去想这件事。"就在此刻,这些念头又向我袭来。我想检查一下面包片……突然间,我确定它里面有毒。我试图说服自己不要有这种想法,通常的解决方法也很简单,就是把这些食物拿走。"[44]

尽管赫斯的智力水平超出常人,凯利指出赫斯的记忆时好时坏,这表明他不光在装病,还是个偏执狂(如今这种情况被称为心理分裂)。赫斯之前的一个秘书希望能帮他恢复记忆,拿了一张照片给他看,但是赫斯摆摆手拒绝了。他说:"我不需要帮助。"凯利指出:"显而易见,他不想冒任何暴露自己的风险。"[45]

凯利评论说,赫斯的记忆好像有开关控制一样,有时失忆是出于自愿，有时则是由巨大的情感压力导致。赫斯后来告诉凯利，他的失忆表现大部分时候是真的，但他在法庭上的自白是伪装出来的。他接着说，尽管自己的精神问题有所改善，但"依然不稳定，我的大脑很容易疲劳"。为了让人相信赫斯并不总是在装病，凯利指出，赫斯伪装失忆无法获得一丝一毫的好处：他搅乱了自己的辩护，也妨碍了律师帮自己脱罪。他不仅没有从审判中全身而退，相反还主动蹚了地雷阵。1946年1月，凯利写道：

> 他飞往英国是一种不切实际的做法……计划失败导致他出现严重的偏执行为，并患上受迫害妄想症，总觉得英国人要害他。他还得了不完全失忆症，随着健忘程度加深，他的偏执行为消失了。在第二次试图自杀后，失忆症状消失了，但是偏执行为又出现了。在他抵达纽伦堡后，随着失忆问题加重，偏执行为再次消失。他在法庭上突发的戏剧性自白是一种夸张的偏执行为……经过对他认真细致的诊断，可以确认他的失忆症在一定程度上是存在的。他承认有时无法记起特定的事情，这个过程在好多年里断断续续地出现。他的偏执反应……处在有意和无意之间。他有足够的洞察力意识到他的食物被下毒，这种想法并不理性，但是，他却存在这种想法……他的失忆症复发，最大可能的原因是他在被最终定罪前，会做出某种歇斯底里的举动。[46]

凯利对赫斯的冷漠表示不满："在我离开纽伦堡时，他是唯一一个没有因为我帮他改善处境而表示感谢的人。这是赫斯人格的典型表现——多疑、妄想，在自己最惊人的人生壮举失败后表现出十分严重的偏执行为……他认为自己是纳粹党仅存的领袖，将继续忠于自己青少年时期的理想到最后一刻——当然，前提是他的精神不稳状况不会引起其他精神疾病的发作。"47

凯利在诊疗记录中对赫斯的评价语气和缓，他总结说，"没有精神病理学证据能够证明赫斯的精神有问题"。这个简短结论的落款日期是1945年12月13日，这一结论很像现代精神科医师做检查的口吻。赫斯通常态度冷漠，有时不愿配合医生。他的心理活动迟缓，心境平和。凯利指出，"显著的癔症倾向和轻度的偏执反应……跟他在英国时一样，认为自己被人下毒"。在做这份评估时，赫斯的记忆力是正常的，但是凯利加上了一个警告性的修饰语"目前"。48

"轻度的偏执反应"这一术语是20世纪40年代诊断语言的残余。直到1968年《精神障碍诊断与统计手册（第二版）》出炉，所有的精神紊乱都被称为"反应"，因为当时的精神病学家认为，与其说这些问题是实际存在的问题，不如说它们是对环境的反应方式。"轻度"这个术语也值得我们思考。凯利很明显将赫斯与重度偏执病人区分开，那些人会出现在急诊室或精神病医院中。但是，毕竟凯利使用了"偏执"这个词，这表明他认为赫斯不仅是"多疑"，那么这里的"偏执"是什么意思呢？这个问题很棘手。在1945年时，"偏执"一词的意思可能是举止炫耀或者行为夸张、引人注目。

在其他文章中，凯利给赫斯作了完全不同的评估，称赫斯"疯癫……个性内向、害羞、孤僻，怀疑关于自己的一切事情，将外界的观念投射给自己并加以内化"。凯利接着说，赫斯"感情上很幼稚，是所有战犯中唯一没有认清楚自己现实处境的……坚决不承认纳粹的完全失败……他是一个妄想狂，孩子气，伴有严重的偏执举动，他基本上无法做成自己想做的事……后来，当意识到自己不会被绞死，他的心情便有所好转，病情也因此减轻……但是，赫斯将会继续徘徊在精神病的边缘"。凯利以自己特有的风格总结说："打个比方，如果主干道代表精神健全，而人行道代表精神错乱，那么赫斯这一生最重要的时光都是走在二者之间的马路牙子上。"[49]

吉尔伯特的评估

吉尔伯特与赫斯处得显然比凯利要好，但是吉尔伯特承认"赫斯对人具有抗拒性，说话遮遮掩掩，再加上失忆，从他那儿很难直接获得什么信息"。[50]吉尔伯特将起诉书拿给赫斯后，他在上面写上"我什么都不记得——鲁道夫·赫斯"，然后还给了吉尔伯特。[51]吉尔伯特对赫斯的评价是：麻木冷漠，心不在焉。但是他认为赫斯的失忆问题是故意夸张做出来的，他说，赫斯"故意抑制自己大脑中闪现的回忆"。[52]

吉尔伯特是一个认真细致的方法论者，从1945年12月到1946年6月，他不断重复测验赫斯的记忆力，并对结果加以记录。吉尔伯特的方法比较科学，他重复问赫斯是不是记得自己生命中各种重大事件。例如，他问赫斯是不是记得自己童年的生活和自己纳粹党员的身份。在审判中，一些关键人物做证之后，吉尔伯特问赫斯是不是记得他们的证词。他还用数字广度测验来检验赫斯的记忆力。

1945年12月，赫斯记起了自己生命中的重大事件，而且在数字广度测验中得分很高。从那以后，他的记忆力便再次衰退。他不记得童年的事情，也不记得自己加入纳粹党和飞往英国等事情。他也不记得正在进行的审判中的证词。赫斯有时对吉尔伯特说自己的失忆症是伪装的，有时又会说，他的记忆力和集中精神的能力正在痊愈。[53]

事件	12月1日	12月16日	1月20日	2月24日	3月2日	3月17日	4月6日	5月11日	6月2日
童年	＋	＋		■	■	■	■	■	■
纳粹党	＋	＋	±	▨	▨	▨	▨	■	■
飞往英国	＋	＋	±	▨	▨	▨	▨	▨	■
审判：精神病检查	＋	±	■	■	■	■	■	■	■
证人拉豪森（Lahousen）将军（12月1日）		＋	■	■	■	■	■	■	■
证人冯·登·巴赫－热勒维斯基（1月7日）				＋	■	■	■	■	■
证人冯·保卢斯（von Paulus）将军（2月12日）				＋	■	■	■	■	■
戈林的辩护（3月8日至22日）							▨	■	■
赫斯自己的辩护（3月25日至26日）							■	■	■
大概的回忆范围	一生	一生	2个月	2周	2周	2天	1天	1天	½天
数字广度（所有的顺序背诵和逆序背诵）	12	15	9		7	7		8	7

图20　吉尔伯特做的关于赫斯记忆能力的表格。图解：＋是记忆正常（允许正常情况下的遗忘）；± 代表记忆不完全（重要细节缺失）；灰色阴影代表记忆微弱（基本记不起来什么事件）；黑色代表失忆；空格代表数据丢失。图表改编自J. R. 里斯《鲁道夫·赫斯的案例：给诊断和司法精神病学出难题》，威廉·沃德·诺顿出版公司，1948年出版（J.R.Rees,The Case of Rudolf Hess: A Problem in Diagnosis and Forensic Psychiatry，New York: W.W.Norton, 1948），感谢查尔斯·吉尔伯特（Charles Gilbert）授权改编

第八章　被告人鲁道夫·赫斯："很明显疯了"

赫斯依然担忧自己的食物被人下毒。他将头痛、腹泻和头脑混乱归咎于吃了有毒的薄脆饼干，他请求所有人检查自己的饼干——凯利、吉尔伯特，甚至是狱友。这些人是否有同样的反应，或者认为饼干是"安全"的呢？他的狱友得出了自己的结论。施特莱彻直截了当地说："赫斯疯了。"[54]吉尔伯特当着赫斯的面耐心品尝了一块饼干，平静地对他说："嗯。如果我头疼或者出现其他症状，我会告诉你的。"[55]

吉尔伯特努力理解赫斯的智力和精神状况。吉尔伯特还给赫斯提过各种克服失忆症的保全面子的建议，他鼓励赫斯说，如果好好休息或者坚持写日记，他集中精神的能力就会得到提升，记忆力也会随之改善。这是一种精明的医疗干预行为，但是效果如何不得而知。赫斯抱怨的问题不断变化，从失忆到无法集中注意力再到不断发作的肚子疼。赫斯非常确定这是有人在故意整他，可能是安德鲁斯上校。大部分囚犯都有各种各样的身体问题，包括胃疼、头疼、心悸和失眠等——人在紧张的情况下都可能会出现这些问题——但是赫斯却把全部精力都用来与这些问题周旋。

凯利指出，赫斯对于罗夏测验图卡Ⅱ（参见第十一章）的反应是"看起来像两个人在讨论一场犯罪行为，他们的头脑中都是血腥的东西"。凯利主导了数千例罗夏测验，他指出，跟"血"相关的回答并不罕见。但是，赫斯突然离题，"满脑子都是残酷血腥的想法……这是他自己所经历的血腥记忆再现"。[56]在观察其他图卡时，赫斯表示看到一些怪异的东西，凯利认为这反映了赫斯非常焦虑，思维异常。凯利用一句简短的话总结了赫斯的罗夏测验结果："他表现出基本的癔症性人格，没有精神病症状。"他还总结说："这个人有法律能力，确实没有精神病理学证据能够证明他患病。"[57]他评论说，赫斯在罗夏测验中的多疑反应没有严重到出现滑向正向偏执型精神病的趋势，但在未来可能发展为暂时性精神错乱。"[58]

"赫斯忍受着真正的心理-神经官能症的折磨，主要是融合了一种基本偏执型人格的癔症。"凯利写道，"换句话说……个性内向、害羞、孤僻，怀疑关于自己的一切事情，将外界的观念投射给自己并加以内化。"他接着表示，赫斯在罗夏测验中做出了很多诡异的回应，比如"对于图卡中的色彩和阴影做出令人震惊的反应，接受测试时很紧张，对于色彩和阴影的运用肤浅，形状质量不稳定"。凯利认为，赫斯"深受癔症遗忘之苦，同样明显的是，他的大部分失忆问题是故意装出来的"。[59]

吉尔伯特指出，赫斯警惕性很高，在罗夏测验中有所隐瞒，故意不暴露自己的真实想法。人们一般在十张图卡中的任何一张中都会看出两样到三样不同的东西。而赫斯在整套图卡中仅看出15样东西。吉尔伯特指出，"这个人所看出的死气沉沉的东西，折射出他缺乏同情心，内心生活空洞……（还有）色彩控制能力差是情绪不稳的表现，当看到'血液'时，他会突然爆发出歇斯底里的反应"。相形之下，在罗夏测验中，大多数受测者至少会看到运动的墨迹（例如，看到一只飞行的蝙蝠），但是，赫斯的反应却回避运动和有生命的事物。[60]

吉尔伯特还语意模糊地指出，他再次对赫斯进行了罗夏测验，但是，结果表明"在第二次测验中，他有限的认知能力和创造性构思能力没有任何提高"。[61]他总结说，赫斯表现出"严重的情感受限，缺乏感情交流，这是典型的精神分裂症型人格"。

用21世纪的视角来评估赫斯

赫斯令1945年的观察者困惑不解。纽伦堡审判的大部分见证者都认为赫斯精神错乱。吉尔伯特、凯利和很多国际专家一道指出赫斯患有多种疾病，但是认为他具备出庭受审的法律能力。大家都同意赫斯的现实认知能力很差，他不切实际飞往英国的举动极端怪异，堂堂的纳粹德国副元首怎么能认为自己可以未经授权自发去英国签署和约？所有人都认为赫斯在夸大自己的病症，尽管大家对于夸大的程度存在争议。如果今天来评估他的病情，我们会比当时做得更好吗？为了更好地回答这个问题，我们可以借助在常规医疗中广泛运用的诊疗器械，还可以使用不太常用的探测手段。

长期以来，医生都是通过常规检查来明确诊断标准，但是，当年在纽伦堡，对于各类精神异常的标志性症状的判定标准是什么，可谓莫衷一是，并不存在被一致认同的标准。当时的观念强调人类的经历是连续的整体，认为病人的各种症状就像水彩画颜料的薄涂层一样融合在一起，无法区分。直到1980年，《精神障碍诊断与统计手册（第五版）》出版后，精神病学家和心理学家才在分辨精神障碍的种类时，越来越多地使用精确的诊断指导方针，但是，两个重大问题依然存在。

首先，令我们头疼的是，人们的问题通常不是特别明确，会处在两种状况的边界。我也可以算作《精神障碍诊断与统计手册》专家，因为我参与了第五版的修订，但是我必须得承认，我们的标准只是粗略的指导原则。所谓教科书案例无法做到放之四海而皆准。相反，病人的症状经常跨越两种到三种诊断结论，我们必须依赖临床判断来对他们进行诊断和治疗。

另外一个问题——假设的真实性——更加令人难以应对。医生假定患者讲述的都是事实，但是有时患者会遗忘或隐藏真情实感，会歪曲自己的经历和症状。对于所有医学专业来说，这都是很棘手的问题，但是，歪曲历史对精神病学的伤害尤为严重，因为我们在做诊断结论时，基本没有身体检查和化验结果来指导诊断。尤其是在涉及司法鉴定的情况下，我们更会怀疑病人并不坦诚，但是，总体来说，我们还是要依赖病人的讲述和医生对于症状真实性的判断。戴维·罗森汉（David Rosenhan）和他的同事在著名的实验中有力地证实了，如果健康正常的对照组向精神科医生谎称自己出现过反常的幻听症状，那么医生就会认定他们是病人并试图展开治疗。[62]也就是说，精神科医生默认病人如其所见般在陈述事实，除非有合理的理由去怀疑他们。不然这些人为什么不惜给自己添麻烦，耗费时间，还花钱来找我们？但是，在司法鉴定领域，撒谎是"规律"。20%—30%的暴力犯罪的被告人都声称不记得自己的罪行，但是我们可以使用有助益的工具来确定他们失忆问题的真相。

从临床视角来看，我们可以将赫斯的症状划归为多种诊断类别，但是可能要花费一番力气来给它们精准定性。他当然可以被诊断为装病。或者，他还可以被视为出现了分裂性障碍、躯体症状障碍、精神分裂症或者妄想性障碍。我们在诊断方面可能会比1945年的精神科医师做得更好，我们可以精确指明赫斯的症状符合哪种疾病的标准。但事实是，赫斯很可能忍受着多种精神障碍的折磨。就像莎士比亚所说："当悲伤来临的时候，不是单个来的，而是成群结队的。"[63]

即使医生当时精确界定了赫斯的每一种症状，我们今天依然会对他起伏不定的偏执症状感到困惑。以今天的经验来看，当像赫斯这样的病人陈诉妄想症状加剧时，医生的第一反应肯定是病人停止服药导致了这种情况。70年前，并没有治疗精神分裂症的药物，医生已经习惯了患者的精神病症状反复出现和消失。但是，如今我们对于从不服用抗精神病药物的病人的诊疗过程并不熟悉。

现在的研究人员在面对这些问题时要容易一些，因为当下的探测手段可以帮助确诊精神分裂症（例如，遗传标记和测量神经系统对于惊吓的反应）。[64]但是，这些有所保留的探测手段并没有被应用于临床实践。现在虽然有多种类型的测谎设备，但是由于会出现假的正相波和负相波，只有结合了多导生理记录仪、事件相关电位、脑成像以及瞳孔反应等技术的测谎仪才对医生略微有些帮助。

认知能力测验是自1945年以来研究人员取得巨大进步的领域。如果我们现在能够面对赫斯，司法神经心理学家当然可以确认他是否在夸大病情。[65]但是，即便能够确认他夸大病情，也很难区分他到底是患有分裂性健忘症还是在装病。这种区别是在推断病人的动机和意向时产生不同理解造成的，绝不是一项简单的任务。[66]令人遗憾的是，我不确定如今的临床医师和研究人员在诊断赫斯的病情时，能比1941年至1946年给他看病的同行做得更好。

结　局

有人认为同盟国对待赫斯不公，所以他才"假装失忆"来欺骗精神科医生和法庭。[67]他肩负和平使命飞往英国，却被囚禁，而且英国当局从未给他机会去会见和自己对等的高层领导人。百无聊赖之中，他收集了自己所吃食物的样本，用纸包上，后来将它们封到蜡中。他担心自己的食物被下毒，这并非空穴来风，要知道全球的情报界都对于下毒和思想控制有着浓厚兴趣。[68]我不认为上述理由能够解释赫斯的反常行为，毕竟这些行为持续了好几年，在审判之前就表现出相关症状，审判中并无好转，甚至还持续到审判之后。

1946年，专家们很清楚地表示，赫斯的病无法归类到某种明确的类型中。他过度关注自己的健康状况，按照《精神障碍诊断与统计手册（第四版）》，这可以被诊断为疑心症或者躯体性障碍，而按照《精神障碍诊断与统计手册（第五版）》，这应该被诊断为躯体症状障碍。他还表现出时好时坏和反复无常的记忆缺失。有些失忆症状并不受他的意志控制，这在今天被视为分裂性健忘症。有时，他为了减少对自己的审讯而故意夸大自己的失忆问题，这属于装病的例子（根本不是精神障碍）。最后，他是一个非常多疑的人，深信自己被下毒。终其一生，他对于食物、污染和食品添加剂都有着特殊的看法。如果是在今天，我认为大多数精神科医师都会诊断他为偏执型精神分裂症。

1946年8月31日，赫斯在法庭总结陈词，他的讲话冗长而又杂乱无章，他抱怨自己周围的人眼神奇怪，目光呆滞。他回想起在作秀的莫斯科大审判中，被告人的眼睛也都是"呆滞无神、空洞无物、蒙眬恍惚"。在他这样讲了20分钟以后，法官表示，他不能这样没完没了地讲下去，他应该作总结。赫斯精神为之一振，不再讲述呆滞眼神的问题，他表示："在德国历史上，像阿道夫·希特勒这样的伟人一千年才能诞生一位，我很荣幸为他效力多年……我没有任何可遗憾的。"[69]法官肯定对他这种古怪的证词印象深刻，把妄想出来的呆滞眼神同挑衅性地忠诚于希特勒并列起来。

丽贝卡·韦斯特是这样描述审判日的："赫斯阴暗的思想经历了一些糟糕的危机。他一遍又一遍地把手挥过额头，好像试图拂去不存在的蜘蛛网，但是黑暗笼罩着他。他脸上看不到任何人性，表情极度痛苦。他开始在座位上像钟摆一样有规律地前后摇摆……不久，他被带走，但是看起来地狱的大门已经慢慢开启。"[70]

法庭判决赫斯终身监禁，并指定他在柏林的施潘道监狱服刑。他和其他六名战犯一起被送到施潘道监狱，从1966年起，他成为这座令人生畏的巨大监狱中的唯一囚犯。他依然疑心重重，经常抱怨胃疼，还会在夜间哀号，而且多年来拒绝跟自己的妻子和儿子见面。1987年8月17日,93岁的赫斯在施潘道监狱上吊自杀。这对于一个41年前躲过绞刑的人来说,真是一个充满讽刺意味又令人出乎意料的结局。施潘道监狱后来被拆除以免成为新纳粹朝拜的圣地。现在,它的原址上矗立着一座时髦的购物中心。

第四部分

纽伦堡的尾声：罗夏测验和相互指责

第九章

道格拉斯·凯利和
古斯塔夫·吉尔伯特：
犹如闹翻的夫妻

> 精神失常无法解释纳粹分子的行为。就像其他所有人一样，是自身环境造就了他们；同时，他们也是自身所处环境的创造者，而且，他们在塑造环境方面的影响比大部分人深刻得多。
>
> ——道格拉斯·凯利，
> 《纽伦堡的22间牢房》，1947年

有哪种动物会针对自己的同类，组织和执行残酷无情、系统性的屠杀，而且这些屠杀无休无止、毫无意义?

——古斯塔夫·吉尔伯特,《党卫军凶残杀人机器的心态》("The Mentality of SS Murderous Robots"),1963年*

合作初期

我很好奇,在结束纽伦堡的使命以后,凯利和吉尔伯特之间发生了什么?每天如此近距离面对恶意,他们会受到什么影响?凯利和吉尔伯特日复一日跟这些战犯亲密接触。他们二人要和施特莱彻之流坐在同一张小床上,而且通常是分别坐在战犯两边。他们忍受着巨大的厌恶,内心并不舒服,而且很显然,这些战犯的恶意对他们或多或少产生了影响。

监狱中潮湿阴冷的氛围、高度紧张的环境、街道上遍地的瓦砾提醒着人们战争刚刚结束,这一切都让人透不过气来。我们中的大多数人在这种环境下都会心烦意乱。如果身边有挚友或心上人陪伴或许可以挺过这些艰难,尽管可能会有些疲惫不堪。唉,凯利和吉尔伯特朝夕相处,他们都没有其他人可以依赖,准确来说,两人也算不上是好朋友。

他们甚至不是关系融洽的合作伙伴。我总是告诉我的实习生:"在选择合作伙伴时要小心。"一次融洽的合作就像一桩优质婚姻;而僵化的合作也像劣质婚姻,伴随着骚扰、纠缠和多年的官司。凯利和吉尔伯特的合作就像是后者。在当时的历史背景和机缘巧合之下,两人很偶然地走到一起,但是他们的角色和责任并没有被明确

---

* Douglas Kelley, *22 Cells in Nuremberg* (New York Greenberg, 1947; reprint ed., New York: MacFadden, 1961), II; G. M. Gilbert, "The Mentality of SS Murderous Robots," *Yad Vashem Studies* 5 (1963): 35–41.

界定，二人的世界观也大相径庭。他们的共同之处屈指可数：睿智、雄心勃勃、对于理解纳粹领导人兴趣浓厚。

凯利的长处是脾气随和、喜欢聊天，他的性格很受各种人的欢迎，从战犯到记者都为他所吸引。吉尔伯特的长处是严谨认真、注重细节。他们都把大量时间花在战犯身上，经过细致的观察，做了大量文字记录，还对他们进行了罗夏测验。凯利跟战犯接触早于吉尔伯特，他于1945年8月4日到"垃圾箱"监狱报到，1946年1月离开纽伦堡。而吉尔伯特跟战犯相处的时间更长，他从1945年10月23日一直到1946年10月都待在纽伦堡。可以预料的是，时间问题也是二人展开较量所涉及的一个重要领域：一个强调"我最早来到纽伦堡"，另外一个则突出"我在纽伦堡待的时间更长"。

他们二人要合作写一本关于纽伦堡审判的书并不是秘密。凯利喜欢接受记者采访并谈及此事，而很少跟媒体打交道的吉尔伯特也向《真理报》(*Pravda*)记者表示，他们二人在合写一本书。安德鲁斯监狱长听闻此事，非常不高兴。

决　裂

凯利离开纽伦堡后，谈到了自己在那儿做的笔记，吉尔伯特则声称那是他的笔记。据吉尔伯特说，凯利曾表示他对于二人合著以纳粹战犯为主题的书籍不再感兴趣，相反，他打算写一本关于种族歧视的书。[1]事实上，凯利当时已经在商谈图书合同的问题，书的主题就是自己在纽伦堡工作的经历。[2]在离开纽伦堡几周后，凯利从美国给吉尔伯特写信索要审判期间的更多访谈记录和手稿的备份。吉尔伯特拒绝了他的要求。[3]

凯利离开纽伦堡时，开始密集接受媒体采访，他的这种做法并不明智。凯利享受成为众人瞩目焦点的感觉，他卖弄地讲述关于纽伦堡审判的故事，而刊登这些故事的通俗小报广受读者欢迎。1946年8月，他接受霍华德·惠特曼（Howard Whitman）访谈的报道刊登在《星期日快报》（*Sunday express*）上，标题为"戈林和他的狱友在牢房里都谈些什么"。[4]惠特曼唯恐这篇报道煽动性不够，几周以后，他在《柯里尔》（*Colliers*）双周刊刊登了一篇关于此次访谈的加长版本，还用了醒目的大标题"告密，纳粹，告密"。[5]

纽伦堡法庭的工作人员并不觉得这些报道有意思。纽伦堡法庭的首席法官杰弗里·劳伦斯爵士（Sir Geoffrey Lawrence）向安德鲁斯监狱长抱怨凯利的做法。而安德鲁斯则向上级机关写了一份书面文件控诉凯利，我碰巧在位于宾夕法尼亚州卡莱尔的美军军史研究所见到了这份文件。[6]凯利已经在几个月之前从军中退役，安德鲁斯知道对于凯利有失检点的言行，军方其实无权再处置他。但是一贯坚持原则、小心谨慎的安德鲁斯，起草这份文件是为了将这件事情"记录在案"。

凯利并没有停留在仅仅接受通俗小报采访上，他开始发表一系列文章，向人们阐释他对于战犯的独特看法。1946年4月，他在纽约的一次学术会议中，提交了以纳粹战犯的罗夏测验为主题的初步报告，后来他将这份报告整理后发表在《罗夏测验研究交流》（*Rorschach research exchange*）杂志上。这篇论文粗略概括了他的观点："（纳粹分子）大抵精神正常……（他们）在残暴统治期间非常清楚自己在干什么……我们必须意识到拥有这种人格的个体在我们美国也大量存在。毫无疑问，他们非常乐意踩着一半人的尸体往上爬，成功后就可以对另一半幸存者发号施令了。"[7]

在接下来接受《纽约客》采访时，凯利以他一贯的腔调说："除了莱伊博士，他们那伙人中没有一个家伙是疯子……他们21个人都声称自己绝对无辜、纯洁无瑕，我真是没有见过比他们更'清白'的人。"[8]《纽约客》的文章让世人对凯利的思想有了深入了解，同时也让人们见识到了他在给人定性方面所具有的惊人天赋："（戈林）是个海盗一样的冒险家……在海盗的黄金时代，他肯定会拥有华美的海滩别墅，有娇妻爱子相伴，还会经常举办奢华的派对。他会在晚上悄悄溜到大海中寻找目标，击沉一艘倒霉的船东头甲板上的所有生灵，事成之后，他会返回豪宅，继续参加派对，享受人生。"

在"垃圾箱"监狱服刑期间，戈林逐渐减少用药，凯利指出，"他抱怨自己的大腿和小腿疼得厉害，我对他说，他的这种行事风格跟里宾特洛甫一样，他从此再也没有抱怨过"。他对赫斯的描述也很生动："（赫斯）是一个发育迟缓的青少年，他是那种会参加有棉花糖烧烤的篝火晚会的家伙，在观看阅兵时，他会惊讶地张大嘴巴。"

而此时，身处纽伦堡的吉尔伯特焦虑不安，他觉得凯利成为众人瞩目的焦点，抢了他的风头。

出版大战

在忙着接受采访和演讲的同时，凯利写了《纽伦堡的22间牢房》一书，并开始和西蒙-舒斯特联合出版公司商谈该书的出版合同。此时，身处纽伦堡的吉尔伯特也在努力创作《纽伦堡日记》一书，并开始和法勒-斯特劳斯-吉鲁出版公司讨论出版合同。相较之下，凯利的书篇幅比吉尔伯特的短，创作进度也更快；吉尔伯特的书内容更加详尽，成稿也更晚。[9]两家出版公司知道二人的这场写作竞赛，分别催促自己的作者加快进度，但是最终这场竞赛断送了两人的大好前程。

西蒙–舒斯特联合出版公司后来拒绝出版凯利的书，但是一家不知名的小公司格林伯格出版公司于1947年出版了该书。读者对这本书评价不一。其中一条评论写道："我觉得很有意思，我真的是手不释卷，欲罢不能……最有吸引力的地方就是作者并没有使用专业术语，简单易懂。"他继续富有洞察力地指出："我向人类学专业的学生和社会科学界推荐这本书，因为它的内容客观平实，令人称道。不过，我担心这种客观的叙述会被广大读者误解，认为作者对纳粹的心理状态表示同情和理解。"[10]其他一些评论并不如此友好，他们反感凯利活泼风趣的写作风格。一个著名的精神分析家向格林伯格出版公司吐露："这本图书废话连篇，满是糟粕。坦白说，很遗憾你们出版了它。它甚至连优秀的新闻报道都不如，更算不上出色的精神病学著作。"[11]且不说这本书的写作风格，该书深深地激怒了读者，因为书中认为"纳粹革命……并非精神病人怪诞的大脑里捏造出来的无稽之谈，而是普通人的创造物，他们跟我们在美国每天接触到的很多人并没有什么不同"。[12]

吉尔伯特最终顺利出版了《纽伦堡日记》。[13]显而易见，这本书和凯利的著作风格迥异，并成为造成二人相互敌视的原因。他们（以及各自的追随者）更加强调两本书之间的差异，对共同之处视而不见。令人惊讶的是，这两本经典著作都只是顺带提到罗夏测验，并没有仔细探讨。相反，它们充斥着作者对战犯的观察，还有作者跟战犯之间的对话以及二人对这些交流的解读。

凯利作品篇幅短小，而且没有列出参考资料，也没有注释。凯利非常清楚他的目标读者是普罗大众，而非专业人士。图书封面上的句子简短有力且带有挑衅性："纳粹头目是哪一类人？他们是如何变成那样的？——历史还会重演吗？为首要战犯做过检查的美国官方精神病专家,向您披露这些无赖最隐秘的情感。"

凯利大肆鼓吹自己的资质,宣称自己作为官方的精神病专家为纽伦堡审判效力五个月,每天都跟战犯面谈。他提到了吉尔伯特,承认他改编了智商测验题目,并指出吉尔伯特"作为翻译被分配到我的办公室,按照我的指示记录我和战犯之间的谈话,这些谈话在本书中有所体现"。凯利指出,虽然大部分战犯都能讲一口"流利的英语",但有时,他需要一名翻译来"避免交流中的误解"。这些话虽然看起来比较客气,但是凸显了凯利的地位,并把吉尔伯特降格为自己的助手。[14]

吉尔伯特在自己的书(也没有注释和参考资料)中,对凯利表示了谢意:"他作为纽伦堡监狱的精神科医生,在两个月的任期内,协助我更顺畅地与所有犯人交流。"[15]吉尔伯特没有必要非得提"两个月",但这是吉尔伯特淡化凯利的角色并强调他在纽伦堡任期短暂的一种方式。那到底谁对战犯了解更深入——是从1945年8月到1946年1月,分别在"垃圾箱"和纽伦堡都工作过的凯利,还是从1945年10月到1946年10月一直待在纽伦堡的吉尔伯特?

围绕两本书燃起的战火甚至蔓延到了欧洲。格林伯格出版公司的编辑写信告诉凯利,虽然他们在美国出书的速度超过吉尔伯特,占得先机,但遗憾的是,吉尔伯特却抢先一步登陆欧洲,在英国出版了他的书。[16]

他们到底说了什么

凯利和吉尔伯特都认为,可能除了赫斯,其他被告人都没有精神错乱,并非精神病患者。如果这些被告人都没有精神异常,那他们是什么人?他们真的没有任何精神疾病?顺便说一下,凯利和吉尔伯特所说的"精神疾病"到底指的是什么？

具有讽刺意味的是，接受社会心理学训练的吉尔伯特，对这些被告人的诊断是自恋的精神病态者，病态的德国文化导致他们的生活扭曲；而作为精神病理学和司法精神病学的专家，凯利却习惯于从社会心理学视角观察问题，他认为这些被告人基本上都是普通人，他们的行为为所处的环境所塑造，深受官僚体制和谎言影响。他进一步强调这一结论说，这种人哪儿都有。在1947年，很多人都视凯利的观点为尖刻的侮辱。

凯利和吉尔伯特的作品在行文风格和语气语调上也大相径庭——凯利向来语带讥讽却冷静客观，而吉尔伯特，一本正经而感情强烈。下面两段摘录的文字就凸显了二人的不同。

凯利：

> 纳粹主义是一种社会-文化毒瘤……我在纽伦堡对最纯粹、最知名的纳粹病毒群体进行了研究，这些战犯就像被隔离放入22个烧瓶中的病毒一样供我观察、研究……纳粹战犯具有强势、专横、攻击性强、以自我为中心的人格特质……他们普遍缺乏良知。他们遍布这个国家，在大办公桌后决定着重大事务的人有很多都和他们一样。[17]

吉尔伯特：

> 他们残酷无情、富有攻击性、情感迟钝，却在人前伪装出完全和蔼可亲的样子。[18]

精神障碍的本质是什么

在1947年,精神病学和心理学是如何定义精神疾病的?吉尔伯特信奉当时盛行的观点:纳粹分子是完全不同的"他者",他的理解建立在描述心理变态的新兴文学基础上,吉尔伯特总结说,不同精神病态者的世界观有天壤之别,不过,他们都戴着"精神正常的假面"(见第十二章)。相形之下,凯利的看法与1947年的流行观点不同,却与社会心理学未来发展出的一个观点相吻合,即在错误的环境下,正派的人可能会做出骇人听闻的生活选择(见第二章)。

凯利和吉尔伯特对于纳粹战犯的诊断存在本质差别。吉尔伯特认为纳粹代表了一种独特的精神病理学;凯利则觉得纳粹分子没有什么特别之处,他认为他们的行为是一个行为连续体的末端。英国著名政治家埃德蒙·伯克(Edmund Burke),在一个完全不同的语境下生动总结了种类和连续体的区别:"虽然没有人能给白天和黑夜画一道明确的分界线,但是,阳光和黑暗是完全不同的事物。"[19]他的意思是,随着太阳西下,日夜逐渐交替;尽管如此,白天和黑夜却截然不同,对比分明。吉尔伯特本质上聚焦于白天与黑夜的强烈对比,但是,凯利则认为白天和黑夜的交替时段——黎明和黄昏——更有研究价值。[20]

给纳粹领导人的行为贴上精神异常的标签(例如吉尔伯特所谓的"自恋的精神病态者"),或者认为他们是道德严重沦丧(凯利)的例子,意义何在?事实上,这两者并不是非此即彼的对立关系,它们更像是不相关的独立问题(见第十二章)。精神异常主要跟令人不安和造成损害的思想、感觉、行为相关联,但是,所有令人反感的行为都属于"异常"的范畴吗?

司法系统最终开始将这一争端分解成两个独立的问题:"异常

行为有没有出现？"和"出问题的个体能为自己的行为负责吗？"。读者可以做一个思想试验，请想象如下四种法律场景，这些场景经常在现代法院以不同的面貌出现：

  1.一个经常出现幻觉和妄想的精神病患者可能不会被带到法庭受审，因为他无法理解审判，也无法为自己辩护。
  2.一个在发病期间犯罪的偏执型精神分裂症患者，虽然受审时症状好转，也很可能会被从轻处罚。
  3.一个因过量服用苯丙胺而诱发幻觉的人在犯罪后会被处以更严厉的刑罚，因为吃药是他的自愿行为。
  4.对于长期伴有冲动性暴力行为、人际敏感度较低的人格障碍者，法庭倾向于处以最严厉的刑罚。

  这四种例子展现了精神障碍的多样性以及它们如何影响社会对于犯罪者的责任判断。不幸的是，这种细微差别并没有出现在凯利和吉尔伯特就纳粹战犯本性诊断的激烈争论中。凯利对于精神疾病带给病人的痛苦程度比较敏感，他认为给患有抑郁症或精神分裂症的病人贴上"自恋的精神病态者"这种标签毫无助益。在纽伦堡审判后，凯利花费了相当大的精力帮助政府甄别冲动和好斗的雇员，将他们从政府机构中清除出去。在凯利看来，精神病态并不是精神疾病，精神病态者只是不适合在政府机构中工作。在吉尔伯特看来，精神病态者身上烙着该隐的印记。

莫莉·哈罗尔，可能的调停者

  凯利和吉尔伯特如何利用罗夏测验来证实自己的假设呢？奇怪

的是，他们二人在各自的书中都没有过多讨论罗夏测验。凯利希望得到其他罗夏测验专家确认后再发布他的测验结果，吉尔伯特认为提供罗夏测验的结果分析会引发学术方面的争议。

同时得到凯利和吉尔伯特信任的罗夏测验专家只有一位：莫莉·哈罗尔，她在南非长大，在艺术、舞蹈、绘画和诗歌领域都有所建树。她最终定居美国，获得心理学博士学位，在洛克菲勒大学完成博士后研究项目后，加入蒙特利尔神经学研究所，和著名的神经外科医生怀尔德·彭菲尔德（Wilder Penfield）共同研究大脑和情感。第二次世界大战爆发后，她开始使用罗夏测验在美军招募工作中筛选合格的士兵，因此从很多类型的群体中获得了大量罗夏测验数据。她人缘很好，这帮助她说服了很多烦躁易怒的群体为了共同的利益团结合作。她甚至说服凯利和吉尔伯特暂时言归于好。不过，维系这一休战的纽带十分脆弱。

1947年，哈罗尔为在伦敦召开的国际精神健康大会做准备，她希望届时能够在大会上讨论纽伦堡战犯的罗夏测验结果。此时，查尔斯·托马斯出版公司要出版一系列图书，哈罗尔被任命为丛书主编。她有机会可以同时利用国际会议和出版行业，为罗夏测验做宣传。

同时，凯利和吉尔伯特争吵不断，互相指责对方剽窃自己的笔记。这是一项严肃的工作，很难裁定谁是谁非。凯利对战犯做访谈，而吉尔伯特为他做翻译，然后整理这场访谈，那么，整理好的笔记是谁的"资产"？凯利对他的出版商如此描述这一情况的复杂性：

> 既然我们二人在访谈中都在场——其实只有三场到四场访谈是这种情况——看起来，我们都有权使用这些材料。如果吉

图21 晚年的莫莉·哈罗尔。承蒙佛罗里达大学数字收藏中心授权翻拍

尔伯特想大声抱怨，那我要说，这些访谈无疑都是我做的，任何相关材料都归我，法庭指派他为我做译员，这是他唯一的身份。我在书中非常谨慎，尽量避免使用吉尔伯特独自收集的信息，虽然他是在我的命令下这么做的。因此，我不惧他们的任何刁难，而我们随时可以对他们施压。[21]

凯利和吉尔伯特都计划写第二本书专门讨论罗夏测验，二人都决心赶在对方之前出版。凯利威胁吉尔伯特说，如果吉尔伯特胆敢使用他的罗夏测验材料，他一定会起诉吉尔伯特。哈罗尔拼凑了一个看似合理但注定会失败的折中方案：他们二人合写一本书，每人在自己的章节中讨论自己的罗夏测验发现，然后由其他独立的罗夏测验专家补充相关评论。同时，哈罗尔对吉尔伯特的状况深感担忧，她在1947年写给同事的信中说，吉尔伯特深陷和凯利的冲突之中，这对他的身体和工作都产生了不利影响。[22]

起初，凯利和吉尔伯特似乎同意了哈罗尔的方案，但是，一旦涉及具体执行方面，问题就出现了。哈罗尔在一系列信件中记录了她的失败，我有幸在浩如烟海的档案中找到了这些信件，得以了解事情的来龙去脉。[23]凯利和吉尔伯特在学术领域的分歧并没有引发争论，二人在各自写作哪些章节的问题上达成了一致。但是吉尔伯特引燃了战火，他不信任凯利的人品，怀疑凯利窜改他的记录。吉尔伯特坚持做第一作者，至于凯利，吉尔伯特要求在署名时这样处理："在戈尔登松和凯利的协助下。"[24]凯利甚至都不是第三作者，"协助"一词表明他明显只是个次要角色。令事情更加恶化的是，吉尔伯特拒绝让罗夏测验专家评论自己的看法，他在跟哈罗尔通信时，将他们称为这些"专家"（他在信件中用了引号），暗示他质疑他们的专业水平。他也不愿意承认这些"专家"是这本专著的共同作者。

尽管如此，哈罗尔和吉尔伯特共同确定了罗夏测验专家的名单，并起草了一封信。哈罗尔给了吉尔伯特带有抬头的信笺，吉尔伯特写信后以哈罗尔的名义向这些专家发出邀请，但是，他设定的截止日期太短，根本不切实际。在收到信件后，几乎所有专家都回绝了邀请。[25]设想一下，如果你收到一封以哈罗尔的名义发出的信件，一个彬彬有礼、世界知名的学者，问你是否可以关注一项草案，这一草案或许能够处理当时最令人困惑的问题——纳粹战犯的心理和思维状况。她邀请你讨论这一问题，还会将你的见解写入她主编的一系列图书中，你怎么可能拒绝？或许有些专家日程上排不开，但是几乎所有人的答复都是"不"，这不合理。

可能他们被过于紧急的截止日期所冒犯。不过，哈罗尔提供了其他解释。当时，凯利和吉尔伯特的纷争闹得沸沸扬扬，心理学界和精神病学界对此心知肚明，他们不想陷入这一可能引发司法诉讼的泥潭中。凯利写信给哈罗尔：

> 我已经决定了，如果吉尔伯特使用这一材料，我会通过我们的理事会和法律顾问委员会发出禁令，并起诉吉尔伯特。我已经将此事完全交给我们的法律团队来处理，他们认为，永久禁止这种不道德的出版非常困难，因为这些材料并没有版权，他们还认为，如果法院发出禁令，会让这整件事进入公众视野，到时美国精神病学协会伦理委员会就不得不召开一场正式的听证会……很显然，出版商并未意识到吉尔伯特试图出版剽窃来的东西。[26]

除了威胁要诉诸法律手段，哈罗尔认为这些专家拒绝评论罗夏测验还有一个原因：他们感受到一种很奇怪的不安情绪。

我们希望罗夏测验能够揭示一种另类的精神病理学，也就是说，这些战犯具有相同的人格结构，属于尤其令人厌恶的那种类型。我们认为，善良和邪恶黑白分明，非此即彼……在我们看来，邪恶在心理学测验中必须能够被明确量化。[27]

（这些记录）并没有让我们看到期待中的内容。公众舆论的压力要求我们看到——这些人是精神错乱的怪物，他们跟正常人的区别就像恶毒的蛇蝎同可爱的幼犬一样明显。[28]

除了这些原因以外，这些专家"很忙"也是无法参加这一写作项目的原因之一。

凯利和吉尔伯特一度看起来达成了脆弱的停战协定。但是，战火很快重燃。1947年9月，凯利在文章中如此贬损吉尔伯特："他不断明目张胆地忽视基本道德准则，这让我震惊……我也因此反思我们是否还可以继续合作。"[29]吉尔伯特反击道："我无法忍受凯利的胡说八道。"在随后的几封信中他写道："我对凯利可怜的小'自传'毫无兴趣。"[30]

在这一连串的争吵之后，凯利和吉尔伯特都发出威胁，如果对方要在书中使用战犯的罗夏测验材料，就会将对方告上法庭，这意味着双方的著作成为二人争吵的牺牲品。在一系列书信中，吉尔伯特表明了他希望自己的图书尽快出版的急切心情，出版进程暂停令他暴怒。他向丛书主编哈罗尔和查尔斯·托马斯出版公司连珠炮似的发问，自己的第二本书最快什么时候能够出版。急不可耐的吉尔伯特犯了学术圈的大忌：他在没有通知哈罗尔和查尔斯·托马斯出版公司的情况下，将几乎一模一样的手稿交给了威廉·沃德·诺顿出版公司。这件事情的败露也很有戏剧性：在出版这本书之前，威廉·沃德·诺顿出版公司找了一位专家评审这份手稿是否具有出版价值。但是这位盲审专家竟然正是哈罗尔，这是多么尴尬的巧合！[31]

　　哈罗尔被激怒了，她没有想到自己好心在凯利和吉尔伯特之间调停，吉尔伯特竟会这样回报她。哈罗尔、吉尔伯特、查尔斯·托马斯出版公司、威廉·沃德·诺顿出版公司之间来回多次通信讨论这件事，最终结果是，两家出版公司都拒绝出版吉尔伯特的这本书。吉尔伯特最终在罗纳德出版社出版了自己的第二本书《独裁者的心理》（Psychology of Dictatorship），他没有在书中提到罗夏测验的数据，这有可能是凯利诉诸法律的威胁起了作用，也可能是他自己并非罗夏测验方面的专家。[32]正如埃里克·齐尔默（Eric Zillmer）和他的合著者在书中生动评论的那样，"吉尔伯特发现自己拥有一大笔外币，但是他不知道如何才能兑换它"。[33]

　　这场令凯利和吉尔伯特心力交瘁的争论伤害了很多人的感情。哈罗尔曾向两人推荐的一位罗夏测验专家，于1948年1月写信给哈罗尔，评论道："关于凯利和吉尔伯特的争吵，你必须要记得一点，心理学家也是人。其实，这个问题归根结底就是：人就是人，都有七情六欲。我很庆幸自己保留了一丝豁达的态度。我想这也是我能够活到现在的原因之一。"[34]

　　数十年后，提到跟大屠杀研究有关的另一场尖刻争论，历史学家伊恩·克肖评论说："人们通常过于情绪化，不管动机如何，情感经常压倒理性。就大屠杀这一研究主题来说，这种情绪化虽然可以理解，但依然令人遗憾。"[35]

凯利的晚年

　　凯利1946年离开欧洲后，最初落脚在鲍曼·格雷医疗学校（如今的韦克福里斯特医学院）。他在那儿授课时，大谈自己在纽伦堡的经历并多次接受媒体采访。后来，他抓住一个机会，返回加利福尼亚，成为加州大学伯克利分校的犯罪学教授。他搬进了伯克利郊区一幢精美的房子中，他的书房中放满了从纽伦堡带回来的纪念品——照片、赫斯保存的作为下毒证据的食品、戈林写的信件、罗伯特·莱伊的大脑切片，还有手稿。

凯利在伯克利的日子顺风顺水。他出版了一系列法医学著作，还利用罗夏测验作为关键工具，帮助警察机构和美国原子能委员会挑选职员。[36]他还为KQED（旧金山公共广播电台）制作了一档有关科学的电视节目。他同时还是好莱坞电影《无因的反叛》(*Rebels without a Cause*）的精神病学顾问。他写了数量惊人的书评，依然有时间变魔术，并成为美国魔术师协会的副主席。

简而言之，凯利精力十分旺盛，但是显然，他每天忙得焦头烂额。刘易斯·特曼写信给凯利，善意提醒他放慢点节奏："你参加的活动数量之多令人惊讶，我觉得，从长远来看，这么多活动对你的职业前景或许不利。"[37]凯利的酒量有所增加，坏脾气也见长。多年后，他的儿子评论说："他酒量很大，发起脾气来就像暴怒的斗牛。他就是个博学多才的工作狂。"[38]

然而，这一切都在1958年1月1日终结。凯利当时被妻子激怒，他先是跑到楼上的书房，然后又回到客厅，当着父母、妻子和孩子的面自杀身亡。对这位烦恼缠身、才华横溢的学者来说，自杀是个令人震惊的结局，不过，他自杀的方式也引起人们的关注——服用氰化物。

大家不约而同地想到了纽伦堡审判和戈林。这两个一度关系非常密切的人选择了同样的方式——服用氰化物——结束自己的生命。围绕凯利从哪儿搞到的氰化物这一问题，产生了一些恶毒的猜想。《旧金山纪事报》（*San Francisco Chronicle*）报道说，凯利的毒药"是从纽伦堡监狱带回来的"。[39]《纽约时报》更是绘声绘色地说："凯利医生从纽伦堡带回家好几颗胶囊。而这些胶囊是从赫尔曼·戈林那儿缴获的。"[40]莫莉·哈罗尔的说法则更进一步，她断言，这些毒药是戈林趁着凯利去他牢房时给他的。[41]上述几种说法都没有得到证实，但是有一点是很清楚的：这位才华横溢、难以理解的学者，生命结束在第45个年头。

　　人们不愿翻检他的文件或打扰他的家人。他的文件就此淡出人们的视野，一直放在纸箱中被人们遗忘，找到它们得费一番工夫。有些文件被送往加州大学圣克鲁斯分校档案馆，虽然不知道为什么它们会被存放在那儿。凯利的家人保留了剩余的档案，杰克·埃尔–哈伊（Jack El-Hai）在他以凯利和戈林为主题的精彩著作中记录了这些文件。[42]莫莉·哈罗尔还有一些与凯利有关的文件，存放在阿克伦大学，哥伦比亚大学拥有凯利与出版商格林伯格往来的相关文件。

吉尔伯特的晚年

　　古斯塔夫·吉尔伯特于1946年离开纽伦堡，进入普林斯顿大学，后来又去了密歇根州立大学，最终返回纽约，在长岛大学长期担任心理学教授。他的学生都觉得他关于纽伦堡审判的课程非常引人入胜，但是其他人的评价就没这么客气了，觉得他的一些观点并不合乎情理，批评他自私自利，靠着贬损凯利来抬高自己。[43]

　　1961年，吉尔伯特审判纳粹战犯的经验再次派上用场。他去耶路撒冷参加了以色列对于纳粹分子阿道夫·艾希曼的审判，并出庭做证。法庭需要他的证词是因为十多年前，他曾经访谈过奥斯维辛集中营的一名指挥官，这名指挥官曾揭发艾希曼，指控他是组织大屠杀的关键角色。另外，检察官需要吉尔伯特提供战犯心理状况的专业意见。让吉尔伯特懊恼的是，法官裁定艾希曼的心理状况跟他的罪行无关，吉尔伯特这方面的证词被判无效。[44]

淹没在历史时光中的罗夏测验

凯利和吉尔伯特对战犯所做的罗夏测验资料一直静静地躺在文件柜中。它们就像在山谷中沉睡而不知外界时光斗转星移的瑞普·凡·温克尔。最终，数十年后，它们再次露面。1975年弗洛伦斯·米亚莱（Florence Miale）和迈克尔·塞尔泽（Michael Selzer）在他们的书《纽伦堡战犯的心理》（*The Nuremberg Mind*）中讨论了吉尔伯特所做的罗夏测验。他们在书中对凯利的人身攻击是我所见过最恶毒的，他们指责凯利对于罗夏测验的解读"错得离谱……而且他的死亡方式也更加清楚地表明他对纳粹领导人的认知异于常人"。在毫无必要地批评凯利的死亡之后，他们披露了吉尔伯特的罗夏测验数据。[45]

此时凯利的罗夏测验数据却依然下落不明。后来，齐尔默和他的合著者颇费笔墨地讲述了凯利的数据一再丢失并最终于1992年被寻获的传奇故事。[46]凯利将自己的数据委托给罗夏测验专家塞缪尔·贝克（Samuel Beck）保管，但是随着凯利和吉尔伯特发生激烈争执以及后来凯利的意外死亡，贝克便不愿将这些材料公之于众。多年后贝克终于着手整理这些资料，并开始进行相关写作时，却突然去世。这些罗夏测验资料真像是被下了诅咒！它们最终存放于芝加哥精神分析研究所，但是并未有人检查过这批文档，而且研究所还打算将它们清理掉（也就是丢弃）。雷诺·肯尼迪（Reneau

Kennedy）一直坚持不懈地寻找它们，他的苦心没有白费，最终在1992年偶然发现了这些默默无闻的珍贵资料，并挽救它们于水火之中。[47]

　　凯利和吉尔伯特在1945年有争议的合作，以及后来不体面的出版竞赛，导致了这些珍贵资料50年来的冰封雪藏。贝克的文档中包括所有吉尔伯特的罗夏测验数据，还有凯利的7份罗夏测验数据中的6份。[48]人们上次见到这些罗夏测验资料还是在1947年，当它们在1992年从尘封的历史中重见天日之时，再次看到它们的莫莉·哈罗尔应该思绪万千。此时，凯利早已不在人世，吉尔伯特也已逝去，学者们利用这些材料研究纳粹战犯已经没有任何障碍了。他们最终能向世人揭示什么呢？

第十章

罗夏测验中隐藏的信息

> 始终要记住一个原则:了解我们所看到的,而不是看到我们所了解的。
>
> ——亚伯拉罕·约书亚·赫舍尔(Abraham Joshua Heschel),《先知》(*The Prophets*),1962年

> 如果我之前向你阐明所有罪犯都是疯子,你现在会不会更加高兴?
>
> ——劳尔·希尔贝格,《大屠杀的意义》("The Significance of the Holocaust"),1980年[*]

---

* Abraham J. Heschel, *The Prophets* (New York Harper and Row, 1g62), xv; Raul Hilberg, "The Significance of the Holocaust," in *The Holocaust: Ideology, Bureaucracy, and Genocide*, ed. Henry Friedlander and Sybil Milton (Millwood, NY Kraus International, 1980), 181.

给罗夏测验评分

1945年,约翰·米利特和同事竭力主张使用罗夏测验来研究纳粹战犯的恶意。时隔多年,我们终于找到了凯利和吉尔伯特的相关测验记录。不过,问题依然存在,倒不是写有测验数据的纸张腐烂破碎,也不是纸张上的字迹剥落褪去;而是精神病学不断向前,专家认为这种测验已经无足轻重。

当我在马萨诸塞综合医院担任住院医师时,我学习了罗夏测验。它是一种有些奇怪的测验,与我们如今跟病人的常规互动方式大相径庭,而且明显带有早期心理治疗方案的痕迹,看起来已经"过时了"。但是在1945年的纽伦堡,这是一项"前沿"的技术,不过,要想解读这种模棱两可和语义模糊的测验非常困难。研究《圣经》的学者亚伯拉罕·赫舍尔警告说,不要带着成见去解读《圣经》,这样会使你丧失判断力。这句告诫惊人地适用于解读纽伦堡战犯的罗夏测验中所面临的挑战。

在探究纽伦堡战犯的罗夏测验之前,有必要了解一下这个测验的评分机制。罗夏测验中共有10张图卡,受测者必须就全部10张图卡作答才行。现在给大家展示的是图卡II(见下页图),请研究一下这张图卡。标准的罗夏测验问题是:"你在图卡中看到了什么?你在图卡中看到什么让你这么回答?"如果将以上的专业说法转化成通俗的语言就是,首先映入你眼帘的是什么?是什么激发你看到它?你在墨迹中看到了什么?你看到的什么内容让你心烦意乱或者让你觉得好笑?在思考答案的时候,你作答的依据是整幅墨迹图还是图片中的某个区域——黑色部分、灰色部分、红色部分或白色部分?在往下读之前,写下你的答案。

解读罗夏测验答案有两种最基本的方式。一种方式是聚焦病

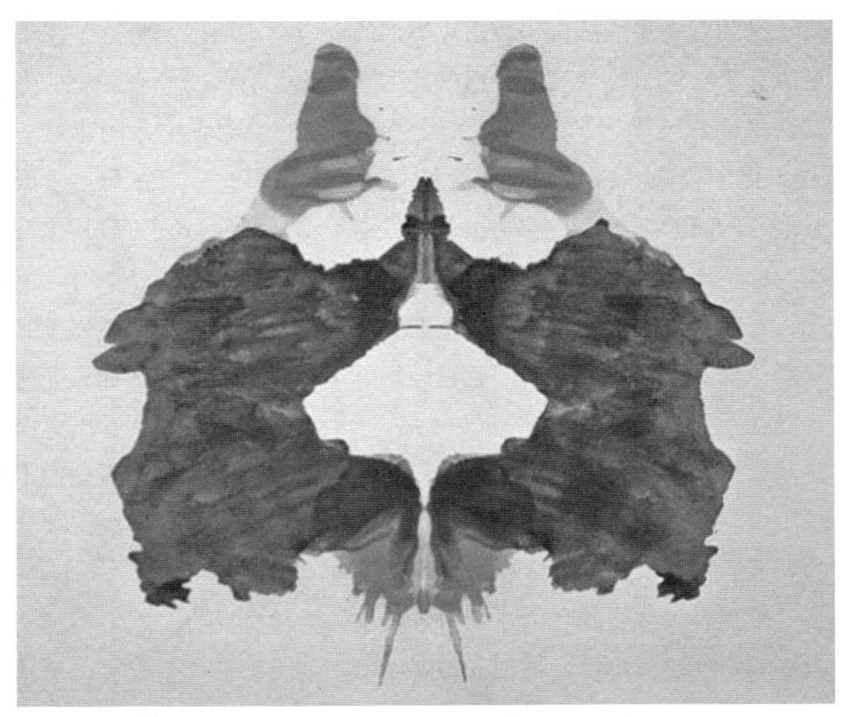

图22 罗夏测验图卡II。来源：https://commons.wikimedia.org/wiki/file%3ARorschach_blot_02.jpg

人报告的主题或者内容，另外一种方式则注重这些主题是如何被辨认出来的。学习解读罗夏测验所用的各种编码并不是那么重要，更重要的是了解罗夏测验专家做了些什么以及他们这一行为所具有的风险。

施测者可以使用一些缩略符号快速总结受测者对于图卡的反应。这个缩略符号就是编码。例如，编码W代表着受测者在描述图卡内容时，是以整个图案为依据的。大写的D代表着受测者的回应包括图卡的大部分细节，而小写的d则表明受测者观察到的细节较少。整个测验过程大概需要一个小时。

受测者如果能够做出较多W类型的反应，表明他能将这些墨迹看成一个整体，整合复杂数据的能力比较强。有些受测者的反应尤其注重阴影或墨迹的结构。在焦虑或抑郁的受测者中，阴影反应（Y）更加普遍。这些关联背后并没有什么逻辑，专家在积累了成千上万的测验案例后，总结出多种特定类型的反应分别更容易出现在何种临床环境中。

有些罗夏测验图卡包括彩色图案，如果受测者的反应主要是针对彩色部分，这表明感情因素强烈影响了受测者的认知。如果受测者能在墨迹中看出运动形态（M），会得到较高的评分。看出更多运动形态的受测者，更具创造力，智商也更高。从墨迹中看到的形状质量——受测者的描述与墨迹形状的匹配程度——也会决定评分的高低。精神病患者通常在形状环节得分不高。

施测者关注受测者描述的内容，是否为常见反应（P）。精神病患者的常见反应很少，抑郁症患者中给出的人类反应也很少，给出大量植物和自然反应的受测者大都比较孤僻。对各种缩略符号进行编码非常复杂，而这些符号代表着大量的临床医学信息。解读这些编码就是对所有图卡的反应进行综合评分的过程。

上述这些特征已经足够复杂了，此外，罗夏测验专家还使用深奥难懂的术语来描述测验中的研究结果。对于熟悉罗夏测验的人来说，这些特殊术语是描述复杂事物的捷径；而对外行人来说，它们就像听不懂的江湖黑话。[1]

有经验的施测者会注重所有变量。在20世纪70年代，约翰·埃克斯纳（John Exner）将罗夏测验的评分系统条理化。这样，不同施测者在对图形、阴影、色彩、运动形态和其他因素评分时便有章可循，提升了测验的可靠性。但是，在临床医师根据不同病人的个性解读各类编码的具体含义时，这种可靠性依然较低。[2]随着时间流逝，越来越多的人接受了罗夏测验，专家也因此积累了大量数据，并制定了相关规范来给受测者的不同反应归类。但是他们依然没能制定出一套明确的标准，可以让他们自信地断定一名病人应该属于哪一类型。在经过对成千上万的受测者进行测验后，我们的确可以辨认出哪些反应非同寻常。但是，对这些反应的评估依赖于测验时的具体环境。谁知道，对于在监狱中面临死刑的高官来说，哪些才能算是不寻常的反应呢？

在罗夏测验给病人的反应评分时，了解病人的情况反而会使施测者产生偏见。一般的转诊记录中，通常会有这样的介绍："这名43岁的女患者总是抱怨肚子疼，请对她的情况进行评估。"而且，尽管有严格的条例规范医患关系，但施测者在和受测者交流时会不可避免地获得一些信息，而这些信息可能在受测者的罗夏测验反应中无法获得。在临床治疗的背景下，了解更多情况对患者有利；但在遵循科学原则的研究中，知道受测者的身份会影响到精神评估的客观性。匿名评估的问题一直影响着纽伦堡战犯的罗夏测验数据的客观性。如果你知道这些墨迹测验数据是戈林的，你能够做到对它们进行客观解读吗？

战犯对一张罗夏测验图卡的反应

纽伦堡战犯都见过同一张罗夏测验的图卡II（他们也见过其他九张）。本章会讲述他们对于这张图卡的反应以及凯利和吉尔伯特的评述。两人对十张图卡的数据分析完毕后，就这些数据揭示的内容爆发了愤怒的争吵。

凯利和吉尔伯特分别对戈林做了测试。根据凯利的说法，戈林的回答是："两个正在跳舞的人。他们跳得很好。跳舞的是两个男人，这儿是他们的头，他们手拉手，就像跳旋转舞的托钵僧那样。这是他们的身体部分，这儿是他们的脚。"凯利评论说："图案可以非常清楚地看成舞者；戈林没有提及带颜色的区域，不过它们可以看成舞者服装的一部分。"[3]

吉尔伯特的记录很简单，戈林笑着说："这是两个跳舞的人，很清楚，这儿是他们的肩膀，这儿是他们的脸部，他们拍着手（戈林用手遮住了包括红色区域在内的图卡底部）。顶上红色的部分是他们的头和帽子；脸有一块儿是白色的。"[4]

吉尔伯特将自己的罗夏测验数据委托给米亚莱和塞尔泽保管，他们二人借此在研究戈林的反应方面大显身手。他们宣称"两个跳舞的人"揭示出戈林妄图掩藏他的抑郁——这是掩盖轻性躁狂症的一种防御方式，这听起来似乎有道理。他们接下来推测说，因为戈林在墨迹处和空白处都看到了脸部，"这强烈表明他的空虚"。他们进一步指出，红色的帽子"表明他内心深处对地位问题异常关注"。[5]

只有凯利对罗伯特·莱伊做了罗夏测验。他记录了莱伊对这张图卡的大量反应（括号中的文字是凯利所写）：

> 一只蝴蝶。这儿是彩色的。有意思，这是一只有意思的蝴蝶。（他的作答依据是图卡上的全部图案，他说这是一种蝴蝶，并认为色彩很重要，首先吸引他的就是色彩。）（此时，他的另外一个无意识的反应是，这儿还有一盏灯，他指的是图卡中间白色的空白部分。）黑色、红色和白色。（他重复了好几次，然后将卡片从近处挪到远处，并说，颜色会随着距离的不同而变化。这时，他把图卡拿到近处，再次描述他看到的蝴蝶。）更像一只鹳或一只鹅。看起来，这只鹳或鹅是倒着的，

它的腿是收起来的。它看起来很特别。头部是红色的。（他看到的形状很模糊——没有运动形态，可能他比较紧张。）它是活着的。这儿是蝴蝶的嘴。（他将顶上红色的部分描述为蝴蝶的嘴）。[6]

我觉得这是一个非常有趣的罗夏测验反应。莱伊将卡片从近处拿到远处，一边重复这个动作，一边反复说"黑色、红色和白色"。并给出不同寻常、令人不安的形状反应（"蝴蝶的嘴"）。很明显他的精神有问题。

和莱伊一样，尤利乌斯·施特莱彻也只有凯利的测验结果留存。按照凯利的说法，施特莱彻对这张图卡给出两种解释，而且都有大量的绘画细节，人们对此并不意外，因为他是一个绘画爱好者。但是他的这种表现，也可能表明他对革命这个主题过于关注。凯利写道：

他看完图卡后，开始讨论，他说这张图卡很漂亮。他将它挥舞到头上方，最后说，这是法国大革命时期的两个女人，她们戴着具有詹姆斯一世时期风格的帽子。他说，她们头戴红色帽子，脚穿红色袜子在跳舞。然后他说出了法国大革命的发生时间是1789年，并准备开始讨论法国大革命，此时，他再次被图卡吸引。他认为图卡中间的红色和空白部分很像放在瓷盘子上的葡萄酒杯。在询问中，他认为空白部分还像是一双木屐。他对更上方的空白部分描述也比较详细。他将红色看成酒杯，不过，形状在他眼中并不重要，颜色是看成白盘子的决定因素。[7]

当凯利和吉尔伯特对鲁道夫·赫斯做测验时，他们记了相似的观察笔记。凯利对赫斯的回答记录如下（括号中是凯利的话）："一个显微镜下的截面图，一个带血迹的昆虫躯体的一部分。带血迹的苍蝇腿部截面图。中间的空白是脊髓，虽然我不知道昆虫的腿部是不是有脊髓。一个面具。一种生活在岛屿上的野蛮人所戴的面具，比如斐济岛上的人，尽管我不了解他们。面具上的开口是为了方便嘴能够吞东西而设计的。它像恶魔一样残忍，这是它的眼睛和胡子是红色的原因。（测试极限）还能看到女性形象。"[8]

按照吉尔伯特的记录，赫斯表示："一个显微镜下的截面图；带血迹的昆虫躯体的一部分；一个面具。"[9]

仅从回答的内容来看，赫斯的反应令人不安——包含很多非常令人震惊的图像和解剖元素，这些反应通常会被视为抑郁症患者所特有的。米亚莱和塞尔泽认为赫斯对色彩的反应是"一种暴力、易怒和无关情绪的残余，这种情绪依然很强烈，但是跟任何真实的事物都无关"。他们很吃惊，他并没有看出大部分人看出的小丑形象，反倒将图案看成了野蛮人佩戴的具有恶魔形象的面具，而且还说："我不了解他们。"米亚莱和塞尔泽将他的表现解读为对承担责任的病态拒绝。他们或许对他的反应做了过多解读，但是，我非常认同，赫斯的罗夏测验拥有一种不祥的品质。[10]

我逐字逐句地引用这些罗夏测验记录和评述，因为它们展示了解读的技术意识和巨大挑战。在凯利和吉尔伯特做完这些测验的数十年之后，对他们的测验数据进行解读，出现了两种对比鲜明的结论。

米亚莱和塞尔泽对罗夏测验的解读

弗洛伦斯·米亚莱是公认的罗夏测验专家，迈克尔·塞尔泽是政治科学家，他对于历史心理学有着浓厚的兴趣。他们二人合著了《纽伦堡战犯的心理》，本书是他们发自心底的愤怒呐喊，他们反对任何文化相对论，他们断定纳粹是恶魔，是完全异于常人的"他者"，他们谴责任何不认同这点的人。[11]他们非常鄙视如下观点：在特定的情况下，任何人都可能成为纳粹分子。在献词页中通过引用《圣经·申命记》，这两位作者非常明确地阐明了他们的理念："你要记念你们出埃及的时候，亚玛力人在路上怎样待你。"理查德·鲁宾斯坦（Richard Rubinstein）在他的书评中说："在《圣经》的所有章节中，米亚莱和塞尔泽挑选了这句作为他们的献词，他们呼吁进行一场永无休止的圣战。他们非常清楚地表明了写作本书的意图，这跟心理学毫无关系。"[12]换句话说，对米亚莱和塞尔泽来说，纳粹分子就是亚玛力人——被诅咒的无可救药之徒，是完全的"他者"。

米亚莱和塞尔泽都不热心研究解读罗夏测验的科学方法。虽然他们承认检验认知有多种方式，但是他们认为"在罗夏测验中……玩统计学游戏不会有任何帮助"。[13]不过，他们也承认，罗夏测验无法被认可是因为对数据的解读在很大程度上要依赖评估者的技巧。

埃克斯纳将受测者反应的形状、质地、运动等要素加以量化，精心提炼出了内容丰富的罗夏测验综合系统。但是在分析中，他们二人并不喜欢使用这一系统，他们更喜欢讨论墨迹的内容主题。问题在于，他们的主张不可验证，他们的推论自相矛盾、因果颠倒。例如，一方面，米亚莱和塞尔泽声称，战犯很多关于皮肤和毛发的反应表明他们倾向于"操纵和欺诈其他人，而不是建立正常的人际关系"。不过，在仅仅两个段落之后，他们又表示，很多记录显示出"对于这些图卡中皮毛的形象完全没有提及……（这）表明受测者的天性与其说是改变不如说是被摧毁了"。他们的核心理念不可动摇："纳粹分子是精神不正常或不健康的个体。"[14]

哈罗尔的批评

哈罗尔怀着浓厚的兴趣关注米亚莱和塞尔泽的写作进展，尤其米亚莱跟她一样，还是一位受人尊敬的罗夏测验专家。吉尔伯特的罗夏测验数据最终得以出版，哈罗尔深表欣慰，但是当有人请她对米亚莱和塞尔泽的著作加以评论时，她不愿见到激烈的争吵再次爆发。她投书《今日心理学》(*Psychology Today*)，提到："我认为我们正处在这样一个局面中：吉尔伯特赢得他认为对凯利的最终战斗是非常重要的。"[15]

撇开书中人身攻击的部分不讲，书中的观点令哈罗尔感到越来越不舒服，无法认同。他们二人认为罗夏测验证明了战犯都是抑郁的精神病态者，俨然是吉尔伯特的翻版。她对此深表怀疑。对众多完全不同的受测者进行的测验，为何能够得出如此一致的结论？考虑到这些战犯的人生阅历各不相同，她对米亚莱和塞尔泽的结论不敢苟同。

哈罗尔之所以对他们的观点持怀疑态度，更令人信服的理由是她对于偏见的担忧。如果知道摆在你眼前的数据是什么人的测验结果，你难道不会心生波澜，不会在解读他们的答案时掺杂自己的想法吗？从临床医生的角度来看，了解病人的病情可以充实对罗夏测验数据的分析，但是从研究人员的视角来看，在不知道病人身份的情况下对答案评分，得出的结论更令人信服。

哈罗尔别出心裁地设计了一个精巧的解决方案。[16]其中的关键

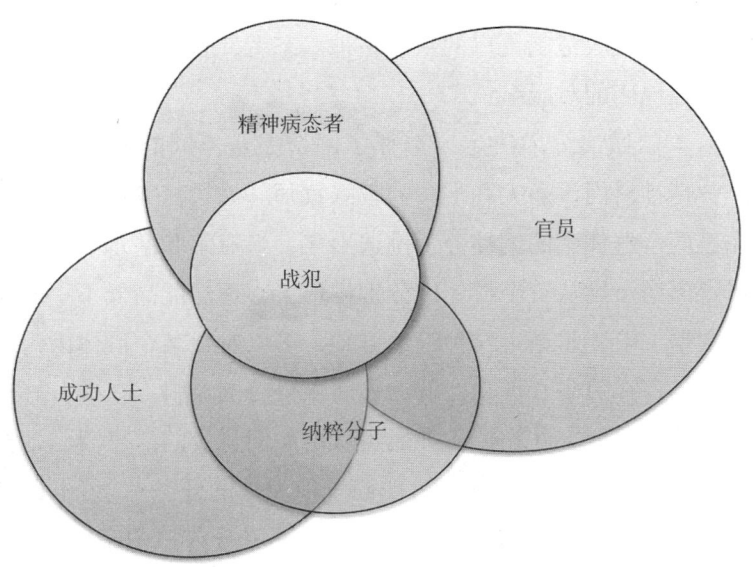

图23 纽伦堡战犯同其他相关群体的关系。经授权改编自：格力·伯罗夫斯基和唐·布兰德，《纽伦堡战犯的人格组织和心理功能：罗夏测验数据》，文章收录于乔姆·迪姆斯代尔主编的《幸存者、受害者和加害者：纳粹大屠杀论文集》，1980年出版（Gerald L. Borofsky and Don J. Brand, "Personality Organization and Psychological Functioning of the Nuremberg War Criminals: The Rorschach Data," in *Survivors, Victims, and Perpetrators: Essays on the Nazi Holocaust*, ed. Joel E. Dimsdale.Washington, DC: Hemisphere, 1980.）

之处是设置一个对照组。在多年的职业生涯中，哈罗尔积累了大量罗夏测验数据。她的数据类型之多令人惊叹，其中包括1500名唯一神教派牧师、数百名医学生、数以千计的少年犯、兴格（Sing-Sing）监狱的罪犯、心理学专业的大学生、护士、企业主管，还有她自己治疗过的1600名病人。这些群体都包含心理功能各异的病人。

心理学家格力·伯罗夫斯基（Gerry Borofsky）和唐·布兰德（Don Brand）使用了文氏图描述筛选对照组的问题。纽伦堡战犯都是可能面临死刑的上层成功人士、官员和纳粹党员。这些战犯能在多大程度上代表范围更广的众多精神病态者、官员、犯人等？什么人能充当他们的对照组？

哈罗尔做出惊人决定，选择了两个完全不同的群体作为对照组——精神科门诊病人和唯一神教派牧师。如果盲审评分者不能将混在这两个群体中的纳粹分子挑选出来，米亚莱和塞尔泽的分析肯定错得离谱。她从三个群体中分别挑选了心理功能高低不一的受测者的数据。哈罗尔通过这种筛选方式，可以避免某个群体因为比另外的群体存在更多心理功能低的人而显得特别显眼。在准备好这三个小组的测验数据并删掉各种能辨认出他们身份的信息后，她找了10位罗夏测验专家，并分配给他们一项简单的任务："请根据你们从测验结果中解读出的信息，将这些受测者分成三个小组。"这些专家依据心理功能的高低对受测者进行了分组，无论是纳粹战犯还是唯一神教派牧师，或者是精神科门诊病人，他们都有人在测验中表现出了高功能的反应。同样，这三个群体中也都有人被评定为中度心理功能和低度心理功能。在这些专家进行分组之前，哈罗尔一直好奇，罗夏测验结果是否能够将某个群体与其他群体区分开。现在，她知道答案了。罗夏测验并不能证明纳粹战犯拥有具备作为一个群体的共同的特征（对于唯一神教派牧师来说，也是一样）。

她接着告诉这些专家，他们分析的测验结果来自多个群体，比如"神职人员、中产阶层、战犯和民权运动领袖"，然后给了他们第二项任务，让他们根据测验结果来推断受测者分别属于哪个群体。[17]这些专家无法区分受测者属于哪个群体，甚至在哈罗尔给他们提供了一些识别信息后也无济于事。总之，这场试验表明，寄希望于罗夏测验来确定纳粹战犯独特的思维模式并不现实。

这越来越证明米亚莱和塞尔泽的观点非常荒谬。巴里·里茨勒

(Barry Ritzler)使用了一种不同的技术来分析吉尔伯特的测验结果，并设置了一个完全不同的对照组进行比较。他发现，虽然纽伦堡战犯的测验结果并不正常，但是他们也不是像米亚莱和塞尔泽所描述的那种怪物。[18]还有其他六项研究，有的还使用了埃克斯纳综合评分系统（Exner Comprehensive Scoring System），也没有发现纽伦堡战犯具有特定的精神障碍。[19]

另外，有关变色龙的问题也很有意思。五名战犯都在第八张图卡上辨认出了不同寻常的东西，他们认为一片墨迹非常像变色龙。五个人都看出变色龙图案的确非常惊人，但是变色龙意味着什么？这暗示战犯在小心谨慎地适应自己周边的环境吗？一位学者评论道："纳粹精英在一个方面区别于芸芸众生：他们拥有变色龙一样反复无常的人格，这一人格特质允许他们追随手握大权的领袖，无论这些领袖是何人，他们都会坚守领袖所倡导的信念，追求领袖所提出的目标。相反，他们并不会依据自己'内在的指针'来做判断。"[20]

战犯的这一变色龙反应到底有多么不寻常？在成千上万的病人接受测试后，专家大致了解病人对每一张图卡会有什么反应。我们统计出了关于变色龙反应的出现频率。例如，对568名约翰·霍普金斯大学医科学生进行的测验中，变色龙反应占反应总数的比重为1.7%，相形之下，纳粹战犯的变色龙反应占比为37%。[21]虽然变色龙反应在纳粹战犯接受测试时出现频率过高，但这一反应其实是高质量的形态反应（F+），表明受测者现实感强。米亚莱和塞尔泽在指出战犯的变色龙反应出现频率过高之后，强调战犯描述看到的变色龙正在"向上爬"，二人声称，大多数看出变色龙的受测者认为它在"向下爬"，战犯与大多数受测者迥异的回答暗示他们内心充斥着机会主义念头。伯罗夫斯基和布兰德并不认同这种解释，他们进而调查了一些有经验的罗夏测验施测者，这些施测者纷纷表示，并没有任何受测者会将在图案中看到的这种动物描述为"向下爬"。[22]可见，"向上爬"这一答案非常罕见且代表着机会主义的观点完全是一派胡言。换句话说，受测者在不知情的前提下，会认真检视图卡，他们的测试结果中不会出现传言中惊人的异常情况。

结　论？

纽伦堡战犯的罗夏测验数据最终被公之于众，但是带给人们的是混乱而不是启发。在赫尔曼·罗夏去世十年后，纳粹党开始了在德国的统治，并吞噬了成百上千万人的性命。罗夏去世21年之后，他的墨迹测验被用于诊断纳粹德国的统治者究竟是些什么人。纽伦堡审判过后70年，我们依然在为这些罗夏测验数据到底表明了什么而争吵。如果你知道自己要找的是什么，就会察觉潜藏在战犯测试答案中的恶意。如果你不知道自己在追寻什么，它们只是无异于其他病人的测验数据而已。在这些测试结束70年后，问题依然存在：关于恶意的本质，罗夏测验能告诉我们什么呢？

第十一章

处在连续体中的恶意：
社会心理学家的视角

Malice on a Continuum: The Social Psychologists' Perspective

> 要知道，在这场大屠杀中，英雄人物凤毛麟角，作恶者层出不穷，受害者不计其数。
>
> ——克里斯托弗·布朗宁（Christopher Browning），《普通人》（*Ordinary Men*），1998年[*]

纽伦堡法庭于1946年结束了它的历史使命，凯利和吉尔伯特之间的争执也随着1958年凯利自杀而终结。此后，人们对纽伦堡审判心理诊疗的关注度也逐渐下降，直到1961年以色列审判艾希曼。在接下来的十年中，沿着凯利治学的脚步，一系列令人震惊的社会心理学观察和实验不断

---

[*] Christopher Browning, *Ordinary Men: Reserve police Battalion 101 and the Final Solution in Poland* (New York Harper Perennial, 1998), 158.

涌现。

凯利的视角非常明确：纳粹领导人并非变态者。他们只是具备如下特征的普通人：野心大到自以为是、道德标准低下以及民族主义情绪强烈。[1]凯利于1946年从纽伦堡返回美国，此时的美国种族主义横行，凯利还担心纳粹理念会在这一土壤中开花结果。凯利坚信恶意会在任何地方产生，他的这一观点塑造了社会心理学对于恶意的阐释。纽伦堡审判之后，四项有巨大影响力的观察和实验对这一社会心理学视角的内涵进行了检验。

汉娜·阿伦特

1960年5月2日，盖世太保下辖的犹太人事务部门负责人阿道夫·艾希曼，在布宜诺斯艾利斯市以北的圣费尔南多市被以色列情报部门抓获，当时他化名里卡多·克莱门特（Ricardo Klement）。在搬到此处生活之前，他就去除了自己身上的党卫军文身，他混入德国移民社区并经营一家洗衣店。一天晚上，他在走下公交车准备回家时被以色列情报人员抓获。数天后，他被以色列特工注射了麻醉药并带到机场。特工给他穿上以色列航空乘务员服装，谎称他因头天晚上喝太多酒还没清醒，从而瞒天过海，通过了海关的护照检查，成功登上飞往以色列的飞机。

1961年4月，以色列开始审判艾希曼，并于12月做出判决。这场审判吸引了全世界的目光，打破了集中营周围的平静。纽伦堡审判结束15年后，人们再次有机会审视纳粹领导人。为抓捕犹太人并将他们运送到集中营，艾希曼制订了详尽的计划，他高超的组织技能成了大屠杀中的致命武器。

社会哲学家汉娜·阿伦特在耶路撒冷法庭旁听席饶有兴趣地观

图24　汉娜·阿伦特，1966年。来源：弗雷德·施泰因档案馆（Fred Stein Archive），fredstein.com

察了这场审判，并认真聆听了相关证词。阿伦特女士感情强烈、嗜烟如命，她在设法移民美国之前，曾被盖世太保投进监狱。她对于纳粹引发的灾难有着切身体会。她最初发表在《纽约客》上的文章饱含爆炸性的信息，风格也颇有争议，当她将这些富有洞察力的文字结集出版时，其观察和思考深深刺痛了很多人。阿伦特才华横溢，是一个牛虻似的人物，她提出了令人恼怒的挑衅性问题："如果集中营里的囚犯曾经抵抗纳粹，犹太人的死亡率是否会大大降低？纳粹在犹太人聚居地指定的犹太居民委员会难道没有助纣为虐迫害犹太人？有些幸存者的行为是否并不光彩？对艾希曼的审判有没有遵照法律？"当幸存者开始讨论他们在集中营的经历时，阿伦特似乎建议他们不要大谈自己的这段历史，她认为他们之所以能够幸存是以自己倒霉的同伴走向死亡为代价的。

阿伦特出版《艾希曼在耶路撒冷》后，受到了暴风雨般的谴责，甚至还有咒骂和威胁。著名历史学家芭芭拉·塔奇曼（Barbara Tuchman）雄辩地表达了公众的愤怒："有些人在大屠杀发生时躲在安全的国家，现在却发出特别刺耳的噪音，竟然急不可耐地发表文章指责犹太人过于容易屈服，在某种程度上要为自己被屠杀负责。这些文章对人的迷惑之处在于将罪责转嫁给受害者，从而让凶手获得解脱。"[2]

阿伦特的另外一些观察也惹怒了众人。在阿伦特看来，艾希曼压根就不是恶魔，他只不过是一个平庸的公务员，乐于在工作中钻研技术，根本不考虑情感和道德层面的问题。在审判中，艾希曼坐在用玻璃隔开的被告席上，看起来身体虚弱、面色苍白、精神萎靡。从外表来看，他当然不像恶魔。纳粹猎手西蒙·威森索尔（Simon Wiesenthal）表示："他看上去和残忍不沾边，而像一个害怕提出升职要求的会计。"[3]

艾希曼否认对屠杀犹太人负有责任,并且强调自己根本不是决策者,他只是忙于驱逐和运送犹太人的具体细节而已。对阿伦特来说,这个单调乏味、毫不起眼的人体现了平庸之恶。

艾希曼的问题在于跟他一样的人实在太多,他们中的大多数既不是变态也不是施虐狂,他们从前是,现在依然是正常得令人恐惧的普通人。从我们法律机构的视角或者依照我们的道德判断标准来看,这种正常比所有的暴行加起来都要可怕得多,因为它暗示着……一种新型罪犯……人在这种大的社会环境中,几乎不可能意识到或感觉到自己的所作所为是错误的。[4]

阿伦特认为艾希曼是个比较正常的普通人,而且他还因为工作尽职尽责不断获得提升,但他没有看到自己工作所导致的残忍后果:

除了为仕途进步而异常勤奋地工作以外,他根本没有动机……他只是……从没有意识到自己在做什么……他并不愚蠢。他只是完全没有思想、完全不思考罢了……这让他成为那个时代著名的罪犯之一。如果说这是"平庸"……如果……不能从艾希曼身上找到任何残忍、魔鬼般的品性,也远远不能把他的情形叫作常态。……如此的远离现实和无知,远比人类与生俱来的所有罪恶本能加在一起,更能引发灾难和浩劫……事实上,这才是我们真正应该从耶路撒冷获得的教训。[5]

主持艾希曼审判的检察官吉迪恩·豪斯纳(Gideon Hausner)完全不赞同阿伦特的归纳,他认为艾希曼是一个毫无恻隐之心的恶魔和野蛮残暴的精神病态者。但甚至豪斯纳也承认艾希曼在遵守规矩方面有怪癖,过于呆板机械、谨小慎微:"有一天早上,看守在发早餐时,错给了他六片面包,而不是平时的两片,不过他却吃光了所有面包。当守卫问他以后是否每天都需要六片面包时,他回答说,'不,两片已经完全足够了。但是你给了我六片,我必须吃光'。"[6]

当审讯人员问到他的工作时,艾希曼回答说:"我非常享受自己的工作。处理这些事情令人陶醉……我全身心投入工作。服从是最高准则。服从是贯穿我生命的理念。"[7]他高度重视服从带给自己的喜悦,并悲伤地评论说:"(战争结束时)我意识到我必须面对没人领导自己的困难生活,我再也不会从上司那儿收到指示了,再也不会有命令给我了,也没有可以遵循的法规了。"[8]

法庭观察者对他拐弯抹角的说辞和扭曲的逻辑印象深刻。当他开始说话时,他总是先嘴角抽动一下,而且他的证词总是晦涩难解。以色列审讯人员阿夫纳·莱斯(Avner Less)对他的审讯非常典型地体现了这一点:

> 莱斯:你只把人们送往奥斯维辛集中营?
>
> 艾希曼:之前在奥斯维辛召开过一个运输会议,不过,我向上帝发誓,我从没有参加过任何此类会议。我觉得这次会议是在别处召开的,我觉得是这样。但是我不知道,是在特雷布林卡的一个犹太人聚集区,还是在另一个更大的聚集区开的——我真的说不上来。长官,我从未跟经济办公室有过任何联系,这是京特(Guenther)的工作,我也没有参加过运输会议,这是诺瓦克(Novak)上校的职责。我想,京特参加过好几次会议。我从未参加过。[9]

阿伦特认为这种混乱的证词精确反映了艾希曼本人的想法。"他只会打官腔，因为他除了会说陈词滥调的官话外，真的没有能力说出一句简单的话……他不具备正常说话能力与他不会站在别人的立场上思考问题有关。"[10]

在见证了这场旷日持久的审判之后，阿伦特总结道，艾希曼像机器人一样不停工作，从不思考他的所作所为的道德含义。也有相反的证词表明，艾希曼内心满怀狂热的仇恨，但是阿伦特淡化了这一点。[11]她并没有说艾希曼是无辜的，她说的是艾希曼并不是恶魔，她认为，艾希曼的例子说明，并非十恶不赦的魔鬼或腐化堕落之人而是缺乏同理心、完全缺乏思考能力的普通人实施了暴行，他们内心没有道德准绳。

传播学学者瓦莱丽·哈特尼（Valerie Hartouni）曾经深刻评论过阿伦特著作的含义。在指出阿伦特低估了艾希曼对自己工作的热爱后，哈特尼总结说，阿伦特对艾希曼的评估——他只是机械地执行命令，缺乏思考——"大体上接近事实"。哈特尼巧妙地总结了阿伦特和吉迪恩·豪斯纳之间的论证逻辑："阿伦特所见……体现了被她描述为'蕴藏在完全平庸之中的邪恶'，检察官……起诉的是一个邪恶凶残、道德败坏的纳粹官员，他对犹太人的仇恨无穷无尽。"[12]

在纽伦堡审判期间，阿伦特与德国哲学家兼精神病学家卡尔·雅斯贝尔斯（Karl Jaspers）通信讨论过邪恶的本质，而且这些讨论影响了她后来对艾希曼的看法。她被纽伦堡审判揭示出的人性之恶所困扰，但是雅斯贝尔斯警告她不要过分强调纳粹的邪恶或残忍程度。相反，他建议："我们要从他们完全平庸和乏味的浅薄方面来看待这些事情……细菌能够引发蔓延全国的传染病，但是它们仍然只是细菌。"换句话说，凶残的意图并不是引发人们遭受苦难的必要条件，仅仅是缺乏思考就能引发邪恶的毁灭行为。在后来围绕艾希曼进行的辩论中［跟犹太人学者格肖姆·肖勒姆（Gershom Scholem）］，阿伦特想起了雅斯贝尔斯的比喻，但是她将细菌改成了真菌："邪恶……非常像真菌，既不深刻，也不具备残酷的特性，但是它可以将世界变成一片荒地。""（我）不再说'极端邪恶'……现在我认为邪恶……既不深刻，也不具备残酷的特性。它可以肆意蔓延，摧毁整个世界，就像真菌散布在地球表面，把世界变成荒芜之地一般……这就是'平庸'之恶。"[13]

纽伦堡审判结束后，出现了一系列有争议性的社会心理学实验，在阿伦特对审判艾希曼做出评论后，一些类似的实验也开始进行。实验组织者的科研水平不容置疑，他们来自耶鲁大学、哥伦比亚大学、普林斯顿大学和斯坦福大学。可以说，这一切始于耶鲁大学年轻教授斯坦利·米尔格拉姆（Stanley Milgram）的实验。他和约翰·达利（John Darley）、比布·拉塔内（Bibb Latané）、菲利普·津巴多（Philip Zimbardo）等心理学家所做的研究，对于我们在特定环境下会如何行事提供了震撼人心的观察视角。

服从：斯坦利·米尔格拉姆（1963）

心理学家斯坦利·米尔格拉姆在1961年——审判艾希曼的那年——开始了以服从权威为主题的研究。艾希曼反复强调，大屠杀不应该追究他的责任，因为他只是在执行上级命令。米尔格拉姆想知道："普通人在执行命令方面能走多远？"他的研究成果最初发表于1963年，随后又多次宣讲，在学术界引发震撼，也给公众意识带来了一场洗礼。[14]

米尔格拉姆招募志愿者的广告看起来不会有任何危害：

我们招募志愿者进行记忆方面的研究。每名志愿者能够得到大概每小时4美元的报酬（另有50美分的车费）……有意者请填写下面的表格，然后将它寄给斯坦利·米尔格拉姆教授，地址：纽黑文市耶鲁大学心理学系。[15]

俗话说，天下没有免费的午餐。当志愿者进行实验时，研究人员会要求他们电击其他人，电压大到甚至能够致人死亡。

志愿者来到实验室后，迎接他们的教授会告知这项研究的目的：检验电击这种厌恶性刺激是否能够促使人们学习。教授会要求这些志愿者以教师身份测试学习者的记忆力，学习者同样由志愿者充当，他们在隔壁房间，身上连有电线。学习者实际上是米尔格拉姆的同伙。这两组志愿者通过对讲机沟通。每次学习者犯错，研究人员就会指导"教师"对他们进行电击。随着学习者犯错次数增加，电压也会随之升高。

其实，学习者不会受到真正的电击，但是"教师"并不知道这一点。相反，由于研究人员设计的剧本很逼真，"教师"完全被蒙在鼓里。"教师"在服从电击命令方面能够走多远？下面这份研究人员为学习者拟好的台词可以让人们对这项研究有所了解。随着学习者犯错的次数越来越多，"教师"电击他们的电压也越来越高。

90伏：啊！！！

120伏：啊！！！嘿，好疼啊！

150伏：啊！！！实验者！我受够了。我要出去。我说过我有心脏病。我心脏开始难受了。求你了，把我带出这屋子吧。我心脏难受。我不要再继续实验了。让我出去。

图25 斯坦利·米尔格拉姆在纽约市立大学。他对于大屠杀的关注程度可以从他书架上摆的书推断出来。在跟他视线平齐的位置摆放着多本跟第三帝国和大屠杀相关的重要著作。承蒙纽约市立大学研究生中心授权翻拍

180伏：（大喊）啊！！！太疼了，我受不了了。让我出去。

210伏：啊！！！实验者！让我出去吧。我受不了了。我再也不要继续这个实验了。

270伏：让我出去。让我出去。让我出去。让我出去。听到了吗？让我出去……

300伏：（痛苦地大叫）我绝对不再回答任何问题。让我出去。你不能把我关在这儿。让我出去。让我出去。

330伏：（激烈并且拖着长腔地大叫）让我出去。让我出去。我心脏难受。我说，让我出去。（歇斯底里地）让我出去。让我出去。你没有权力把我关在这儿。[16]

如果"教师"犹豫要不要增加致命的电压继续电击，教授会鼓励他们"请继续电击"，或"按实验要求你必须继续"，或"继续电击是绝对必要的"，或"你没有别的选择，你必须继续"。

志愿者究竟会走多远？所有志愿者都将电压增加到了300伏，有三分之二的人选择继续增加电压。米尔格拉姆指出，虽然很多"教师"表现出了压力很大和犹豫不决的迹象，然而问题的关键显然是，普通人竟然会被命令做可怕的事情，而且他们竟然按要求做了。你不必是一个道德败坏者、恶人或魔鬼，就会给人施加痛苦的电击，甚至全然不管他们大声喊叫、苦苦哀求。普通人确实会"服从命令"。[17]

米尔格拉姆多次指出集中营大屠杀与他实验中的相似之处。他确实对集中营问题相当有研究。肖像照片的背景通常能够透露一些惊人信息。米尔格拉姆的一张照片显示出他非常关注大屠杀。在跟米尔格拉姆的眼睛齐平的高度，可以看到，他办公室的书架上放着劳尔·希尔贝格的《灭绝欧洲犹太人》(Destruction of the European Jews)、阿尔贝特·施佩尔的《第三帝国内幕》(Inside the Third Reich)、汉娜·阿伦特的《艾希曼在耶路撒冷》，布鲁诺·贝特尔海姆（Bruno Bettelheim）的《明智的心灵》(The Informed Heart) 等图书。人们可以由此推断，米尔格拉姆对大屠杀的骇人暴行知之甚深。他每天坐在桌前都要面对这些书。

数年以后，在讨论自己的工作时，米尔格拉姆总结说："我们在实验室中的发现和我们所谴责的纳粹时代的服从模式到底有没有关联……服从的本质在于一个人将自己视为执行别人命令的工具，他因此认为不必为自己的行为负责。"[18]

旁观者冷漠：约翰·达利和比布·拉塔内（1968）

年轻女士吉蒂·吉诺维斯（Kitty Genovese）在纽约市被当街杀害，激发了关于恶意本质的另一个社会心理学探索。1964年3月13日晚，吉诺维斯下班后走在昆斯区基犹公园旁的一条街上，被歹徒从后面追上并用刀残忍杀害。这场谋杀骇人听闻，歹徒一直在凶残地拿刀捅她，她并没有马上死掉，整个虐杀过程持续了30分钟。她始终在惊恐万分地求救："救命！请救救我！"但是，没有一个人出手救她。

凶残的杀人犯并不罕见，然而吉诺维斯遇害的不同寻常之处在于，共有38个人见证了这场惨案，却没有一个人出手相救。他们甚至都没有通过喊叫制止这场凶案，甚至没有人报警。[19]一名目击者申辩说，"我不想卷入这件事"。目击者表现出的显而易见的冷漠促使整个美国深刻反省，并很容易让人联想到纳粹德国。冷漠确实会导致危害极大的后果，伊恩·克肖多年后评论说，纳粹德国的民意与其说是由"对犹太人心生仇恨"而塑造，不如说是由"对犹太人命运漠不关心所塑造"。[20]

为了弄清楚即使在危及生命的情形下，人们为何都不愿出手相助，约翰·达利和比布·拉塔内设计了一系列实验。米尔格拉姆的实验是为了验证权威的影响力有多大，以推断纳粹统治德国的情况，而达利和拉塔内则希望弄清楚是什么原因导致了旁观者冷漠。为什么没有人愿意挺身而出救吉诺维斯一命？为什么有这么多人旁观却不愿为了拯救纳粹受害者而做些什么？这也是汉娜·阿伦特在另外一篇文章中深入思考的问题："在恐怖政治当道时候，大部分人会选择做顺民，但总是有些例外……为了让地球继续适合人类居住，我们不再需要什么，也不必再过问什么。"[21]可悲的是，拒绝服从的人太少。

公平地说，紧急情况多是骤然而至，事态不明朗，通常超出旁观者的一般生活经验。但是，达利和拉塔内的研究表明，社会环境本身会影响人们对紧急情况的应对方式。为了弄清这一问题，研究人员先是在哥伦比亚大学和纽约大学，后来又在普林斯顿大学精心实施了一系列实验。[22]

达利和拉塔内让被试面对带有威胁性的情形，并评估他们会做出什么反应。在一系列设计精妙的实验中，达利和拉塔内研究了被试独身一人时和在一个小型群体中时的表现有何区别。当在场的其他人都对发生的紧急情况视而不见时，被试会如何表现？

在其中一个实验中，被试要到一个房间报到，等着讲述都市生活，在他等待的同时，房间内暖气的出风口开始冒烟，但是并非只有几缕青烟，而是大量浓烟源源不断地冒出，到实验结束时，"屋里烟雾缭绕，什么都看不清楚"。当被试自己在房间内等待时，75%的人会找人报告烟雾问题。但是，当被试等待的房间内同时有其他两个人坐在那儿，而且那两个人故意对冒出的烟视而不见时，被试们会有明显不同的表现。虽然这些被试都被烟熏得"咳嗽、揉眼睛，并开窗通风"，但是只有10%的人会报告烟雾问题。[23]

在另外一个实验中，被试来到实验室等待研究人员时，前台负责迎接他们的接待员会站起来，拉上一个帘子，然后动静很大地站到椅子上取高处的一些文件夹。接待员同时会偷偷打开录音机，调高音量播放一段事先录好的碰撞声，还有尖叫声："哦，天哪，我的脚……动不了了。哦……我的脚踝，什么东西压住了我的脚，我挪不开它。"录音机还会播放哭泣和呻吟声。研究人员的目的很简单："会不会有人检查接待员到底受了什么伤？他们会等多久开始查看接待员的伤情？令人欣慰的是，单独等待的被试有70%会帮助接待员；令人失望的是，当被试旁边有一个忽视接待员处境的陌生人时，只有7%的被试会帮助接待员。"[24]

第三个实验揭示了更残酷的冷漠现象。在这一实验中，研究人员将被试们带到一个小隔间，并要求他们通过对讲机跟其他被试讨论在大学中遇到的问题。暗中充当研究人员托儿的一名被试在讨论中除了讲述大学中经受的常见压力外，还会透露自己的尴尬一面——患有癫痫。然后，他就开始结结巴巴地讲话："我–我–我想，我–我需–要……能不能–能–能帮–帮我–我点–点小忙，因为–为我–我现在–发病了–了。最–最好帮–帮我……我–我病情严–严重，真–真的急–急需帮助，帮–帮帮我–我–啊–啊–啊（呼吸困难的声音）……我要死–死了，我……要死–死–救–命–癫–癫痫（窒息声，然后一片死寂）。"[25]

当小隔间里只有被试自己时，85%的人会在一分钟之内起身检查那名声称癫痫发作者的情况。研究人员紧接着测试了小隔间内有多人的情形。如果小隔间内有两名被试，其中一名被暗中指示忽略癫痫患者的求救，另一名被试中会有62%的人起身帮助发病者。如果小隔间中有4名事先安排好的对发病者不管不问的被试，另一名不知情的被试中只有31%的人会起身查看病人的情况，而且他们平均要花三分钟才下定决心行动。[26]

实验形式固然可以千变万化，但是，它们传递出的信息万变不离其宗：在社会情境中，存在着责任分散效应。如果旁观者发现在场的其他人都对眼前发生的事情无动于衷，他或她也会视而不见，达利和拉塔内尖锐地指出，这就是"旁观者冷漠"。

斯坦福大学监狱实验：菲利普·津巴多（1971）

到目前为止，社会心理学家了解到，普通人会服从命令做可怕的事情，旁观者很少会停下来帮助明显处境危险的人。他们接下来还有更加糟糕的发现。

1971年，斯坦福大学教授菲利普·津巴多设计了斯坦福监狱实验。[27]志愿者被告知这项实验的目的是研究人们在监狱中的行为，他们会在模拟的监狱环境中，被随机分配到囚犯和狱警的角色。多年后，津巴多追忆了这场实验开始的日子："1971年8月14日，星期日，上午9：55。大概华氏70多度，湿度较低，跟平常一样，能见度非常高，蔚蓝的天空万里无云。加利福尼亚州帕洛阿尔托又迎来了一个完美夏日。"[28]

充当囚犯的志愿者被意外造访的警察戴上手铐，蒙上头套，押解上警车，他们被送到了一处临时监狱——实际上是斯坦福大学心理学系大楼的地下室。为了让实验更加逼真，津巴多考虑到了诸多细节。警察将囚犯登记在案，然后脱光他们的衣服搜身，还对他们拍照存档。津巴多给充当狱警的志愿者发放了制服、墨镜、手铐和警棍，并告诉他们要让囚犯感到无能为力，不过，前提是不体罚囚犯。[29]津巴多在原定为期两周的实验中负责观察会有什么行为发生。

这一实验很快便失控。狱警开始残忍地折磨囚犯，甚至就算囚犯大喊大叫或者哭泣，他们也不停手。在实验持续将近一周的时间里，狱警增加了折磨囚犯的力度，脱光囚犯的衣服以报复他们的反抗举动，还不给他们饭吃，不让他们上厕所。而囚犯则变得越来越顺从，其中几人因不堪忍受折磨而精神崩溃。六天以后这个实验被叫停。

在接受询问时，一名狱警表示，他已经开始将囚犯视为牲畜。另一名狱警说："我对自己的所作所为也很惊讶。我强迫他们……赤手空拳清理马桶。"另外一个坦白说："充当权威性角色很有意思。拥有权力让我欣喜。"还有一名狱警毫不掩饰地评论说："回头看看，我竟然这么不把他们当回事，我自己都很吃惊。"简而言之，有三分之一的狱警走向人性的阴暗面，肆意虐待囚犯。[30]

虽然津巴多的这一实验存在严重的伦理道德问题，但它向人们揭示了另一各令人震惊的结论：仅仅是社会环境本身就可以煽动起极为严重的恶意。仅仅是被指派了狱警的角色，就能让一个人陶醉到对自己看管的囚犯作威作福、大肆虐待的程度。他们都是没有过反社会行为和精神疾病的大学生，当被随机分派了不同的角色后，便迅速进入状态，表现出各种与角色相匹配的行为。滥用权力和残忍的行为随之浮出水面。

也有评论认为，此类实验不能推论并应用到第三帝国的研究上。他们主张津巴多的研究更像是大学里的兄弟会有些过火地作弄新成员，随着时间推移，这些年轻人会恢复理智，意识到自己的错误。这一观点当然无法验证。不过，从纳粹刽子手的情况来看，事情是往相反的方向发展的：屠杀持续的时间越长，他们杀人越顺手。

津巴多实验的结局比较有意思，让我们想起了达利和拉塔内的研究成果。在多次接受的采访中，津巴多都承认，虽然目睹了实验中的种种残忍行为，自己却依然想继续实验，是同仁克里斯蒂娜·马斯拉赫（Christina Maslach）的强烈反对，让他改变了想法。[31]他接受了马斯拉赫的建议，这一点值得赞赏。但是，在1997年一次鲜为人知的采访中，津巴多透露，在实验进行过程中，共有50多个人观察过,除了马斯拉赫之外,没有一个人表达反对意见。[32]

总　结

汉娜·阿伦特是人性观察者而不是实验者。她是一名自信而又喜好对抗的女性,她对艾希曼的分析出现了一些错误。鉴于艾希曼对犹太人的仇恨,她过分强调他的"无思想性"是不妥当的,不过,她将恶比喻为真菌则是非常高明的。虽然真菌不具备毁坏生态的意图,但是它在地球表面蔓延会造成严重破坏。从这种观点中可以看到柏拉图和奥古斯丁的影子——邪恶代表着善良的缺位。在阿伦特看来,艾希曼和他的同僚之所以邪恶,是因为他们没有仔细思考过自己的行为会衍生出什么后果,这与醉驾肇事逃逸的司机如出一辙。无思想性会推动恶像真菌一样势不可当地蔓延。

实验者接手了"恶"的传播是如何发生的这一问题。他们仔细研究了纽伦堡审判,并总结了自己身边人的生活经验,得出了关于人性的结论,结果相当令人沮丧。米尔格拉姆指出,人们会随时中止他们对于正确和错误行为的判断。如果一个权威人物要求人们折磨甚至是杀害另外的人,大部分人会迅速执行命令。达利和拉塔内发现,在特定的社会环境中,善良的意图会被压制。如果我们身边冷漠的人越来越多,我们的个体责任感会消解,我们没有勇气打破这种局面。津巴多则介绍了无思想性罪恶的另一个方面。给人们分配角色后,他会不假思索地进入角色,会观察文学作品、影视剧以及自己成长中所见识到的此类角色会有什么表现,并模仿他们的行为,甚至毫不在乎地做出残忍的事情。

所有这些研究都认同道格拉斯·凯利的研究结论,邪恶很容易在"恰当"的社会环境中滋生。但是所有这些研究背后都有一个大前提——我们的大脑最初是白纸一张,是在与他人的交往中逐渐塑造了自己的思想。如果有些人的心灵并非像白纸一样呢?如果有些人与生俱来内心阴暗呢?我们将在下一章讨论这个令人不安的问题。

第十二章

非我同类的恶意:遭遇"他者"

Malice as Categorically Different: Encounters with "the Other"

> 世间恶人多。
>
> ——毕阿斯,古希腊哲学家,
> 公元前6世纪

> 据我观察,从总体上来说,人类中"心怀善意"者极少,大部分都是渣滓。
>
> ——西格蒙德·弗洛伊德写给奥斯卡·普菲斯特(Oskar Pfister)的信,
> 1918年9月10日[*]

---

[*] Sigmund Freud to Oskar Pfister, quoted in Paul Roazen, *Freud and His Followers* (New York: Da Capo, 1992), 146.

敌对的两方阵线分明。一方是道格拉斯·凯利，他认为每个人内心都包藏着些许恶意，这是由社会环境决定的。另一方的古斯塔夫·吉尔伯特则认为，纳粹领导人的恶意构成了一种特殊的邪恶种类。吉尔伯特的观点已经在诸多不同领域——神学、精神病理学、神经科学和法学——令人惊奇地扎根。如果纽伦堡审判发生在今天，检察官会将被告人描述为绝对邪恶之徒；而辩护律师会主张减轻对被告人的刑罚，因为他们具有病态人格，并且/或者受过脑损伤。支持这些论点的传统源远流长，当代神经科学研究领域也出现了出人意料的新见解。

人类的本性是什么？

甚至是赫尔曼·戈林也谈到了这个问题。一天傍晚，他在昏暗的牢房里对吉尔伯特坦露心声说，人类是世界上最大的肉食动物，"因为人类的大脑能够策划并实施大规模毁灭性行为，而其他肉食动物只是在饥饿的时候为了获取食物才猎杀"。[1]

在某种程度上，关于人类本性的探讨预演了自然神学的问题，即道德完美和无所不能的上帝为什么能够允许恶行发生。很多宗教教义都将生活视为熠熠生辉的善良和阴郁黑暗的邪恶做斗争的战场。在这种语境中，邪恶不仅是罪孽（即人类的过错），更是恶意的展示。例如，人们可以从北欧神话中找到这种观点的痕迹，而且这种教义在拜火教中发扬光大。即使是当代的天主教也一直在同摩尼教的遗产做斗争，这个可以追溯到3世纪的宗教认为善恶二元永远争斗不息。

彼得告诉我们："你们的仇敌魔鬼，如同吼叫的狮子，遍地游行，寻找可吞吃的人。"（《圣经·彼得前书》第5章第8节）。保罗分享了他的观点:"因我们并不是与属血气的征战,乃是与那些执政的、掌权的、管辖这幽暗世界的,以及天空属灵气的恶魔争战。"(《圣经·以弗所书》第6章第12节)就像多位教皇提醒的:"魔鬼是真实存在的。"奥古斯丁指出,邪恶并非独立存在的力量,善良缺位才催生了邪恶,他的这一观点已经不露声色地背弃了摩尼教教义。[2]

但是有些世俗的思想家也承认邪恶是真实、可感知的,比如,爱因斯坦就指出:"改变钚的性质比改变邪恶的人心要容易得多。"[3]

20世纪60年代,全球骚乱,暗杀和战争频发,在我大学毕业典礼上,演讲嘉宾认为我们未来的前景昏暗不明,他引用了公元前6世纪的哲学家毕阿斯总结人性的名言,仅有五个字:"世间恶人多。"(Most men are bad)每当我耳闻目睹邪恶言行时,这些话一次又一次在我耳畔回响,后来我去梵蒂冈时,专程去看了陈列在哲学家大厅的毕阿斯的半身像。

看起来很奇怪,天主教廷竟然会纪念一位悲观地认为人性黑暗的人物,不过,毕阿斯所坚持的世界观直到今天依然具有现实意义。两千年后的托马斯·霍布斯(Thomas Hobbes)认同毕阿斯对人性的悲观看法,他在著作《利维坦》(*Leviathan*)(1651)中总结说,在自然状态下,人类的生活"贫穷、邋遢、残忍并且短寿",恰好弗洛伊德也认同这种观点("大部分都是渣滓")。这类观点意味着社会心理学家是错的,我们生下来并非白纸一张。更加糟糕的是,有些人生来既不善良,也不是白纸一张,而是内心邪恶。

我们这个社会所盛行的实证主义和乐观主义使我们倾向于认为邪恶具有象征性,并且是隐藏在内心的。我们觉得只有古怪的人才认为邪恶是显而易见、表露在外的。[4]然而,神学和哲学将恶意视为明白显著的存在，无独有偶，精神病学和心理学在精神病患者身上也找到了恶意的鲜明特征，吉尔伯特觉得在纽伦堡监狱里恶人随处可见。

精神病态者缺乏同理心

当人们开始将纳粹领导人视为精神病态者时，就会觉得他们定然是疯狂、骇人的变态，享受自己的暴行。这种想当然认为战犯是施虐狂的假设，在纽伦堡引发了严重的困扰，因为在那儿更常见的精神病类型并非这种，而是具有如下特点的人：他们非常腐败，偶尔会表现出魅力，只有在必要时才露出邪恶的面目。这些精神病态者奋力爬上高位，然后制造出惨绝人寰的暴行，他们这么做并不是要寻求刺激，也不是因为要从施虐中获得乐趣，而仅仅是因为受害者"挡了他们的道"。更常见的精神病态者是任何家族都会出现的害群之马，"蔑视所有规则，排斥权威，他们的行为仅仅是出于自私自利"。[5]他们这些人的共同点是缺乏同理心。[6]

数百年来，人们对精神病态者有不同的称呼。精神病学家唐纳德·布莱克（Donald Black）精妙地总结了这个术语这么多年来是如何演化的。[7]1800年左右，法国医生菲利普·皮内尔（Philippe Pinel）发现有些病人会忽然狂怒并伴有暴力行为，但是他们并没有出现幻觉，也没有神志不清。他将这种突发的症状称为没有谵妄的躁狂症。几乎是在同时，美国精神病学家本杰明·拉什（Benjamin Rush）对行为举止长期不正常并且性格固执的病人进行了描述，他认为这些症状的根源在于精神出现问题。到了1850年，对这种症状的诊断变为"道德愚蠢"，认为患者智力依然正常，但脾气秉性和行为举止狂暴。到了1890年，长期表现出这些症状的人被称为"精神病态者"。19世纪的意大利犯罪学家切萨雷·龙勃罗梭（Cesare Lombroso）认为，除了令人厌恶的行为外，精神病态者在外貌上也异于常人，比如有些人面部不对称。他们确实是"他者"。

1941年，美国精神病学家赫维·M.克莱克利（Hervey M. Cleckley）出版了《理智的面具》(The Mask of Sanity)，他在书中指出，精神病态者看似正常的外表——也就是"理智的面具"——之下潜藏着严重的精神障碍。[8]在纽伦堡审判开始时，出版于1941年的这本书已经颇具影响力。克莱克利宣称，精神病态者看起来正常，但他们其实很难理解人们的情感和人际间的忠诚行为。他还强调，精神病态者通常是靠不住的，他们可能表面上富有魅力，但是理解能力非常欠缺；他们专注于自我，很难在感情上有所投入；他们频繁违反规则和法律，但是毫无愧疚和悔恨之意。重要的是，克莱克利并不认为他们精神失常，因为他们能够分辨是非，行为都是出于故意，他们也没有忍受精神病之苦，他们是非常特殊的群体。

大量研究项目支持克莱克利的观点。精神病态者看待世界和身边人的方式存在不易察觉的缺陷。他们一贯推卸罪责，认为都是别人的错。对于这些人来说，在他们的话语体系中，不存在"悔恨"这个词。在他们那儿，事实是可以被替换的，欺诈才是常态。

克莱克利指出，精神病态者的异常行为很显然并不只是违反规则这么简单。毕竟，非法行为和违反规则在生活中比较常见，而精神病态者的违规行为跟常人有所不同。[9]首先，他们的违规行为是贯穿一生的，从孩童时期就开始，无论所处的时代是美好还是丑恶，无论兵荒马乱还是和平安定，他们的违规行为都显而易见。其次，精神病态者不会感到内疚、羞耻，也缺乏同理心。我们中的许多人也会违反规则，但是我们会站在别人的角度来考虑问题，对我们所伤害的人，我们会有同理心。奇怪的是，精神病态者就不会这样。在他们看来，别人都只是像磷虾一样的生物，鲨鱼在吞食磷虾时不会掺杂任何感情，它只是杀戮和进食而已。受害者只是妨碍了精神病态者，或者有他们所需要的东西，比如金钱和性。我要再次强调，精神病态者的这种举动不是偶尔为之，他们的"捕食"行为是长久而持续的。[10]

精神病态者的鲁莽急躁和容易冲动也是众所周知的。大部分犯罪的精神病态者能被抓获正是因为他们行事鲁莽，这对其他人来说是个幸运的巧合。虽然有些精神病态者非常狡猾，还好他们比较罕见，相反大部分精神病态者从不接受教训结果，监狱里满是粗心大意的精神病态者——比如将手机落在犯罪现场的银行抢劫犯。

大量研究表明，精神病态者对于紧张性刺激的反映确实"与众不同"。冲动特性会诱使他们犯错，很多人表现得很愚蠢，尽管他们的智商正常。正常人面临紧张性刺激时会心跳加速，开始流汗，神经系统不由自主地活跃，这种压力令他们反感。他们能从应对压力中获取经验教训。但是，精神病态者对这种压力"视而不见"；他们反应迟钝，感觉不到别人对自己行为产生的反感情绪。他们的身体会甩掉置于其上的环境压力——心跳不会加速，也不会紧张地出汗。[11]这听上去可能对他们有好处，但是会招致严重后果：在面临危险行为时，精神病态者无法收到身体给予的反馈信息。有些调查者认为，在压力反馈方面的缺陷阻碍了他们的学习机能，导致他们行事冲动并且缺乏内疚感——而这一直令人困惑不解。

后来，精神病学家开始给不同类型的精神病态者分类。首先是"能力不足"的精神病态者——并没有太大攻击性的骗子和无业游民。还有"攻击性强"的精神病态者，他们有暴力倾向，非常危险。还有"富有创造性"的精神病态者——忽视社会准则的怪人，如今，这类人被认为是自恋型人格障碍。[12]

精神病态人格的诊断领域经常发生变化。1952年第一版《精神障碍诊断与统计手册》问世时，这个术语的全称是"社会病态人格障碍"。按照这一观点，精神病学家给这种人格划分了四个类型。其中，"反社会反应"类型的病人被描述为"通常面临困境，不能从自己的经历中接受经验教训，缺乏真正的忠诚……总是冷酷无情，追求享乐，表现出明显的情绪不成熟，缺乏责任意识和判断力。但是具备为自己的所作所为辩解的能力，觉得自己的举动适当、合乎情理和法律"。[13]

第一版《精神障碍诊断与统计手册》区分了"反社会反应"和"分裂型反应"。后者因为在反常的道德环境中成长而漠视通常的社会准则，他们或许经常做损人利己的事，但是他们却懂得忠诚。"社会病态人格障碍"的第三种类型是"性变态"，这一群体包括：性虐待狂、同性恋者、恋物癖和恋童癖。第四类是"成瘾人格"。[14]

1945年，纽伦堡法庭上的目击者会赋予戈林涂抹的红色指甲油和药物成瘾一种特别的含义。在当时观察他的精神病学家看来，这对诊断他为精神病态者提供了有力支撑。如今，涂指甲油的男人会被视为性情古怪的人，药物成瘾则司空见惯，仅凭这一点，并不能诊断为精神病态人格（严格来讲，这个词现在指的是反社会人格障碍）。

如今，"精神病态者"这一术语指的是患有严重反社会人格障碍的病人，医生通常会对照据说包括20个条目的检查表来做诊断。[15]在1945年，这样的检查表还没有问世，罗夏墨迹测验被视为诊断精神病态的先进技术，并得到美国战略情报局的认可，凯利和吉尔伯特当然也认可这一测验。

虽然精神病态者冷酷无情、薄情寡义，但是他们在生活中，也会被自己毁灭的生命所带来的阴影笼罩。他们经常陷入抑郁境地，借酒消愁或者通过服药寻求慰藉。精神科医生对精神病态者相当了解，因为他们郁郁寡欢的配偶或者是法庭经常向医生求助。精神病态者经过密集的心理治疗会有所好转，但是治疗过程非常麻烦。虽然没有针对他们的症状进行治疗的药物，但是有些药物可以降低他们的冲动应激性。如果触犯刑律，司法系统会努力帮精神科医生"收治"他们——将他们关进监狱。在吉尔伯特看来，对纽伦堡监狱中的精神病态者的最好治疗方案就是把他们绞死。

神经精神病学对"病态大脑"的探寻

精神病学和心理学对精神病态者的症状做了清晰描述，但是却没有弄清楚造成这些精神障碍的具体原因。所有常见的可疑因素都被列入致病因素——生活在拥挤的贫民窟、不称职的父母、有问题的遗传基因和大脑损伤。每一项致病因素都有大量研究能够证实，但最终都落脚到大脑。[16]

长久以来，就有观点认为，病态的大脑跟暴力和犯罪行为有关联。玛丽·雪莱（Mary Shelley）在她创作的以弗兰肯斯坦为主人公的小说中预测过这种研究，弗兰肯斯坦草率拼凑而成的怪物大脑存在缺陷，它犯下了极端恶劣的罪行。但是在小说之外的现实世界，数百年来一直流传着相关的医疗文献，记载了这方面的信息，比如，梅毒或者汞会毒害大脑，导致烦躁、痴呆和狂妄自大。因此，纽伦堡审判的观察者寻找战犯行为的神经病理学原因也不足为奇。

大脑不只是一个三磅重、凝胶状的计算器；它构造复杂，包含多个部分。20世纪30年代，医生发现，大脑最深处的脑干负责管理至关重要的个体生存机能——呼吸、心率、消化，而最外部的大脑皮层负责思考和判断。位于这两个部位之间的是大脑边缘系统，帮助我们"感知"外部世界。如果我们的边缘系统随心所欲，我们的行为举止就会像霸王龙一样，幸运的是，这些边缘系统主导的暴怒和不良欲望会被大脑皮层所节制。前额叶皮质主导一切，它就像交警一样指挥思考和感情之间的交流。如果前额叶皮质受到损伤，大脑的深层结构就获得了更大的发言权；发号施令的主体变了，人们会随之更加冲动、易怒，还会出现道德滑坡的问题。不管是什么原因——车祸、运动损伤以及战争——导致的脑损伤，都和冲动、暴力行为存在关联，当然大脑损伤的程度和位置不同，精神病态的症状也存在差别。[17]神经系统科学家推断，无论是大脑皮层自上而下的抑制能力减弱，还是边缘系统自下而上的活跃度提升，暴力行为和精神病态都会出现。[18]

大脑就像设计精妙的折纸工艺品，由堆叠在一起的丰富薄层组成，隆起的回状结构交错地形成了裂缝状的脑沟。脑沟和脑回作为标志物能够帮助我们更精确地辨认大脑的面貌。但是，在某种程度上，大脑就像一个由神经元彼此盘绕和编织而成的复杂装饰结，或者一条设计古怪的高速公路，会突然出现杂乱的入口匝道和出口。

1848年，一名美国铁路工人遭遇的事故，生成了关于大脑损伤和道德行为关系最有影响力的案例报告。一个长43英寸、直径为1.25英寸的铁棍在一场爆炸中刺穿了菲尼亚斯·盖奇（Phineas Gage）的脑袋，令人惊奇的是，他竟然活了下来。但是，他变得跟从前不一样了。治疗他的医生对此做了著名的评论：

恕我直言，他的人类智能与动物习性之间的平衡好像被打破了。他表现出间歇性的不恭敬，偶尔还会肆意大讲粗俗下流的话（他以前可不是这样的）……当他的欲望碰壁时，会对别人的管束和建议很不耐烦。有时会异常固执，有时会反复无常而又优柔寡断……他的智力水平和表现就像个儿童，但他的动物性却表现得非常强烈。他的思想发生了根本的转变，他的朋友和熟人都确定无疑地说，他"不再是盖奇了"。[19]

神经科学家重现了铁棍刺入他大脑的轨迹后推断出，盖奇的左右前额叶皮质（大体位于额头后方的左右两边）都严重受损。[20]受到此类伤害的病人很难处理复杂的问题，他们无法应对需要灵活处理的问题，也无法同时应对多项任务；他们的感情调节系统受损；他们变得喜怒无常、冲动鲁莽，同时在怒火爆发后又会表现得满不在乎；这开始听起来有一点像精神病态行为。

神经成像

在1945年时，很难对精神病态者的大脑进行研究。当像罗伯特·莱伊这样的病人死亡时，他们的大脑可以拿给专家做活组织检查，但是当时用于探究大脑损伤的工具比如今的要低级许多。在纽伦堡审判举行的年代，基本上没有用来检查活人大脑的器械。专家只能近距离观察病人或者等待最终的解剖，没有中间道路可走。因此，当我们试图事后评价当年检查莱伊大脑的神经病理学家时，我们必须牢记1945年的现实状况。今天，我们可以使用神经成像技术仔细检查神经回路，因而毫不奇怪，专家立马抓住机会使用这项技术来研究精神病态者的大脑。[21]

通过研究脑损伤的病人，我们得以了解跟做决策和感情表达相关联的大脑区域。但问题是，精神病态者的这些大脑区域确实受损了吗？越来越多的研究文献表明，精神病态者的前额叶皮质发生了病变，导致他们缺乏判断力和谋划能力，而越来越冲动。他们大脑颞叶的内侧部分（准确来说是杏仁核）也出现了萎缩，这个部位负责管理恐惧情绪、易动情绪，以及感知威胁。[22]很多研究都支持这些结论，马丁娜·利（Martina Ly）和同事进行的一项研究向人们展示了大体方法。[23]研究人员使用结构性磁共振成像技术比较了病态罪犯和非病态罪犯的大脑。他们发现精神病态者的大脑皮层明显在变薄，尤其是在负责谋划和情感的区域。人们好像可以看到精神病态者的"爬虫类脑"（指脑干、小脑和基底核。——译注）从内部将大脑皮层变薄的区域烧穿。

功能性磁共振影像理解起来比结构性磁共振影像略微复杂一些。在功能性磁共振影像中，人们可以审视对于特定的任务，大脑不同区域的运作或反应是多么不同。因此，任务的选择很重要。比如，对照睁眼与闭眼的区别就对理解精神病态者没有什么特别帮助。但是，如果你使用一项检测冲动性的任务，就会得到很多有用信息。要想检测冲动性，研究人员可以要求被试完成一项任务——当他每次在屏幕上看到"X"这个字母时，就按一下按钮，然后观察被试在屏幕上还没出现"X"时，提前按按钮的频率。与此相类似，仔细检查大脑如何回应一项需要感情评判（同理心）的任务，也会得到一些有用信息。很明显，研究人员可以使用很多种类的任务来检查大脑的不同区域。不过，想要了解精神病态者是如何思考问题的，就必须研究大脑负责情绪管理、决策和同理心的区域。

在一项研究中，根据精神病态量表分数的高低，70名罪犯被划分为不同的组别。然后,研究人员让囚犯观看人们被故意伤害的视频片段,比如被打、被砍、被挤压(用车门挤手指),精神病态者会表现出一丝一毫的同理心吗?更加重要的是,他们负责情绪管理的大脑区域反应是否正常?事实上,精神病态量表得分高者的反应与常人有着天壤之别。在看到别人深受痛苦时,他们不仅是表面上看起来缺乏同理心,他们的大脑深处也是波澜不惊。[24]其他一些研究也指出,精神病态者解读别人情感线索的能力欠缺,正常人的相关大脑区域会受此类任务的刺激,而他们的这些区域则平静得可怕。[25]

神经成像领域的文献令人着迷,但是它面临着独特的研究挑战。大脑扫描费用高昂,很少有研究人员能够负担得起给大量病人做此类检查的开销。若研究样本的数量过小,在研究中出现的随机噪声或像吸毒之类的混杂因素会使推论变得复杂化。科学研究要求科研人员具备多疑精神,研究结果除非可以复制才值得相信,但在扫描类型、任务类型、大脑研究区域不变的情况下,能够对结果进行精确复制的研究非常罕见。在同一项任务中,即使出现轻微的变量,都会对发现造成巨大影响。例如,同样是让病人按一个按钮,病人使用左手还是右手就会影响研究人员的发现,让实验结果变得令人困惑、难以解读。

某个研究结果只是一次偶然的概率有多大?当研究人员对感兴趣的为数众多的大脑区域进行研究时,确实有可能会将某个巧合误判为重要发现。一个解决办法是实施专业的荟萃分析,对大量研究结果进行总结和比较,同时控制好设计方面的细微差异。研究人员已经开始使用这项分析方法来理解精神病态的神经成像文献。[26]

我是一个摄影爱好者。从功能性磁共振影像实验中获取有用

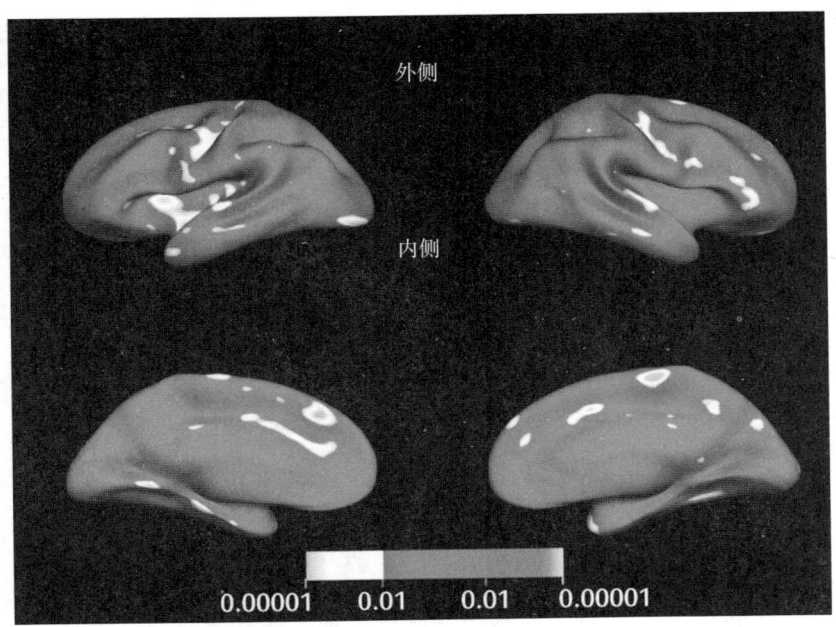

图26 精神病态者和正常对照组的大脑结构比较。从颜色比较明亮的区域可以看出两组的明显差别。精神病态者以下部位的大脑皮层比较薄：左脑脑岛、背侧的前扣带皮质、左脑和右脑的中央前回、左脑和右脑的前颞叶皮层、右脑的额下回等。色格中不同深浅的颜色代表了差别的显著性程度。经马丁娜·利等授权，翻印自《精神病态者的大脑皮层萎缩》（"Cortical Thinning in Psychopathy"），《美国精神病学期刊》（*American journal of psychiatry* 169[2012]743–749.）

的数据很像用功能强大的长焦镜头拍照；除非你使用三脚架，不然你拍出的照片肯定模糊不清。而神经成像的三脚架就是精确的研究设计。缺乏这种精确性，无论我们从此类研究中获取什么样的观点或见解，都是模糊不清的。这个领域首屈一指的专家玛丽德·多兰（Mairead Dolan），言简意赅地总结道："目前，反社会暴力者的大脑影像研究，在方法论上并不成熟，无法保证得出确定结论。"[27]这种清醒的评估并没能平息法庭上的争论。

神经内分泌生理学

神经内分泌研究探查神经元是如何彼此感应的，最近的研究表明，精神病态者的神经元感应信号与众不同。两种神经递质——血清素和催产素——引起了专家的浓厚兴趣，因为它们在精神病态中发挥着特殊管控作用。

血清素与情绪调节、攻击性和冲动性密切相关。[28]例如，杀人犯的神经系统中血清素含量水平较低。[29]有意思的是，像氟西汀这类药物已经被非正式地用于治疗易激惹和易冲动，因为这些药物能够增加血清素的生物利用度。[30]

血清素新陈代谢紊乱可能导致精神病态者易冲动和易激惹，但是，这种紊乱无法解释他们为何对别人漠不关心、冷酷无情。一种完全不同的化合物——催产素——可能与此有关。我们曾经认为催产素的主要作用是增加子宫的收缩性，但是过去30年的研究表明，催产素所发挥的作用比我们之前认为的要广泛得多。下丘脑中产生催产素的部位通过神经元不仅跟大脑的情绪管控中心相连，还与管控身体压力反应的垂体相连。

最初关于催产素和感情关系的研究是在田鼠身上展开的，这种小型穴居啮齿类动物身长大概七英寸。研究显示，雄性草原田鼠严格遵守一夫一妻制，乐意帮助母鼠照料幼崽，喜好群居。相比之下，草甸田鼠独来独往，但是，如果给它们注射催产素，它们的性情会发生戏剧性的变化，行为模式转而跟草原田鼠如出一辙。[31]

在田鼠身上取得的发现能否适用于人类值得考虑，但是，当人们在一些活动中靠近——包括各种形式的靠近，比如参加祈祷仪式、亲密行为，甚至是团体活动——其他人时，人们会在这些活动中释放催产素。但是，有些人在这些情形下，并没有释放催产素。不仅如此，这类人具备很多精神病态者的特征：冷酷无情、对他人的感受漠不关心。[32]催产素这样的激素要同受体结合共同发挥作用，有些人的受体发生了基因变异，很难与催产素相结合。这些人从幼年起就会表现得比常人要冷漠。[33]既然多项研究都表明，当催产素水平降低或很难与受体结合时，冷酷无情的行为就会出现，调节催产素水平就成为顺理成章的治疗方案了。

注射催产素后，人们的社会行为发生了变化，更加容易相信别人、更加慷慨大方。[34]这一结论在运用了博弈论模型的巧妙实验中得到证实。[35]例如，在相邻两个房间中的两名被试通过电脑联络相连。研究人员给了每人10美元，并告知被试A，可以将钱赠予被试B，而这笔钱到B的账户后，就会变为原来的3倍。同时B被告知，他可以保留A赠予的钱，也可以将其中一部分返还给A，但返还的这部分钱不会变成原来的三倍。因此，如果A赠予B两美元，B就有了16美元，如果B返还给A三美元，此时，他们的钱都会增加（A有11美元，B有13美元）。

A会赠予B多少钱（或者B会返还多少给A）？这一问题与信任和慷慨程度息息相关。在接受催产素注射后，超过80%的A都非常慷慨。[36]少数的B不值得信任，对自己搭档很无情；他们将收到的所有的钱都据为己有。有意思的是，这些人的催产素受体似乎都有异常。[37]

这一发现启发了研究人员，他们猜测精神病态者和伴有其他人格障碍的病人或许能够通过注射催产素改善症状。那么，他们待人冷漠的问题能够通过这种疗法而有所改观吗？有一项研究比较了健康对照组和人格障碍病人对于情绪刺激的反应有何不同。当看到愤怒的面孔时，有人格障碍的病人会更快地固定住自己的视线，他们之所以这么强烈地关注这张面孔，源于他们的杏仁核中活动增多。但是，当这些病人被注射了催产素后，他们的反应模式同常人的差别就会消失。[38]

即使精神变态者不同寻常的大脑结构和功能能够得到确诊，或者他们的神经内分泌生理机制有特别之处，这对于确定他们的法律责任会有怎样的助益呢？如果尤利乌斯·施特莱彻符合精神病态的标准，他在纽伦堡就应该被宽容对待吗？法庭应该如何看待当今的施特莱彻？

法医学对恶意的看法

欧里庇得斯的《俄瑞斯忒斯》（Oresteia）关注了法律的演化。没有法律，复仇三女神会煽动冤冤相报的复仇循环，谁都无法逃脱，直到所有人都死掉。有了法律之后，人们的观念就发生了变化。社会扮演了公正法官的角色，并强力落实解决条款或惩罚措施。判决应该考虑被告人的精神疾病吗？当患有精神疾病的人犯罪时，法庭非常关心他实施犯罪时的精神状态，以及是否适合出庭受审。这是两个独立的问题，并且不同司法部门对这些问题的裁定大相径庭。纽伦堡审判法庭也设法解决这些问题，尤其是涉及鲁道夫·赫斯的案子，但是这些充满争议的问题有更加古老的法律先例可以遵循。

1843年，英国人丹尼尔·麦克诺顿（Daniel McNaughton）射杀了埃德蒙·德拉蒙德（Edmund Drummond），此前数年他就出现了妄想性障碍。如果不是因为德拉蒙德是首相罗伯特·皮尔（Robert Peel）的助理，这个案子早就湮没在历史长河中了，人们一直没有搞清楚麦克诺顿的目标到底是首相还是德拉蒙德。即使是在19世纪的英国，法庭也认为，如果能够确定被告人患有精神疾病，就会赦免他的罪责。但是，当时只有表现出疯疯癫癫、冲动鲁莽、胡言乱语等症状，才会被认定为患有精神疾病。麦克诺顿属于沉默型的精神失常，坚信有不明人士在监视和纠缠他。他攻击德拉蒙德，只是因为德拉蒙德碰巧在错误的时间出现在错误的地点。法庭认可了他"部分精神错乱"的证据，因此不主张判决他有罪，也不会判处他绞刑。法庭将他关押在精神病院，他在那儿度过了余生。处理麦克诺顿案件的法官写道："虽然没有完全丧失理智，但是理智因疯癫而出现问题……幻觉使他无法控制自己……他的行为与他出现的幻觉有关。"[39]维多利亚女王对法庭的判决非常不满，她在写给一个朋友的信中说："陪审团认为凶手无罪，他们是何居心？我无法接受一个妄图谋杀保守党首相的凶手竟然被判无罪！"[40]

这场风暴最终平息下去，在接下来的一百年中，很多法庭都接受了麦克诺顿规则。"精神失常"意味着被告人的精神疾病妨碍他理解自己行为的性质，因此法庭会判决被告人"由于精神失常而无罪"。如今，在很多司法系统中，以精神疾病为理由的辩护只能减轻而不能免除罪责。因此，对此类被告人的判决从"由于精神失常而无罪"变为"患有精神疾病，但有罪"。他们的刑期通常较短，也可能会被送到为精神病人开设的特殊监狱服刑。不管怎样，他们依然会被定罪，而且要与社会隔离。

在第四章中，我提到，大法官罗伯特·杰克逊对于给战犯做心理测试提出保留意见。他担心这会打开争议的潘多拉之盒，精神病专家的争斗会妨碍审判。他真是有先见之明。多年来，法庭一直在跟此类问题做斗争，尤其是涉及严重人格障碍患者的案件，而纽伦堡战犯中的一些人看起来恰恰就是这类人。考虑到精神病态同大脑之间的多元联系，人们可以精确推断出被告人一方会采取什么辩护策略。甚至是在1962年，杰出的精神病学家伯纳德·戴蒙德（Bernard Diamond）就主张："他们面容没有异常，看起来显然具备按自己意志行事的能力……这纯粹是假象，这种假象掩盖了他们是自己病态大脑的受害者的事实。"[41]

当美国连环杀手约翰·韦恩·盖西（John Wayne Gacy）1980年接受审判时，辩护律师找来一些精神病专家作为证人，证明他患有精神疾病，而且童年遭受虐待。他们声称他患有"假性神经症样偏执型精神分裂症"，也有人表示，他是"临界人格、亚类型的反社会人格或精神病态人格，表现出偏执型精神分裂症的一系列基本症状"，还有人说，他是偏执狂、强迫症患者、自恋狂、"多形变态"，对自己的性取向感到惧怕。简而言之，"他被自己严重的疾病所吞噬"。检察官的说法言简意赅：盖西极端邪恶。陪审团认同检察官的看法。[42]

当代的神经成像、脑激素和精神病态研究不可避免地在法庭上谋得一席之地，并在犯罪学领域开辟了一块新阵地——"神经法学"。如果精神病态被告人的大脑与常人不同，这应该影响法官对他们定罪量刑吗？刊登在《科学》杂志上的一项研究，考察了以"病态大脑"为辩护理由对判决的影响。研究人员要求法官给假设的罪犯量刑，其中一些法官被告知嫌疑人是暴力型精神病态者，另外一些法官则被告知嫌疑人是大脑功能有缺陷的精神病态者。被描述为缺乏悔恨之心或同理心等典型特征的精神病态者，会获得较长的刑期。而被描述为拥有"病态大脑"的精神病态者，会获得相对短的刑期，因为法官认为这类被告人缺乏自控能力并不完全是自己的"错"，而是因为他拥有一个"病态的大脑"。[43]

神经法学的出现比磁共振成像仪的问世早两千年。别忘了，在《蒂迈欧篇》(*Timaeus*)中，柏拉图就主张："因为没有人想要成为恶人，恶人之所以恶，乃是因为身体有病。"[44]丽贝卡·戈德斯坦（Rebecca Goldstein）对柏拉图这一观点做了贴切的重新表述："是我的杏仁核让我干的。"[45]

结　论

在纽伦堡，人们发生了理念碰撞：有人认为恶意确定无疑是一种独特的精神疾病，有人则把它看作行为连续体的一环。本章总结了将恶意视为独特精神疾病的观点。这些描述在多大程度上适用于我们讨论的四名战犯？赫尔曼·戈林被视为典型的、富有魅力的自恋型精神病态者，他冷酷无情，所实施的犯罪行为都是事先精心策划的。尤利乌斯·施特莱彻暴躁冲动，近乎恶魔。罗伯特·莱伊的大脑受损改变了他的行为方式，但矛盾的是，他是纽伦堡战犯中最具有忏悔之心的人。鲁道夫·赫斯像一个谜团，但是大部分观察者认为他饱受妄想性障碍折磨。就法庭而言，对戈林和施特莱彻的诊断，不会影响对他们的定罪量刑。而莱伊在审判开始前自杀身亡，法庭失去了对他进行判决的机会。只有在赫斯的案例中，法庭将他的精神状况作为减刑依据加以考量。

在纽伦堡审判中，我们天真地以为，如果精神病学家和心理学家对被告人进行检查，关于恶意的真相就会大白于天下。事实上，专家只是做出诊断，但是这些诊断结果并没有揭示出恶意的起源。如今，在海牙设有国际战争罪行审判法庭。据我所知，这个法庭并没有在运作中采纳神经法学。不过，神经法学被接纳只是时间问题。

结　语

Conclusion

> 你说我剥夺了你的睡眠，但是你们犯下的罪行让全世界都感到恶心。
>
> ——大法官罗伯特·杰克逊在国际军事法庭的证词，1945年11月21日[*]

追忆往事

40年前，我对纽伦堡法庭的行刑手承诺要研究纳粹战犯，但我多年来一直在逃避。我有太多事情要做——诊疗病人、教授学生、做学术研究以及养家糊口。但是我却一次次与恶意不期而

---

[*] Robert Jackson, "Testimony", November 21, 1945, *Trial of the Major War Criminals before the International Military Tribunal, Nuremberg, 14 November 1945–1 October 1946*, 22 vols. (Nuremberg International Military Tribunal, 1947). 2: 129.

遇，为我的病人在生活中表露的恶意以及当今媒体所报道的形形色色的恶意而感到痛苦。巧合的是，在我的人生路上，我碰到了一些非同寻常之人，他们见证了纳粹战犯的恶意。他们都已经离我而去，我意识到如果再不动笔写下他们的故事，这些故事就会随着我的逝去而消散。

在我大部分的职业生涯中，我一直坚持做研究，因此为了写作这些故事，我首先想到的就是查找档案。科学研究天然具有不可预测性，档案研究尤其如此，因为很多档案杂乱无章，也没有被人翻过，并且可能存放于意想不到的地方。当然，美国国会图书馆和国家档案馆都有丰富的纳粹战争罪行馆藏，但是我的研究将我带到许多不可思议的地方，比如，阿克伦大学、伯克利的阁楼、圣迭戈的咖啡馆、耶路撒冷的客厅、加利福尼亚州的罗纳特公园和马里兰州的银泉市。

我一头扎进始于20世纪40年代的档案之海中。随着"二战"接近尾声，整个世界焦虑不安。一个文明国家怎么能实施经过严密策划的大屠杀计划呢？而且在大屠杀并非最符合德国利益的情况下，纳粹领导人为何还要继续这种毁灭性的行为呢？这看起来很疯狂。甚至在战争结束之前，精神病学家和心理学家就已经承诺研究纳粹战犯的心理。鲁道夫·赫斯的行为如此古怪，他一定患有严重的精神疾病；赫尔曼·戈林有在精神病医院住院治疗的精神病史，而且一直存在药物滥用的问题；尤利乌斯·施特莱彻的恶行罄竹难书，他的自毁行为招致所有人的反感；罗伯特·莱伊的酗酒问题和大脑损伤导致他行为反常，他被抑郁症压垮。这些对所有人都是显而易见的事实，但是公众期待专业研究能够以某种方式揭示现象背后的本质。

在纽伦堡，两名才华横溢、性格却截然不同的年轻医生步入了诊疗战犯的竞技场。我认为他们都找到了自己想要的东西,虽然二人所要达成的目的不同。道格拉斯·凯利认为他们是恶棍和道德缺陷者,他们"有幸"掌权成为政府的领导人,否则,作为普通百姓他们的生活会非常艰难。他们的"幸运"却给世人带来巨大的灾难,他们用自己的才智策划了大屠杀。古斯塔夫·吉尔伯特觉得他们并非恶棍,而是道德败坏的精神病态者,身上烙着该隐的印记。

凯利和吉尔伯特谈论起自己的结论来都信心十足,但是他们都忽略了一点:他们的论点是从很少的样本中推论出的。纽伦堡法庭的被告人都是意识形态坚定的机会主义者、高级官员,他们设计、推进、煽动了对数百万人的大屠杀,但是他们并没有直接参与日复一日的屠杀行动。就像大法官杰克逊所说:"这些被告人位高权重,自己的手上滴血不沾,他们将地位低微的民众当成杀人工具。"[1]如果凯利和吉尔伯特对那些扣动扳机杀人的刽子手进行研究,他们的发现肯定会有所不同。不过,这已经是另外一个问题了。[2]

凯利和吉尔伯特都没有考虑到,在阴冷潮湿的牢房中做心理测试可能会影响他们的观察。囚犯见证了他们政权的彻底覆亡,个人希望的完全破灭。数月以来,他们身处孤独的单间牢房中,而且要面对很可能到来的死刑判决。对于在当时的情形下进行的罗夏测验,我们应该抱有多大的信心?测验结果真的能够解释那些战犯掌权时的想法吗?在开庭陈述时,作为检察官的杰克逊清醒地指出:"在被告席上坐着20多个精神颓丧的人。他们曾经让众人饱受屈辱,现在自己也尝到了这种滋味。当年被他们践踏的人深陷悲惨境地,他们如今也在劫难逃。他们已经永远失去了作恶的能力。真是很难将眼前这些落魄的人跟当年手握大权的纳粹领导人画等号,要知道,他们当时曾经主宰了大半个世界,让芸芸众生深陷在恐惧之中。"[3]杰克逊的评论指出了纽伦堡的精神病学家和心理学家所面对的挑战。在这种情况下，这些专家的研究成果有多大的可信度？

凯利和吉尔伯特当然清楚他们的测验环境不合规范，但是他们仍然竭尽所能，务实地继续进行测试。这算不上是现代研究——没有随机选择的临床实验。但是，这是向正确方向迈进的一步。数千年来，不同的文化都在推测人类为什么会做出卑劣残酷的事情。传统的解释包括神魔附体或者精神错乱。在纽伦堡的专家看来，"神魔附体"是不值得相信的解释，严格来说，"精神错乱"也并不是精确答案，大部分战犯都不符合这种描述。精神病学界和心理学界提供了检查战犯的新方式，即罗夏测验，它的特别之处在于可以窥探战犯的潜意识。但是这项测验非常依赖解读者的判断，而他们无法在对纳粹领导人的看法上达成一致。人们曾期待恶意是单一的，但是专家在研究战犯后得出的结论是，恶意的基石是一系列不同的行为和疾病。观察者对此大为吃惊，并以辱骂的方式表达了自己的不认同。

恶意的文化模板

认为战犯是邪恶残忍的魔鬼，都是一类人——这种观点或许会令人欣慰，但是不切实际，就算是电影中的恶魔也并非如此。在电影和文学作品中出现的经典恶魔形象——弗兰肯斯坦（1818）、德古拉（Dracula）（1897）、杰基尔和海德（Jekyll and Hyde）（1886）都有共同的名字："恶魔"，但是这些形象彼此相去甚远。[4]

在玛丽·雪莱创作的《科学怪人：弗兰肯斯坦》中，恶魔是人造的。维克托·弗兰肯斯坦博士误入歧途制造了恶魔，但是他最终选择了对自己打造出来的怪物的所作所为负责。同样的道理，纽伦堡战犯煽动大众搞大屠杀，他们也要为接下来血流成河的惨案负责。[5]这就是杰克逊大法官和法庭的观点。

布莱姆·斯托克（Bram Stoker）创作的德古拉是完全不同的恶魔，绝对是迥异的"他者"，他不是人造的，来源也最终不为人所知，但是从本质上看，他毫无疑问是恶魔。这种将魔鬼描述为"他者"的观点跟吉尔伯特认为战犯是精神病态者如出一辙，在吉尔伯特看来，战犯是跟我们不同种类的"他者"，他们跟我们没有任何相似之处。

罗伯特·路易斯·史蒂文森（Robert Louis Stevenson）创作的《化身博士：杰基尔医生与海德先生奇案》（*The Strange Case of Dr. Jekyll and Mr. Hyde*）中，怪物既不是被创造出来的，也不是异类的"他者"，他是隐藏在人的潜意识中的魔鬼。这可能是最骇人听闻的恶魔，因为如果恶魔海德可以隐藏于杰基尔的内心之中，那么他当然可以蛰伏于每个人的心中。这也正是道格拉斯·凯利提出的令人担忧的观点。如果身处有问题的社会背景中，每个人——我们中的任何人——都会成为战犯。

思索当今的纽伦堡

在纽伦堡及其以外爆发的激辩勾勒出了恶意的轮廓。最近，我开始思考，在当今的战争罪行审判中，各方会如何争论这些问题。2012年，司法心理学家在研究了近来的国际战争罪行审判后很惊讶地发现，到目前为止，"对被判犯有战争罪的人并没有进行过经验心理学研究"。[6]

比起1945年的前辈来说，我们可以使用的研究工具更加多样、更加先进。如果要对被告人的精神病史和诊断情况进行更精确的界定，我们可以使用结构精神病学访谈法。这听起来只是一种简单的转变，但是这种标准化的研究方法代表了精神病学和心理学领域取得的重大进步。此外，我们可以使用神经成像技术来描绘被告人的大脑结构，探测被告人在进行以诱发冲动性和同理心为主题的实验时会有何种反应。所有这些信息当然都可以被引入法庭作为证据。

即使法庭拿到这些证据，我预感判决结果也会跟1946年时没有太大区别。赫斯可能会在一家精神病医院中度过余生，而不会在像施潘道监狱那样的地方服刑。戈林会被判处死刑或终身监禁，尽管他可能还会服用违禁药品自杀。施特莱彻也会被判处死刑或终身监禁，不过鉴于他粗暴易怒、处事不得体，他可能会很快死在狱中。莱伊神秘莫测，难以理解。今天的法庭对于如何判决会犹豫不决，因为他为自己的罪行深刻忏悔。这种悔罪态度，再加上大脑严重受损的医疗记录，可能会有助于他获得较短的刑期。

这些从当代视角所做的分析当然可以被用于未来的战争罪行的审判，问题是：有人愿意费心做这种研究吗？对纽伦堡战犯的研究能够实现，源于罕见的天时地利人和。首先，对于审判的必要性，各方达成了国际共识；其次，医生、社会科学家和政府高官都认为对战犯的研究至关重要；最后，领导了这项心理研究的凯利和吉尔伯特功不可没，他们靠着因缘际会来到了纽伦堡，没有这两位才华横溢、坚定顽强、爱好争辩的心理学家，上述共识很可能不会开花结果。在海牙国际法庭未来对战争罪行的审判中，这些罕见的天时地利人和还能再现吗？

后　记

我踏上了追寻不太可能得到答案的另一段征途。这个研究主题有何特别之处？相关档案为何会出现在意想不到的地方？这次，我回到了位于加利福尼亚州的家乡，我在高大的红杉林中穿行，它们像哨兵一样挺立在加州大学圣克鲁斯分校图书馆周边，柔和的光束穿透清晨湿润的空气，小树林中的红杉香气四溢，暗冠蓝鸦鸣叫不已。

怀着对恶意进行更透彻研究的希望，我来到这座图书馆。不知道什么原因，图书馆收藏着一些凯利的文件。[7]这些文件对于深入了解凯利的多重身份很有帮助，他同时是魔术师、天文爱好者、电视节目制作人以及擅长讲故事者。但是文件中跟纽伦堡直接相关的信息却寥寥无几。

失望之余，我陷入沉思。真有什么文献能回答我提出的关于恶意的问题？《圣经》直言不讳地指出"地上的黑暗之处，都满了强暴的居所"（《诗篇》74：20）。而诗人巴勃罗·聂鲁达（Pablo Neruda）则满怀希望地总结："尽管沾染了鲜血，但因爱而繁茂的尘世如温床一般。"[8]

凯利认为每个人内心都有邪恶的一角，吉尔伯特则发现了某些人独有的心理暗面——他们二人都是对的。

致　谢

在众人帮助之下，我才得以完成此书的写作。如果说，本书内容准确，可读性强，他们功不可没；而书中出现的差错，则由我来负责。我的妻子南希（Nancy），多年来一直容忍我对这一主题苦思冥想，我之所以能够全神贯注改善令人尴尬的粗糙文字，她功不可没。在我儿子乔纳森（Jonathan）的帮助下，我知道了新一代人对纽伦堡审判的哪些方面感兴趣。

耶鲁大学出版社的编辑珍妮弗·班克斯（Jennifer Banks）对本书的结构提出了宝贵建议。桑迪·戴克斯特拉（Sandy Dijkstra）是一位非常出色的出版代理人，正是她赋予了本书生命。我的助理加里·利亚施（Gary Lyasch）一如既往地耐心十足，对工作一丝不苟。

写作此类书籍必须依赖图书馆以及管理员的帮助。我要感谢加州大学圣迭戈分校的以下诸位：布雷恩·朔特兰德（Brain Schottlaender）、林达·克拉森（Lynda Claassen）和彼得·德文（Peter Devine），他们对于本书创作怀着持久兴趣，并且始终向我提供帮助。贝特·雷马克-霍内夫（Beth Remak-Honnef）在加州大学圣克鲁斯分校引领我查找档案。阿德里安娜·诺埃（Adrianne Noe）和埃里克·博伊尔（Eric Boyle）在美国国家卫生与医学博物馆给我帮了不少忙。理查德·贝克（Richard Baker）令人振奋地在美军军史研究所找到了我需要的档案。玛丽·伊丽莎白·鲁韦尔（Mary Elizabeth Ruwell）热心帮我在美国空军军官学校麦克德莫特图书馆查找档案。阿克伦大学心理学史中心的利泽特·罗耶·巴顿（Lizette Royer Barton）向我提供了大量宝贵的专业意见。拉斐尔（Raphael）和伊丽莎白·罗森（Elizabeth Rosen）在繁忙的研究之余帮我从哥伦比亚大学档案馆查找文献。玛莎·温纳克（Martha Winnacker）在加州大学伯克利分校为我找到了相关文件。苏珊·贝里沙杰（Susan Berishaj）帮我查找了耶鲁大学档案馆。康奈尔大学给我提供了方便查询的线上档案馆。纽约市立大学研究生中心的塔尼亚·多米（Tanya Domi）、纽约大学的彼得·斯坦（Peter Stein）、佛罗里达大学的尼娜·斯托扬-罗森茨魏希（Nina Stoyan-Rosenzweig）帮我找到了相关图片。最后，当然同样重要的是，我要感谢美国国会图书馆、美国国家档案馆和美国大屠杀纪念馆，它们馆藏丰富，是国家的宝贵财富。

摘自《纽伦堡日记》的内容，承蒙珀修斯出版集团（Perseus Book Group）的成员达·卡波出版社（Da Capo Press）的授权，在此表示感谢。

我的多位朋友甚至在自己忙得不可开交之时，不吝向我提供大量中肯的建议。我要感谢多名同事，在历史学领域的专家有：弗兰克·比耶斯（Frank Biess）、杰克·菲舍尔（Jack Fisher）、德博拉·赫兹（Debora Hertz）、苏珊·希尔曼（Susanne Hillman）、朱迪思·休斯（Judith Hughes）、已故的约翰·马里诺（John Marino）和埃里克·范·扬（Eric van Yong）；还有文学专家史蒂夫·考克斯（Steve Cox），传播学专家瓦莱丽·哈特尼（Valerie Hartouni），神经病理学家亨利·鲍威尔（Henry Powell）和劳伦斯·汉森（Lawrence Hansen），心理学家迪安·德利斯（Dean Delis）和威廉·佩里（William Perry），精神病学家戴维·布拉夫（David Braff）、刘易斯·贾德（Lewis Judd）、斯科特·马修斯（Scott Matthews）、罗伯特·尼米罗夫（Robert Nemiroff）、史蒂夫·奥尼什（Steve Ornish）和史蒂夫·斯塔尔（Steve Stahl），电影研究的斯图尔特·沃蒂亚（Stuart Voytilla），法学家马克·埃文斯（Mark Evans）。我还要感谢芭芭拉·尼米罗夫（Barbara Nemiroff）、库尔特·舒勒（Kurt Shuler）和诺伯特·埃伦弗罗因德（Norbert Ehrenfreund）法官，在同他们的谈话中我获得很多启发。道格拉斯·凯利友善宽容地向我提供了他父亲的个人文件，对此我深表谢意。米歇尔·威廉姆森（Michelle Williamson）精巧地重新绘制了第一章的地图。

身处学术界的诸位，你们对于我承担的艰巨任务，一直给予鼓励、启发和指导，你们是我最珍视的宝贵财富。感谢你们。

注 释

序 言

1. 例如,约翰·施泰纳(John Steiner)的著作,他研究纳粹党卫军的优秀著作就建立在对他们近距离观察和问卷调查的基础上。
2. 有意思的是,奥斯维辛集中营的指挥官鲁道夫·赫斯在被处决前夕写给妻子的信中就提到了这一观点。他写道:"我只是恐怖的德国杀戮机器上的一个小齿轮,盲目遵守每一道命令的机器人。"引自Thomas Harding, *Hanns and Rudolf: The True Story of the German Jew Who Tracked Down and Caught the Kommandant of Auschwitz* (New York: Simon and Schuster, 2013), 271。
3. Douglas Kelly, *22 Cells in Nuremberg* (New York: Greenberg, 1947; reprint ed., New York: MacFadden, 1961), and G.M. Gilbert, *Nuremberg Diary* (New York: Farrar, Straus and Giroux, 1947; reprint ed., New York: Da Capo, 1995), 是基本的信息来源。Eric A. Zillmer, Molly Harrower, Barry A. Ritzler, and Robert P. Archer, *The Quest for the Nazi Personality: A Psychological Investigation of Nazi War Criminals*(Hillsdale, NJ: Lawrence Erlbaum,1995)and Florence R. Miale and Michael Selzer, *The Nuremberg Mind: The Psychology of the Nazi Leaders*(New York:Quadrangle,1995)是罗夏墨迹测验的关键信息来源。Jack El-Hai, *The Nazi and the Psychiatrist: Hermann Göring, Dr. Douglas M. Kelley, and a Fatal Meeting of Minds at the End of WW II* (New York: Public Affairs,2013),为了解凯利的生活提供了急需的深刻见解。
4. 特别感谢加州大学圣迭戈分校、加州大学圣克鲁斯分校、美国国家卫生与医学博物馆、美军军史研究所、美国空军军官学校麦克德莫特图书馆、阿克伦大学心理学史中心、哥伦比亚大学档案馆、加州大学伯克利分校、耶鲁大学档案馆、康奈尔大学档案馆、纽约市立大学研究生中心、纽约大学、佛罗里达大学、美国国会图书馆、美国国家档案馆、美国大屠杀纪念馆。
5. E. H. Carr, *What Is History*? (Cambridge: Cambridge University Press, 1961.)

6. Joel E. Dimsdale, ed., *Survivors, Victims, and Perpetrators: Essays on the Nazi Holocaust* (Washington, DC: Hemisphere, 1980), 284-287.
7. Rose Macauley, *The Towers of Trebizond* (New York: Farrar, Straus and Giroux, 1956), 226.
8. J.E. Exner, *The Rorschach Systems* (New York: Grune and Stratton, 1969).
9. Valerie Hartouni, *Visualizing Atrocity: Arendt, Evil, and the Optics of Thoughtlessness* (New York: New York University, 2012), 66.

第一章 大屠杀：这场种族灭绝为何异于其他大屠杀？

1. 精神病学和历史学之间的边界历来存在争论。一方面，精神病学和心理学通常充斥着过多的心理历史学术语。例如，英国精神病学家亨利·迪克斯（Henry Dicks）这样描述纳粹领导人："明显拥有一种性前期或不成熟的个性结构，在这种结构中力比多组织紧随一种施虐—受虐狂模式，而这种模式建立在和母亲之间脆弱关系的压抑氛围基础上，导致他们成为一种典型的同性恋妄想狂……与严酷并且爱恨矛盾的父亲人格有关。"引自 Henry V. Dicks, "Personality Traits and the National Socialist Ideology: A War-Time Study of Germany Prisoners of War," *Human Relations* 3, no. 2(1950): 113-114。另一方面，朱迪思·休斯（Judith Hughes）则简洁提及 "离开心理学是写不出自传的"。Judith M. Hughes, *The Holocaust and the Revival of Psychological History* (New York: Cambridge University Press, 2015), 10.
2. Ian Kershaw, *Hitler, the Germans, and the Final Solution* (New Haven: Yale University Press, 2008), 363, 364.
3. Snyder, *Bloodlands*, 227.
4. 这一引语的真实性存在争议。
5. Charles Y. Glock, Gertrude J. Selznick, and Joe L. Spaeth, *The Apathetic Majority: A Study Based on Public Responses to the Eichmann Trial* (New York: Harper and Row, 1966), 26.
6. Raul Hillberg, "The Development of Holocaust Research," in *Holocaust Historiography in Context: Emergence, Challenges, Polemics, and Achievements*, ed. David Bankier and Dan Michman (Jerusalem: Yad Vashem, 2008), 33.

7. Alon Confino, *A World without Jews: The Nazi Imagination from Persecution to Genocide* (New Haven: Yale University Press, 2014)对这些动机进行了深入探讨。
8. Yitzhak Katzsnelson as quoted in Dan Michman, "introduction", in Bankier and Michman, *Holocaust Historiography in Context*, Ⅱ.
9. Patrick Girard, "Historical Foundations of Anti-Semitism," in *Survivors, Victims, and Perpetrators: Essays on the Nazi Holocaust*, ed. Joel E. Dimsdale (Washington, DC: Hemisphere, 1980).
10. Robert H. Jackson, testimony, November 21, 1945, *Trial of the Major War Criminals before the International Military Tribunal, Nuremberg, 14 November 1945-1 October 1946*, 22 vols. (Nuremberg: International Military Tribunal, 1947), 2:104.
11. Kershaw, *Hitler, the Germans, and the Final Solution*.
12. Zygmunt Bauman, *Modernity and the Holocaust* (Ithaca, NY: Cornell University Press, 1989), 26.
13. Translation of document 20, *Documents of the Persecution of the Dutch Jewry, 1940-1945*, Joods Historisch Museum Amsterdam (Amsterdam: Athenaeum-Polak en Van Gennep, 1960), 139.
14. Raul Hilberg, *The Destruction of the European Jews* (Chicago: Quadrangle Books, 1967), 152.
15. 有许多音乐家被逼为纳粹工作,古斯塔夫·马勒的侄女阿尔玛·罗斯(Alma Rose)就是其中之一,她在奥斯维辛被迫指挥犯人组成的乐队进行演奏,最后死在集中营。
16. 有关特雷布林卡灭绝营中通往毒气室的路上张贴的标语,参见 Samuel Rajzman, testimony, February 27,1946, *Trial of the Major War Criminals*, before the International Military Tribunal, February 27,1946,8:325;有关毒气室入口处的文字和图案,参见 Snyder, *Bloodlands*,270。
17. Snyder, *Bloodlands*, 271.
18. Günther Schwarberg, *The Murders at Bullenhuser Damm: The SS Doctor and the Children* (Bloomington: Indiana University Press, 1984).
19. Major Elwyn Jones, testimony, August 8, 1946, *Trail of the Major War Criminals*,

20:519.

20. Hilberg, *Destruction of the European Jews*, 249.
21. Christopher R. Browning, *Ordinary Men: Reserve Police Battalion 101 and the Final Solution in Poland* (New York: Harper Perennial, 1998), 159.
22. George M. Kren and Leon Rappoport, *The Holocaust and the Crisis of Human Behavior* (New York: Homes and Meier, 1994), 82.
23. David Bankier, *The Germans and the Final Solution: Public Opinion under Nazism* (Oxford: Blackwell, 1992).
24. Hilberg, *Destruction of the European Jews*, 216.
25. 只有毒气很便宜，杀一个人平均只花半美分。Irving Greenberg, " Cloud of Smoke, Pillar of Fire: Judaism, Christianity, and Modernity after the Holocaust," in *Auschwitz: Beginning of a New Era? Reflections on the Holocaust*, ed. Eva Fleischner (New York: KTAV, 1997), II.
26. Hilberg, *Destruction of the European Jews*, 645.
27. Fritz, Sauckel, quoted in Joseph E. Persico, Nuremberg: Infamy on Trial (New Yrok: Penguin, 1994), 164.
28. Snyder, *Bloodlands*, 257.
29. Hilberg, *Destruction of the European Jews*, 218.
30. Hans Frank quoted in Snyder, *Bloodlands*, 214.
31. Otto Ohlendorf, testimony, January 3, 1946, *Trail of the Major War Criminals*, 4:321-323.
32. Browning, *Ordinary Men*, 25.
33. Hannah Arendt, *Eichmann in Jerusalem* (New York: Viking, 1964), 106.
34. Hilberg, *Destruction of the European Jews*, 595-596.
35. 对各族群和群体的死亡人数的估算说法不一。
36. 从圣迭戈到柏林的直线距离为5837英里。
37. George Steiner, *In Bluebeard's Castle: Some Notes towards the Redefinition of Culture* (New Haven: Yale University Press, 1971), 30-31, 53-54.

第二章 战犯陆续来到"垃圾箱"

1. "垃圾箱"监狱中关押着其他许多战犯,但是他们不是本书要讲述的重点。
2. 很多代号都听起来非常怪异。法兰克福附近的一个类似的英国战俘营代号为"垃圾桶"(Dustbin)。
3. John E. Dolibois, *Pattern of Circles: An Ambassador's Story* (Kent, OH: Kent State University Press, 1989), 85.
4. Biography, Burton C. Andrus Collection, Us Army Military History Institute.
5. Joseph E. Persico, *Nuremberg: Infamy on Trial* (New York: Penguin, 1994), 49.
6. Burton C. Andrus, *The infamous of Nuremberg* (London: Leslie Frewin, 1969), 22.
7. Hermann Göering, "'Too Heavy' for US Plane Transport after Capture," *Telegraph*, January 31, 2011.
8. Andrus, *Infamous of Nuremberg*, 29-30.
9. Eugene Davidson, *The Trial of the Germans: An Account of The Twenty-Two Defendants Before the International Military Tribunal at Nuremberg* (New York: Macmillan, 1966; reprint ed., Columbia: University of Missouri Press, 1997), 66.
10. Dolibois, *Pattern of Circles*, 86.
11. Ibid, 169.
12. Andrus, *Infamous of Nuremberg*, 29.
13. Ibid, 31.
14. Ibid, 34.
15. Jack El-Hai, *The Nazi and the Psychiatrist: Hermann Göring, Dr. Douglas M. Kelley, and a Fatal Meeting of Minds at the End of WWII* (New York: Public Affairs, 2013), 23.
16. Douglas M. Kelly personal papers.
17. Galbraith, "Cure at Mondorf Spa."
18. Dolibois, *Pattern of Circles*, 118.
19. Ronald Smelser, *Robert Ley: Hitler's Labor Front Leader* (Oxford: Berg, 1988), 2.
20. Ibid, 112.
21. Ibid, 113.

22. Judgment of The International Military Tribunal, "Judgement: Streicher," available at http://avalon.law.yale.edu./imt/judstrei.asp.
23. Julius Streicher, personal statement(translated), June 16, 1945, Julius Streicher Collection, folder I, Center for Jewish History, Leo Baeck Institute.
24. Andrus, *Infamous of Nuremberg*, 53.
25. Ibid, 39.
26. Dolibois, *Pattern of Circles*, 113.
27. Ibid, 116.
28. Ibid, 111.
29. Ibid.
30. Ibid, 104.
31. Quoted in George Tucker, "Doomsday for the Guilty," *Collier's*, September 22, 1945.
32. Dolibois, *Pattern of Circles*, 123.
33. Ibid, 129.
34. Andrus, *Infamous of Nuremberg*, 39; El-Hai, *Nazi and Psychiatrist*, 63.
35. Associated Press, "Rolling Your Own Is Rugged-Just Ask Herr Goering," *Maple Leaf*, August 1, 1945.
36. Galbraith, "'Cure' at Mondorf Spa."
37. On Camp Ashcan, 参见 http://en.wikipedia.org/wiki/Camp_Ashcan。
38. George McDonald, *Frommer's Belgium, Holland And Luxembourg* (Hoboken, NJ: Wiley, 2011).

第三章　纽伦堡战争罪审判：该如何处理这些战犯？

1. Werner Maser, *Nuremberg: A Nation on Trial*, trans. Richard Barry (New York: Scribner's, 1979), 25.
2. Joseph E. Persico, *Nuremberg: Infamy on Trial* (New York: Penguin, 1994), 8.
3. Joseph Pulitzer, quoted in "Urges Executions Of 1,500,000 Nazis," *New York Times*, May 23, 1945.
4. Seymour Peyser, quoted in Bruce M. Stave and Michele Palmer, *Witnesses to*

Nuremberg: An Oral History of American Participants at The War Crimes Trials (New York: Twayne, 1998), 145.

5. A. N. Trainin, quoted in A. Neave, *Nuremberg: A Personal Record of the Trial of the Major Nazi War Criminals in 1945-1946* (London: Hodder and Stoughton, 1978), 229.

6. Telford Taylor, *The Anatomy of the Nuremberg Trials: A Personal Memoir* (New York: Alfred A. Knopf, 1992), 43.

7. Ibid, 44, 45.

8. Robert H. Jackson, *Report to the President on Atrocities and War Crimes*: *June 7, 1945*, http://avalon.law.yale.edu/imt/imt/imt_jacko1.asp.

9. Taylor, *Anatomy of the Nuremberg Trials*, 64.

10. 特尔福德·泰勒（Telford Taylor）描述了有些翻译是多么敏感。一个苏联译员不愿翻译"倒洗澡水时连孩子一块儿倒掉"这一表达，他宣称"这不好"。Taylor, *Anatomy of the Nuremberg Trials*, 101.

11. Francis Biddle, quoted in Stave and Palmer, *Witnesses to Nuremberg*, 5.

12. Jackson, testimony, July 26, 1946, *Trial of the Major War Criminals*, 19:423.

13. Maser, *Nuremberg*, 273.

14. 他通常被人们称为"野蛮比尔"多诺万，这来源于他在哥伦比亚大学足球队效力时的绰号。

15. Christopher Dodd, *Letters from Nuremberg: My Father's Narrative of a Quest for Justice* (New York: Crown, 2007) 255.

16. 他后来成为参议员。Dodd, *Letters from Nuremberg*，103.

17. Maser, *Nuremberg*, 253.

18. Inan Nikitchenko, quoted in Eugene Davidson, *The Trial of the Germans: An Account of the Twenty-Two Defendants before the International Military Tribunal at Nuremberg* (New York: Macmillan, 1966; reprint ed., Columbia: University of Missouri Press, 1997), 18.

19. Persico, *Nuremberg*, 204.

20. Ibid, 82-84；Douglas M. Kelley personal paper.

21. Davidson, *Trial of the Germans*, 165.

22. G. M. Gilbert, *Nuremberg Diary* (New York: Farrar, Straus and Giroux, 1947; reprint ed., New York: Da Capo, 1995), 192, 193.

23. Joseph Maier, quoted in Stave and Palmer, *Witnesses to Nuremberg*, 115.
24. 弗里茨·绍克尔是德国图林根州的长官、劳动力调配全权代表，引自 Gilbert, *Nuremberg Diary*, 75。
25. Dodd, *Letters from Nuremberg*, 229.
26. Hermann Göring, quoted in Gilbert, *Nuremberg Diary*, 113.
27. Douglas Kelley, *22 Cells in Nuremberg* (New York: Greenberg, 1947; reprint ed., New York: MacFadden, 1961), 56.
28. National Archives, Record Group 238: National Archives Collection of World War II War Crimes Records, 1933-1949, Series: Documents Primarily Relating to the Defendants at the International Military and Trials at the Military Tribunals at Nuremberg and Replevined from James P. Atwood, 1945-1947.
29. Ursula Sherman, quoted in Leslie Katz, "Nuremberg—50 Years after Trial of Nazi Horrors," *Jewish Bulletin of North Carolina,* November 17, 1995.
30. Brady Bryson, quoted in Hilary Gaskin, *Eyewitnesses at Nuremberg* (London: Arms and Armour, 1991), 172, 173.
31. 这一章有一个具有讽刺意味的结尾。美国国家档案馆中的许多文件证明了纽伦堡审判对参与者造成的负面影响。在相关档案中，有一份来自纽伦堡的关键文件包含精神病诊疗记录，这一文件被贴上了"临时取回文件"的标签。"临时取回"？档案学中确实有比较另类的分类方法，但是，这份文件的分类方式也太奇怪了。这个词的意思是追回被非法拿走的财物。派往纽伦堡法庭负责内部安保的一个美国人在未经许可的情况下，拿了这些文件并带回家作为纪念品。他不是通常意义上的小偷。他的军官绩效考核报告将他描述为"一名勤奋的军官，军纪严整，品德高尚。聪慧，表达能力强。严于律己，勤奋，勇于担当"。National Archives, Record Group 238: National Archives Collection of World War II War Crimes Records, 1933-1949, Series: Documents Primarily Relating to the Defendants at the International Military and Trials at the Military Tribunals at Nuremberg and Replevined from James P. Atwood, 1945-1947. 这份文件后来被追回，文件中包含大量信息。

第四章 战犯和精神病学家

1. Rudolf Hess, unpublished document, Douglas M. Kelley personal papers.
2. Hess, quoted *in The Case of Rudolf Hess: A Problem in Diagnosis and Forensic Psychiatry*, ed. J. R. Rees (New York: W. W. Norton, 1948), ix.
3. J. Gibson Graham, quoted in ibid., 17.
4. Henry Dicks, quoted in ibid., 34.
5. Gibson Graham, quoted in ibid., 21.
6. Ibid, 25.
7. Dicks, quoted in ibid., 28,29.
8. Ellis Jones, N. R. Phillips, and Dicks, quoted in ibid., 71.
9. Jones, Phillips, and Dicks, quoted in ibid., 72.
10. Hess, quoted in ibid., 82.
11. Ibid, 88.
12. Ibid, 16.
13. Winston Churchill, quoted in Stephen McGinty, *Camp Z: The Secret Life of Rudolf Hess* (London: Quercus, 2011), 149.
14. 在后来的岁月中，多利布瓦拥有辉煌的职业生涯，他做过迈阿密大学的副校长和美国驻卢森堡大使。
15. John E. Dolibois, *Pattern of Circles: An Ambassador's Story* (Kent, OH: Kent State University Press, 1989), 187.
16. Eric A. Zillmer, Molly Harrower, Barry A. Ritzler, and Robert P. Archer, *The Quest for the Nazi Personality: A Psychological Investigation of Nazi War Criminals* (Hillsdale NJ: Lawrence Erlbaum, 1995), 41.
17. Gustave Gilbert, quoted in Ian Bevan, "Finding How the Nazi Mind Works," *Sydney Morning Herald*, December 19, 1945.
18. Joseph E. Persico, *Nuremberg: Infamy on Trial* (New York: Penguin, 1994), 232.
19. The American Association on Mental Deficiency, the American branch of the international League against Epilepsy, the American Neurological Association, the American Orthopsychiatric Association, the American Psychiatric Association, the American Society for Research in Psychosomatic Problems, and

the National Committee for Mental Hygiene. 如今，如此多的组织基本上不可能就任何问题达成一致并发表共同宣言，或许唯一的例外是为国家卫生研究院争取更多拨款。

20. Robert Houghwout Jackson Papers, box 107, Library of Congress.
21. Ibid.
22. 这一测验虽然看上去非常没有条理，但其实是一种精心设计的测验者和病人之间的交流方式。测验者给病人展示十张图卡，并问病人："这张图卡让你想到了什么？"得到回答后，接着问："你能否指出这张图卡的哪一部分让你得出刚才的答案？"有些图卡是黑白相间的，另外一些则涂了颜色。病人一般对每张图卡都会给出各种解释，这些解释会被认真编号。测验者会一字不差地记下病人对于每张图卡的解释，测验者需要分析病人解释的主题，不过给他们评分要考虑更多的因素。测验者要记录下病人做出回答花了多长时间。病人是对所有的图卡都有所回应还是只回应了其中一张？病人是留意到墨迹中彩色的部分还是灰色的部分，是更关注黑色的墨迹还是空白部分？他们看到的图案形状是否容易辨认？例如，病人将一张图卡中的特定部分辨认为跳舞的人，测验者能很容易看见，还是需要思维的大幅跳跃才能看见这种形状呢？
23. Jackson to John Millet, June 23, 1945, Jackson Papers.
24. Ibid.
25. Millet to Jackson, August 16, 1945, Jackson Papers.
26. Jackson to Millet, October 12, 1945, ibid.
27. Memo to commanding officer, Internal Security Detachment, ibid.
28. 说真的，考虑到赫斯此前使用阿米妥的经验，对注射阿米妥的病人进行精神检测的效果也存疑。
29. Memo to Colonel Paul Schroeder, December 17, 1945, Jackson Papers.
30. Millet to Jackson, June 3, 1946, ibid.
31. Erich Fromm, *Anatomy of Human Destructiveness* (New York: Holt, Rinehart And Winston, 1973), chapter 13.
32. 关于人类学家在战争中发挥作用的严谨讨论，见Peter Mandler, *Return from the Natives: How Margaret Mead Won the Second World War and Lost the Cold War* (New Heaven: Yale University Press, 2013)。

33. 英国人也对心理学有浓厚的兴趣，利用了威尔弗雷德·拜昂(Wilfred Bion)和约翰·鲍尔比(John Bowlby)的专业知识，他们对于"二战"后的精神病学和心理学的发展发挥了中心作用。
34. 这本希特勒传记最终被解密并于1972年出版。W. Langer, *The Mind of Adolf Hitler: The Secret Wartime Report* (New York: Basic Books, 1972).
35. 丹尼尔·皮克（Daniel Pick）的杰出著作《探寻纳粹领导人的思想：希特勒、赫斯和精神分析师》(*The Pursuit of the Nazi Mind : Hitler, Hess, and the Analysts*.Oxford: Oxford University Press, 2012）详细介绍了多诺万的一些计划，尤其是第117页至120页。
36. 大部分美国监狱都令人遗憾地不再把"改造"囚犯作为目标。
37. Burton Andrus, quoted in Ann Tusa and John Tusa, *The Nuremberg Trial* (New York: Skyhorse, 2010), 232.
38. Gustave Gilbert, transcript, *The Trial of Adolf Eichmann*, session 55, May 29, 1961, The Nizkor Project, http://www.nizkor.org/hweb/piople/e/eichmann-adolf/transcripts/Sessions/Session-055-01.html.
39. Persico, *Nuremberg*, 186, 189.
40. Kelley, *22 cells in Nuremberg*, 17.
41. Kelly to Donovan, undated, Donvan Nuremberg Trials Collection, Cornell University Law Library.
42. David Irving, *Nuremberg: The Last Battle* (London: Focal Point, 1996), 212.
43. 他们还对战犯实施了主题统觉测验，但是对此讨论不多，他们后来的著作主要谈的是智商检测和罗夏墨迹测验。
44. "Talk of The Town," *New Yorker*, June 1,1946,19.
45. 刘易斯·特曼是斯坦福大学的心理学家，他长期追踪研究加利福尼亚的高智商孩子。
46. D. M. Kelley, "Preliminary Studies of the Rorschach Records of the Nazi War Criminals," *Rorschach Research Exchange AND Journal of Projective Techniques 10* (1946): 45-48.
47. 这一事实比较不寻常，因为在病人完全没有看过相似图卡的情况下，罗夏墨迹测验才会更加有效。
48. James Owen, Nuremberg: *Evil on Trial* (London: Headline Review, 2006), 115.

49. Jack El-Hai, *The Nazi and the Psychiatrist: Hermann Göring, Dr. Douglas M. Kelley, and a Fatal Meeting of Minds at the End of WW II* (New York: Public Affairs, 2013), 141.
50. Zillmer, Harrower, Ritzler, and Archer, *Quest for the Nazi Personality*, xvii.
51. L. Davis, "Hitler Gang Just Ordinary Thugs, Psychiatrist Says," *Nashville Tennessean*, January 29, 1946.
52. Persico, *Nuremberg*, 170.
53. 吉尔伯特也未经许可接受了媒体采访，但是，他的话比较无趣，不值得引用。
54. Howard Whitman, "What Goering& Co. Talk about in Their Cells as Told by Dr. Douglas M. Kelley," *Sunday Express*, August 25, 1946; Burton C. Andrus Collection, box 33, folder 91, Us Army Military History Institute.
55. A. Rosenberg, cited in El-Hai, Nazi and Psychiatrist, 142.

第五章　被告人罗伯特·莱伊的"病态大脑"

1. Robert Houghwout Jackson Papers, box 107, Library of Congress (hereafter cited as Jackson Papers).
2. 从科学的角度来看，这很可惜，但是当时人们担心如果战犯被土葬，他们的坟墓可能会成为新纳粹分子的圣殿。
3. Ronald Smelser, *Robert Ley: Hitler's Labor Front Leader* (Oxford: Berg, 1988), 18.
4. Robert Ley, quoted in ibid., 62.
5. Ibid, 19.
6. Associated Press, "German Criminal Makes Gallows of Towel and Pipe," Nuremberg, October 25, 1945.
7. Smelser, *Robert Ley*, 144.
8. Ibid, 2.
9. Ibid, 211.
10. Hermann Göring, quoted in ibid., 257.
11. Ian Kershaw, *The End: The Defiance and Destruction of Hitler's Germany, 1944-1945* (New York: Penguin, 2011).

12. Smelser, *Robert Ley*, 18.
13. Cited in ibid., 114.
14. AP, "German Criminal Makes Gallows."
15. Douglas Kelley, *22 Cells in Nuremberg* (New York: MacFadden, 1947), 125.
16. Robert Ley, quoted in Robert Overy, *Interrogations: The Nazi Elite in Allied Hands* (New York: Viking, 2001), 494, 498.
17. Interrogation of Robert Ley, National Archives, Record Group 238: National Archives Collection of World War II War Crimes Records, Microfilm Collection M1270: Interrogation Records Prepared for War Crimes Proceedings at Nuremberg, 1945-1947(hereafter cited as Interrogation Records), roll 12.
18. Overy *Interrogations*, 167.
19. John E. Dolibois, *Pattern of Circles: An Ambassador's Story* (Kent, OH: Kent State University Press, 1989), 118.
20. Kelley, *22 cells In Nuremberg*, 114.
21. Interrogation of Ley, October 6, 1945, Interrogation Records, roll 12.
22. Ibid., October 11, 1945.
23. Ibid., October 18, 1945.
24. Burton Andrus, quoted in Dodd, *Letters from Nuremberg*, 181.
25. Quoted in Burton C. Andrus, *The Infamous of Nuremberg* (London: Leslie Frewin, 1969), 90.
26. Lieutenant Colonel Rene H. Juchli to Major General Donovan, November 2, 1945, Donovan Nuremberg Trials Collection, Cornell University Law Library.
27. Douglas Kelley, memo, October 26, 1945, ibid.
28. D. M. Kelley, "Preliminary Studies of the Rorschach Records of the Nazi War Criminals," *Roschach Research Exchange and Journal of Projective Techniques 10* (1946): 46.
29. Kelley, quoted in Dolibois, *Pattern of Circles*, 119.
30. Kelley, "Preliminary Studies of the Rorschach Records," 45-48.
31. Stefan Link, "Rethinking the Ford-Nazi Connection," *Bulletin of The GHI 49* (2011):135-150.
32. Kelley, "Preliminary Studies of the Rorschach Records," 45-48.

33. Webb Haymaker Collection, box 10, Otis Historical Archives, National Museum of Health and Medicine, Armed Forces Institute of Pathology.
34. "Doctors Find Brain of Ley, Nazi Suicide, Diseased for Years," *Evening Star* (Washington, DC), January 18, 1946.
35. "Dr. Robert Ley's Brain," *Medical Record* 159(1946): 188.
36. Smelser, *Robert Ley*, 30.
37. Douglas Kelley, Telex Note, Webb Haymaker Collection, box 10.
38. "Dr Robert Ley's Brain," *Medical Record*, 159:188, 1946.
39. Molly Harrower Papers, box M3208, folder 9, Archives of the History of American Psychology, the Center for the History of Psychology, University of Akron.轻薄切片上的细胞在显微镜下也很难看到，因此人们通常用各种颜色的染料给组织着色。染色的另一大优势是不同类型或不同部位的细胞会吸收不同的颜色。不过将着色后的超薄组织切片灌封进载玻片时存在一个风险，它可能会被撕裂或扭曲变形。
40. Eric A. Zillmer, Molly Harrower, Barry A. Ritzler, and Robert P. Archer, *The Quest for the Nazi Personality: A Psychological Investigation of Nazi War Criminals* (Hillsdale, NJ: Lawrence Erlbaum, 1995), 32.

第六章　被告人赫尔曼·戈林：和蔼可亲的精神病态者

1. Douglas Kelley, *22 Cells in Nuremberg* (New York: Greenberg, 1947; reprint ed., New York: MacFadden, 1961), 52.
2. John E. Dolibois, *Pattern of Circles: An Ambassador's Story* (Kent, OH: Kent State University Press, 1989), 130.
3. Kelley, *22 Cells in Nuremberg*, 51.
4. Eugene Davidson, *The Trial of the Germans: An Account of The Twenty-Two Defendants before the International Military Tribunal at Nuremberg* (New York: Macmillan, 1966; reprint ed., Columbia: University of Missouri Press, 1997), 63.
5. Dolibois, *Pattern of Circles*, 129.
6. Interrogation of Herman Göring, National Archives, Record Group 238: National Archives Collection of World War II War Crimes Records, Microfilm Collection

M1270: Interrogation Records Prepared for War Crimes Proceedings at Nuremberg, 1945-1947(hereafter cited as Interrogation Records), roll 5.
7. Dolibois, *Pattern of Circles*, 130.
8. Interrogation of Göring, Interrogation Records, roll 5.
9. Ibid.
10. Dolibois, *Pattern of Circles*, 130.
11. Leon Goldensohn, *The Nuremberg Interviews*, ed. Robert Gellately (New York: Alfred A. Knopf, 2004), 131.
12. Ibid., 131-132.
13. Joseph Maier, quoted in Bruce M. Stave and Michele Palmer, *Witnesses to Nuremberg: An Oral History of American Participants at the War Crimes Trials* (New York: Twayne, 1998), 115-116.
14. Werner Maser, *Nuremberg: A Nation on Trial,* trans. Richard Barry (New York: Scribner's, 1979), 91; Burton C. Andrus, *the Infamous of Nuremberg* (London: Leslie Frewin, 1969), 113-114.
15. Hermann Göring, quoted in Andrus, *Infamous of Nuremberg*, 136.
16. Göring, quoted in Gilbert, *Nuremberg Diary*, 114.
17. Ibid., 137.
18. Kelley, *22 cells in Nuremberg*, 58.
19. Janet Flanner (aka Genêt), "Letter from Nuremberg," *New Yorker*, March 23, 1946, 80.
20. 阿尔贝特·施佩尔是个例外，他认为戈林懒惰、腐化。Gilbert, *Nuremberg Diary*, 201.
21. Schacht, quoted in ibid., 186.
22. Harold Burson, quoted in Stave and Palmer, *Witnesses to Nuremberg*, 185.
23. Göring, testimony, March 18, 1946, *Trial of the Major War Criminals before the International Military Tribunal, Nuremberg, 14, November 1945-1 October 1946,* 22 vols. (Nuremberg: International Military Tribunal, 1947), 9:454.
24. Davidson, *Trial of the Germans*, 61.
25. Göring, quoted in Gilbert, *Nuremberg Diary*, 208.
26. Göring, quoted in ibid., 12.

27. D. M. Kelley, "Preliminary Studies of the Rorschach Records of the Nazi War Criminals," *Rorschach Research Exchange and Journal of Projective Techniques* 10 (1946): 45-48.
28. Zillmer, Harrower, Ritzler, and Archer, *Quest for the Nazi Personality*, 81.
29. Kelley, *22 Cells in Nuremberg*, 44.
30. Göring, cited in Jack El-Hai, *the Nazi and the Psychiatrist: Hermann Göring, Dr. Douglas M. Kelley, and a Fatal Meeting of Minds at the End of WW II* (New York: Public Affairs, 2013), 78.
31. Ibid., 60-61.
32. Dukie Kelley, note, Douglas M. Kelley Personal Papers.
33. Zillmer, Harrower, Ritzler, and Archer, *Quest for the Nazi Personality*, 82.
34. Kelley, *22 Cells in Nuremberg*, 44.
35. ibid., 53.
36. August 8, 1945, Kelley Personal Papers.
37. Kelley, *22 Cells in Nuremberg*, 49. 有人质疑凯利的这些话是否可信。监狱的食物非常糟糕，监狱长安德鲁斯宣称他每天都强制戈林用餐。
38. Kelley, *22 Cells in Nuremberg*, 49.
39. Kelley, cited in El-Hai, *Nazi and Psychiatrist*, 95.
40. National Archives, Record Group 238: National Archives Collection of World War II War Crimes Records, 1933-1949, Series: Documents Primarily Relating to the Defendants at the International Military and Trials at The Military Tribunals at Nuremberg and Replevined from James P. Atwood, 1945-1947.
41. Ibid., box 8.
42. G. M. Gilbert, *The Psychology of Dictatorship: Based on an Examination of the Leaders of Nazi Germany* (New York: Ronald Press, 1950), 96.
43. Ibid., 89.
44. Gilbert, *Nuremberg Diary*, 216.
45. Göring, quoted in ibid., 278.
46. Ibid., 312.
47. Gustave Gilbert, quoted in Andrus, *Infamous of Nuremberg*, 95.
48. Gilbert, *Psychology of Dictatorship*, 115.

49. Göring, as per Gustave gilbert, Rorschach test report, December 9, 1949, the Center for the History of Psychology, University of Akron, Archives of the History of American Psychology, Molly Harrower Papers (hereafter cited as Harrower Papers), box M3100, folder 2.
50. Harrower Papers, box M3199, folder 2.
51. Gilbert, *Psychology of Dictatorship*, 108.
52. Gilbert, *Nuremberg Diary*, 435.
53. Harrower Papers, box M3199, folder 2.
54. Joseph E. Persico, *Nuremberg: Infamy on Trial* (New York: Penguin, 1994), 408-409.
55. Harrower Papers, box M3199, folder 2.
56. Gilbert, *Psychology of Dictatorship*, 109.
57. G.M. Gilbert, "Hermann Göring: Amiable Psychopath," *Journal of Abnormal Social Psychology* 43 (1948): 211-229.
58. Harrower Papers, box M3199, folder 2.
59. Göring, quoted in Dolibois, *Pattern of Circles*, 208.
60. Göring, quoted in Persico, *Nuremberg*, 419.
61. Kingsbury Smith, Associated Press, October 16, 1946, as quoted in Smith Obituary, *Los Angeles Times*, February 6, 1999.
62. Kelley, *22 Cells in Nuremberg*, 61.
63. Gilbert, *Nuremberg Diary*, 435.
64. Christine Goeschel, *Suicide in Nazi Germany* (Oxford: Oxford University Press, 2009), 158.
65. Gitta Sereny, *Albert Speer: His Battle with Truth* (New York: Alfred A. Knopf, 1995), 543; Roger Forsgren, "The Architecture of Evil," *New Atlantis*, no. 36 (2012): 44-62.
66. Bob Pool, "Former GI Claims Role in Göring's Death," *Los Angeles Times*, February 7, 2005.
67. Petronella Wyatt, "The Quality of Mercy," *Spectator*, February 1, 2003, 48.
68. "War Crimes: Night Without Dawn," *Time*, October 28, 1946, 35.
69. Andrus, *Infamous of Nuremberg*, 15.

70. Burton C. Andrus, quoted in Persico, *Nuremberg*, 449.

第七章 被告人尤利乌斯·施特莱彻:"恶人"

1. Eugene Davidson, The Trial of The Germans: An Account of the Twenty-Two Defendants before the International Military Tribunal at Nuremberg (New York: Macmillan, 1966; reprint ed., Columbia: University of Missouri Press, 1997), 43.
2. Julius Streicher, quoted in G. M. Gilbert, *Nuremberg Diary* (New York: Farrar, Straus and Giroux, 1947; reprint ed., New York: Da Capo, 1995), 36.
3. Burton C. Andrus, *The Infamous of Nuremberg* (London: Leslie Frewin, 1969),103.
4. Douglas M. Kelley personal papers.
5. Davidson, *Trial of The Germans*, 54.
6. Ibid., 46.
7. Margaret Eastwood, *The Nuremberg Trial of Julius Streicher: The Crime of "Incitement to Genocide"* (Lewiston, NY: Edwin Mellen, 2011),53.
8. Joseph E. Persico, *Nuremberg: Infamy on Trial* (New York: Penguin, 1994), 56.
9. Andrus, *Infamous of Nuremberg*, 105.
10. Airey Neave, *Nuremberg: A Personal Record of the Trial of the Major Nazi War Criminals in 1945-1946* (London: Hodder and Stoughton, 1978), 86, 87, 93.
11. Joel Sayre, "Letter from Nuremberg," *New Yorker*, July 14, 1945, 51-52.
12. Rebecca West, "Extraordinary Exile," *New Yorker*, September 7, 1946, 34.
13. Interrogation of Julius Streicher, National Archives, Record Group 238: National Archives Collection of World War II War Crimes Records, Microfilm Collection M1270: Interrogation Records Prepared for War Crimes Proceedings at Nuremberg, 1945-1947(hereafter cited as Interrogation Records), roll 21.
14. Davidson, *Trial of the Germans*, 44, 45.
15. Testimony of Julius Streicher, October 17,1945, in Office of United States Chief Counsel for Prosecution of Axis Criminality, *Nazi Conspiracy and Aggression: Supplement B* (Washington, DC: US Government Printing Office, 1948),1428.
16. Julius Streicher, quoted in Dolibois, *Pattern of Circles*, 186.

17. 有意思的是，罗伯特·莱伊要求一个犹太人律师为自己辩护。
18. James Owen, *Nuremberg: Evil on Trial* (London: Headline Review, 2006),220.
19. Eric A. Zillmer, Molly Harrower, Barry A. Ritzler, and Robert J. Archer, *The Quest for the Nazi Personality: A Psychological Investigation of Nazi War Criminals* (Hillsdale, NJ: Lawrence Erlbaum, 1995), 158.
20. Deputy Chief Prosecutor of USSR Pokrovsky, memo, November 16, 1945, *Trial of the Major War Criminals*, 1:151.
21. Jean Delay, Eugene Krasnushkin and Paul Schroeder, Psychiatric Reports, ibid., 153.
22. Streicher, quoted in Eastwood, *Nuremberg Trial of Streicher*, 61.
23. Streicher, quoted in Davidson, *Trial of the Germans*, 50.
24. Streicher, testimony, April 29, 1946, *Trial of the Major War Criminals*, 12:328.
25. Hermann Göring, quoted in G. M. Gilbert, *Nuremberg Diary* (New York: Farrar Straus and Giroux, 1947; reprint ed., New York: Da Capo, 1995), 118.随着审判接近尾声，施特莱彻对吉尔伯特说，现在是"报复时间"，他"很得意于那些帮助过检察官的人也没能逃过死刑"。*Eastwood, Nuremberg Trial of Streicher*,217.
26. Streicher, quoted in Eastwood, *Nuremberg Trial of Streicher*, 176.
27. Ibid., 98.
28. Robert Jackson, closing argument, July 26, 1946, Trial of the Major War Criminals, 19: 427.
29. Gustave Gilbert, quoted in Andrus, *Infamous of Nuremberg*, 104.
30. Ibid., 15.
31. Ibid., 41.
32. Gilbert, *Nuremberg Diary*, 125-126.我非常理解吉尔伯特。跟施特莱彻一块儿坐在局促牢房里的那张小床上，真是能让人发疯。如果我必须得和纽伦堡的那些被告人相处，我也最不愿意理会施特莱彻。如果跟施特莱彻交流一个小时，我想我必须得赶紧回家用六氯酚冲个热水澡。
33. Ibid., 41.
34. Persico, *Nuremberg*, 117.
35. Gilbert, *Nuremberg Diary*, 74.

36. Streicher, quoted in Persico, *Nuremberg*, 366.
37. Douglas Kelley, *22 Cells in Nuremberg* (New York: Greenberg, 1947; reprint ed., New York: MacFadden, 1961), 106.
38. Ibid., 105.
39. Streicher, quoted in ibid., 111-112.
40. National Archives, Record Group 238: National Archives Collection of World War II War Crimes Records, 133-1949, Documents Primarily Relating to The Defendants at the International Military and Trials at the Military Tribunals at Nuremberg and Replevined from James P. Atwood, 1945-1947 (hereafter cited as Atwood Documents), box3.
41. 在做这些测验期间，多利布瓦为凯利担任翻译。
42. Zillmer, Harrower, Ritzler, and Archer, *Quest for the Nazi Personality*, 164,169.
43. Atwood documents, box8.
44. Leon Goldensohn, *The Nuremberg Interviews*, ed. Robert Gellately (New York: Alfred A. Knopf, 2004), 253-254.
45. Streicher, *Autobiography*, Kelley personal papers.
46. 尤利乌斯·施特莱彻1945年10月9日写给凯利的信，引自凯利的个人文件（Kelley personal papers），感谢弗兰克·比耶斯（Frank Biess）教授的热心翻译。
47. Cicero, *Tusculan Disputations* 3.1, 3.3, 3.2.
48. Andrus, *Infamous of Nuremberg*, 197.
49. Werner Maser, *Nuremberg: A Nation on Trial* (New York: Scribner's 1979), 13.

第八章 被告人鲁道夫·赫斯："很明显疯了"

1. G. M. Gillbert, *The Psychology of Dictatorship* (New York: Ronald Press, 1950), 122.
2. Seaghan Maynes, quoted in Hilary Gaskin, *Eyewitnesses at Nuremberg* (London: Arms and Armour, 1990), 77.
3. Editorial comment, "The Case of Rudolf Hess," *Lancet* 246(1946):750.
4. J.R. Rees, quoted in Eugene Davidson, *The Trial of the Germans: An Account*

of the twenty-Two Defendants before the International Military Tribunal at Nuremberg (New York: Macmillan, 1966; reprint ed., Columbia: University of Missouri Press, 1977), 119.

5. 不同时代、不同国家出现过无数此类例子。罗马共和国的创立者之一卢基乌斯·尤尼乌斯·布鲁图曾假装愚钝，以避免被塔奎尼乌斯杀害。16世纪的多明我会修士托马索·康帕内拉被控叛国，他假装疯癫并放火烧掉监狱从而逃脱了死刑。Ernst Germana, *Tommaso Campanella* (Amsterdam: Springer, 2010).

6. Interrogation of Rudolf Hess, Interrogation Records Prepared for War Crimes Proceeding at Nuremberg, 1945-1947, Record Group 238: National Archives Collection of World War II War Crimes Records, 1933-1949, Microfilm Collection M1270, Roll 7, National Archives (hereafter cited as Interrogation Records).

7. Ibid.

8. Ibid.

9. Andrus, *Infamous of Nuremberg*, 72.

10. Ibid., 73.

11. Ibid., 118.

12. Burton Andrus to Douglas Kelley, November 15, 1945, SMS 1285, series 5, folder I, US Air Force Academy McDermott Library.

13. Ibid.

14. Hermann Göring, quoted in G. M. Gilbert, *Nuremberg Diary* (New York: Farrar, Straus and Giroux, 1947; reprint ed., New York: Da Capo, 1995), 36.

15. Interrogation of Hermann Göring, Interrogation Records, roll 5.

16. Leon Goldensohn, quoted in Daniel Pick, *The Pursuit of the Nazi Mind: Hitler, Hess, and the Analysts* (Oxford: Oxford University Press, 2012), 163.

17. Ibid.

18. Ibid., 161.

19. Andrus, *Infamous of Nuremberg*, 133.

20. Pick, *Pursuit of the Nazi Mind*, 159.

21. "Current Comment: Psychiatric Examination of Rudolf Hess," *JAMA* 130 (1946):790.

22. Pick, *Pursuit of the Nazi Mind*, 159.
23. Andrus, *Infamous of Nuremberg*, 119-120.
24. Ibid., 121.
25. Eugene Krasnushkin, Eugene Sepp, and Nicolas Kurshakov, report of November 17, 1945, *Trial of the Major War Criminals before the International Military Tribunal, Nuremberg, 14 November 1945-1 October 1946,* 22 vols. (Nuremberg International Military Tribunal, 1947), I: 163.
26. Robert Jackson, testimony of November 30, 1945, ibid., 2: 304
27. West, *Train of Powder*, 69.
28. Hess, testimony of November 30, 1945, *Trial of the Major War Criminals before the International Military Tribunal*, 2: 495.
29. Douglas Kelley, quoted in Rees, *Case of Rudolf Hess*, 171.
30. Gilbert, "Report of Prison Psychologist on Mental Competence of Defendant Hess," August 17, 1946, *Trial of the Major War Criminals*, vol. I.
31. Kelley, *22 Cells in Nuremberg*, 31-32. 我怀疑凯利的叙述并不准确。他同赫斯谈话时，吉尔伯特也在场，吉尔伯特只是说，赫斯当时十分得意。
32. Gilbert, *Nuremberg Diary*, 133.
33. Julius Streicher, quoted in Rees, *Case of Rudolf Hess*, 169.
34. Göring, quoted in John E. Dolibois, *Pattern of Circles: An Ambassador's Story* (Kent, OH: Kent State University Press, 1989), 175.
35. Göring, quoted in Gilbert, *Nuremberg Diary*, 60.
36. Whitney Harris, quoted in Gaskin, *Eyewitnesses at Nuremberg*, 90.
37. 他的这种主张跟约瑟夫·海勒的《第22条军规》有异曲同工之妙："如果他说自己精神正常，他一定是疯了。"
38. Kelley, cited in Jack El-Hai, *The Nazi and the Psychiatrist Hermann Göring, Dr. Douglas M. Kelley and a Fatal Meeting of Minds at the End of WW II* (New York: Public Affairs, 2013), 118.
39. National Archives, Record Group 238: National Archives Collection of World War II War Crimes Records, 1933-1949, Documents Primarily Relating to the Defendants at the International Military and Trials at the Military Tribunals at Nuremberg and Replevined from James P. Atwood, 1945-1947 (hereafter cited

as Atwood documents), box 9.
40. Atwood documents, box 2.
41. Ibid., box 8.
42. Quoted in Andrus, *Infamous of Nuremberg*, 166.
43. Pick, *Pursuit of the Nazi Mind*, 160.
44. Hess, quoted in Douglas Kelley personal papers.
45. Kelley, quoted in Rees, *Case of Rudolf Hess*, 135.
46. Atwood documents, box 8.
47. Kelley, quoted in Rees, *Case of Rudolf Hess*, 135.
48. Atwood documents, box 8;当凯利表示,"没有精神病理学证据能够证明赫斯的精神有问题"时,他是按照严格的法医学标准来判断的。很显然,他认为赫斯有严重的精神问题,但是相信这与司法无关。
49. Kelley, *22 Cells in Nuremberg*, 7, 34, 33.
50. Gilbert, *Psychology of Dictatorship*, 131.
51. Andrus, *Infamous of Nuremberg*, 119.
52. Gilbert, *Psychology of Dictatorship*, 131.
53. Report by Dr. Gilbert, in Rees, *Case of Rudolf Hess*, 176.
54. Hjalmar Schacht, quoted in ibid., 177.
55. Ibid.
56. Kelley, *22 Cells in Nuremberg*, 29.
57. Atwood documents, box 8.
58. Kelley, *22 Cells in Nuremberg*, 30.
59. Kelley personal papers.
60. Gilbert, "Report by Dr. Gilbert," 187.
61. Gilbert, in Rees, *Case of Rudolf Hess*, 175.
62. D. L. Rosenhan, "On Being Sane in Insane Places," *Science* 179 (1973): 250-258.
63. Shakespeare, *Hamlet*, 4.5.78-79.
64. Lara Braff and David L. Braff, "The Neuropsychiatric Translational Revolution: Still Very Early and Still Very Challenging," *JAMA Psychiatry* 70 (2013): 777-779.
65. Charles L. Scott, "Evaluating Amnesia for Criminal Behavior: A Guide to Remember," *Psychiatric Clinics of North America* 35 (2012): 797-819.

66. Dean C. Delis and Spencer R. Wetter, "Cogniform Disorder and Cogniform Condition: Proposed Diagnoses for Excessive Cognitive Symptoms," *Archives of Clinical Neuropsychology* 22 (2007): 589-604.
67. David Irving, *Hess: The Missing Years*, 1941-1945 (London: Macmillan, 1987).
68. 埃文·卡梅伦,精神病专家,曾在纽伦堡审判期间给他做过检查,后来为美国中央情报局的思想控制项目MKUltra效力。
69. Rudolf Hess, Nuremberg trial transcript, quoted in James Owen, *Nuremberg: Evil on Trial* (London: Headline Review, 2006), 306-307.
70. West, *Train of Powder*, 46-47.

第九章　道格拉斯·凯利和古斯塔夫·吉尔伯特：犹如闹翻的夫妻

1. Joseph E. Persico, *Nuremberg Infamy on Trial* (New York: Penguin, 1994), 293.
2. Ibid., 240.
3. 凯利非常想写一本关于种族歧视的书,他的出版商的文件中也提及这件事,但是凯利一直没有抽出时间创作这本书。
4. Howard Whitman, interview with Douglas Kelley, "What Goering & Co. Talk About in Their Cells," *Sunday Express* (London), August 25, 1946.
5. Howard Whitman, "Squeal, Nazi, Squeal," *Collier's,* August 31, 1946, 21ff.
6. Burton G. Andrus, "To public relations officer, war department, regarding the misconduct of Dr. Douglas M. Kelly, former Major, Medical Corp, US Army, 6 Sept 1946," Burton C. Andrus Collection, box 33, folder 91, US Army Military History Institute.
7. D. M. Kelley, "Preliminary Studies of the Rorschach Records of the Nazi War Criminals," *Rorschach Research Exchange and Journal of projective Techniques* 10 (1946) : 45-48.
8. "Talk of the Town," *New Yorker*, June I, 1946, 19-20.
9. Persico, *Nuremberg*, 373.
10. February 13, 1947, Greenberg Publisher Records, series 4 box 48, Columbia University Libraries Rare Book and Manuscript Library.
11. December 23, 1946, ibid.

12. Press release, January 15, 1947, ibid.
13. G. M. Gilbert, *Nuremberg Diary* (New York Farrar, Straus and Ciroux, 1947; reprint ed., New York: Da Capo, 1995).
14. Kelley, *22 Cells in Nuremberg*, 7, 8.
15. Gilbert, *Nuremberg Diary* (acknowledgments).
16. February 18, 1947, Greenberg Publisher Records.
17. Kelley, *22 Cells in Nuremberg*, 171.
18. G. M. Gilbert, *The Psychology of Dictatorship* (New York Ronald Press, 1950), 109.
19. Edmund Burke, *the Writings and speeches of Edmund Burke*, ed. Paul Langford and William B. Todd, Vol. 2 (Oxford: Oxford University Press, 1981), 282.
20. 顺便说一下，在现代精神病诊断中，行为障碍到底属于连续体还是一个独特的行为种类，依然充满争议。
21. Letter from Douglas Kelley, undated, Greenberg publisher Records.
22. Molly Harrower Papers, box M3208, folder 4 Archives of the History of American Psychology, The Center for the History of Psychology, University of Akron (hereafter cited as Harrower Papers).
23. Ibid.
24. 戈尔登松是接替凯利在纽伦堡监狱任职的精神病学家，他也遭到吉尔伯特的鄙视。
25. Eric A. Zillmer, Molly Harrower, Bruce A. Ritzler, and Robert P. Archer, *The Quest for the Nazi Personality: A Psychological investigation of Nazi War Criminals* (Hillsdale, NJ: Lawrence Erlbaum, 1995), 60.
26. Harrower Papers. Box M3208, folder II.
27. Molly Harrower, "Rorschach Records of the Nazi War Criminals: An Experimental Study After 30 Years," *Journal of Personality Assessment* 40 (1976): 342.
28. Molly Harrower, "Were Hitler's Henchmen Mad？," *Psychology Today*, July 1976, 76-80.
29. Zillmer, Harrower, Ritzler, and Archer, *quest for the Nazi personality*, 62.
30. Ibid., 64.

31. Ibid., 65.
32. Gilbert, *Psychology of Dictatorship*.
33. Zillmer, Harrower, Ritzler, and Archer, *Quest of the Nazi Personality*, 67.
34. Letter to Molly Harrower, Harrower Papers, box M3208, folder 18.
35. Ian Kershaw, *Hitler, the Germans, and the Final Solution* (Jerusalem : International Institute for Holocaust Research, Yad Vashem, 2008), 321. 克肖(Kershaw)说这番话是在暗示克里斯托弗·布朗宁(Christopher Browning)有思想深度的著作《普通人：后备警察101营和在波兰的最终解决》(*Ordinary Men: Reserve Police Battalion 101 and the Final Solution in Poland*)遭到丹尼尔·戈尔德哈根(Daniel Goldhagen)的攻击，戈尔德哈根著有《希特勒的志愿行刑者：普通德国人和大屠杀》(*Hitler's Willing Executioners: Ordinary Germans and the Holocaust*)。很有意思的是，学者因见解不同而争吵的事情不断重演。布朗宁和凯利一样，坚称典型的德国屠杀者其实是普通人，他们习惯于执行来自上面的命令，他含蓄地指出，种族灭绝性屠杀存在于我们的文化基因中。戈尔德哈根跟吉尔伯特的观点一样，认为屠杀者是邪恶的杀人狂，非常享受自己杀人的工作。戈尔德哈根对布朗宁的观点感到愤怒，便多次攻击布朗宁。据我所知，少有学术领域能爆发如此激烈的争吵。
36. 他在20世纪50年代发现，奥克兰三分之一的警察心理状况不适合执勤，但是他实在太有魅力了，警察依然很喜欢他。
37. Lewis Terman to Douglas Kelley, quoted in Jack El-Hai, *The Nazi and the Psychiatrist: Hermann Göring, Dr. Douglas M. Kelley, and a Fatal Meeting of Minds at the End of WW II* (New York: Public Affairs, 2013), 205.
38. Ibid., 198.
39. "UC's Dr. Kelley, Crime expert, commits suicide," *San Francisco Chronicle*, January 2, 1958.
40. *New York Times*, January 2, 1958.
41. Molly Harrower, Grand Rounds presentation at Massachusetts General Hospital, May 10, 1977, Harrower's Papers, box M3208, folder 16.
42. El-Hai, *Nazi and psychiatrist*.
43. Barbara Nemiroff, personal communication 2013; Zillmer, Harrower, Ritzler,

and Archer, *Quest for the Nazi Personality*, 89.

44. G. M. Gilbert, "The Mentality of SS Murderous Robots," *Yad Vashem Studies* 5 (1963): 35-41.
45. Florence R. Miale and Michael Selzer, *The Nuremberg Mind: The Psychology of the Nazi Leaders* (New York: Quadrangle, 1995), 14.
46. Zillmer, Harrower, Ritzler, and Archer, *Quest for the Nazi Personality*, 83-88.
47. 巧合的是，肯尼迪在波士顿跟塞缪尔·贝克的儿子共事，正是他以父亲的名义向研究所说情，肯尼迪才得以接触到凯利的罗夏测验资料。
48. 凯利的第七份罗夏测验资料在他的个人文档中。

第十章　罗夏测验中隐藏的信息

1. 例如，罗夏专家经常使用经验类型（erlebnistypus）、内省型(introversive)、超紧张型(extratensive)和居中型(ambitent)等专业术语。经验类型是指病人解决问题的类型，是指人类对运动反应和对色彩反应的比例。如果病人以运动反应为主，他就会被描述为内省型，在解决问题时善于分析。相反，当病人的色彩反应占主导地位，他就会被描述为超紧张型，他做决定更多是靠直觉。居中是指病人的运动反应（分析）和色彩反应（直觉）的比例大致平衡，但是这种平衡并不见得是优势，因为这类病人在解决问题时耗时更多。更多细节见：Eric A. Zillmer, Molly Harrower, Bruce A. Ritzler, and Robert P. Archer, *The quest for the Nazi Personality: A Psychological Investigation of Nazi War Criminals* (Hillsdale, NJ: Lawrence Erlbaum, 1995), 97。
2. John E. Exner, *The Rorschach: A Comprehensive System*, Vols. I and 2 (New York: Wiley, 1974, 1978); Exner, *The Rorschach: A Comprehensive System*, 2nd ed., Vol. I, Basic Foundations (New York: Wiley, 1986).
3. Douglas Kelley, quoted in Zillmer, Harrower, Ritzler, and Archer, *Quest for the Nazi Personality*, 203.
4. Gustave Gilbert, cited in Florence R. Miale and Michael Selzer, *the Nuremberg Mind: The Psychology of the Nazi Leaders* (New York: Quadrangle, 1995), 86.
5. Ibid., 86-87.
6. Kelley, quoted in Zillmer, Harrower, Ritzler, and Archer, *Quest for the Nazi*

personality, 205.
7. Ibid., 209.
8. Molly Harrower Papers, box M3199, folder 17, Archives of the History of American Psychology, The Center for the History of psychology, University of Akron (hereafter cited as Harrower papers).
9. Gilbert, cited in Miale and Selzer, *Nuremberg Mind*, 102.
10. Ibid., 102, 103.
11. Ibid.
12. Richard Rubinstein, review of Florence R. Miale and Michael Selzer, *The Nuremberg Mind: The Psychology of the Nazi Leaders, Psychology Today*, July 1976, 83-84.
13. Miale and Selzer, *Nuremberg Mind*, 22.
14. Ibid., 277, 287.
15. Harrower Papers, box M3199, folder 12.
16. Molly Harrower, "Rorschach Records of the Nazi War Criminals: An Experimental Study after Thirty Years," *Journal of Personality Assessment 40* (1976): 341-351.
17. 哈罗尔列出的群体比书中列出的要广泛得多。
18. Barry A. Ritzler, "The Nuremberg Mind Revisited: A Quantitative Approach to Nazi Rorschachs," *Journal of Personality Assessment* 47 (1978) : 344-353.在纽伦堡战犯的罗夏测验中，确实有一些新奇的发现，但是，必须得慎重看待这些发现。虽然"居中"反应在战犯的测验中有些比例过高，但是在这种小型群体中，一两个病人的偶然反应会被过于强调。不过，也有少量文献指出，"居中"反应者在做决策时会比较缓慢，处理问题也通常遇到困难。Exner, *Rorschach: A Comprehensive System*, Vol. I, *Basic Foundations*, 2nd ed.
19. Zillmer, Harrower, Ritzler, and Archer, *Quest for the Nazi Personality*, 95.
20. Ibid., 98.
21. Ibid., 116.
22. Gerald L. Borofsky and Don J. Brand, "Personality Organization and psychological Functioning of the Nuremberg War Criminals: The Rorschach

Data," in *Survivors, Victims, and Perpetrators: Essays on the Nazi Holocaust*, ed. Joel E. Dimsdale (Washington, DC Hemisphere, 1980).

第十一章 处于连续体中的恶意：社会心理学家的视角

1. Douglas Kelley, *22 Cells in Nuremberg* (New York Greenberg, 1947 reprint ed., New York MacFadden, 1961), 171.
2. Barbara Tuchman, in Gideon Hausner, *Justice in Jerusalem* (New York Schocken Books, 1968), xx.
3. Valerie Hartouni, *Visualizing Atrocity: Arendt, Evil, and the Optics of Thoughtlessness* (New York: New York University Press, 2012), 135.
4. Hannah Arendt, *Eichmann in Jerusalem* (New York: Viking, 1964), 276.
5. Ibid., 287-288.
6. Hausner, *Justice in Jerusalem*, 8.
7. Ibid., 9, II.
8. Arendt, *Eichmann in Jerusalem*, 32.
9. Hausner, *Justice in Jerusalem*, 280.
10. Arendt, *Eichmann in Jerusalem*, 48, 49.
11. 毕竟，艾希曼多年前曾说过："我将会笑着跳进坟墓，因为我要为杀死500万犹太人而受到良心谴责，这给了我极大的满足感。" Quoted in Arendt, *Eichmann in Jerusalem*, 46. See also Bettina stagneth, *Eichmann before Jerusalem* (New York: Alfred A. Knopf, 2014).
12. Hartouni, *Visualizing Atrocity*, 23, 25.
13. Ibid., 39, 117 (Quoting Arendt).
14. Stanley Milgram, "Behavioral Study of Obedience," *Journal of Abnormal and Social Psychology 67* (1963): 371-378; Milgram, *Obedience to Authority: An Experimental View* (New York Harper and Row, 1974).
15. Milgram, *Obedience to Authority*, 15.
16. Ibid., 56-57.
17. 这些研究充满争议。他们合乎道德吗？这些研究报告是否被歪曲？一个小型实验的结论能够应用到现实生活吗？无论如何，米尔格拉姆的研究给社会心理学界打上了深深的烙印，也在大屠杀研究中引发了巨大反响。

18. Milgram, *Obedience to Authority*, xii.
19. 近期有报道质疑，目击者是否像最初描述的那样无所作为，但是正是媒体最初对这件事的报道吸引了约翰·达利和比布·拉塔内，他们大为困惑，这激发了他们研究"旁观者冷漠"现象。
20. Ian Kershaw, *Hitler, the Germans, and the Final Solution* (Jerusalem: International Institute for Holocaust Research, Yad Vashem, 2008), 130.
21. Arendt, *Eichmann in Jerusalem*, 233.
22. Bibb Latan and John M. Darley, "Bystander 'Apathy'," *American Scientist* 57(1969): 244-268.
23. Bibb Latané and John M. Darley, *the Unresponsive Bystander: Why Doesn't He Help?* (Englewood Cliffs, NJ: Prentice Hall, 1970), 48.
24. Ibid., 58-60.
25. John M. Darley and Bibb Latané, "Bystander Intervention in Emergencies: Diffusion of Responsibility," *Journal of Personality and Social Psychology 8* (1968): 377-383, quotation at 379.
26. Latan and Darley, *Unresponsive Bystander*, 94-98.
27. 有意思的是，津巴多和米尔格拉姆从小在纽约布朗克斯一块儿长大，是要好的朋友。
28. Philip Zimbardo, *The Lucifer Effect* (New York: Random House, 2007), 21.
29. Ibid. 关于实验的更多图片和信息，参见斯坦福监狱实验网站：http://www.prisonexp.org/.
30. Craig Haney, Curtis Banks, and Philip Zimbardo, "A Study of prisoners and Guards in a Simulated Prison," Naval Research Review 30 (1973) : 4-17.
31. 例见 Romesh Ratnesar, "The Menace Within," *Stanford Magazine*, July-August 2011。
32. Kathleen O'Toole, "The Stanford Prison Experiment : Still powerful after All These Years," Stanford University News Service, January 8, 1997. 指出没有对实验进行干预的形形色色的旁观者很有意思："这些学生的父母和朋友……一名天主教神父、一名公设辩护律师和心理学家、研究生和心理学系工作人员。"

第十二章　非我同类的恶意：遭遇"他者"

1. Herman Göring, quoted in G. M. Gilbert, *Nuremberg Diary* (New York Farrar, Straus and Giroux, 1947; reprint ed., New York Da Capo, 1995), 194.
2. 4世纪时，奥古斯丁放弃摩尼教信仰，皈依天主教.
3. Albert Einstein, "The Real Problem is in the Hearts of Men," *New York Times Magazine*, June 23, 1946.
4. 人类学家激烈争论人类本性是天真无邪的(高尚的野蛮人——让-雅克·卢梭)还是邪恶的(大自然，腥牙血爪——阿尔弗雷德·丁尼生)。例见塞雷娜·戈尔登（Serena Golden）关于马歇尔·萨林斯（Marshall Sahlins）和拿破仑·沙尼翁（Napoleon Chagnon）争论的文章。Golden, "A Protest Resignation," *Inside Higher Education*, February 25, 2013.
5. Donald W. Black, *Bad Boys, Bad Men Confronting Antisocial Personality Disorder* (Oxford: Oxford University Press, 1999), 199.
6. 人类会失去同理心是一件有意思的事情，因为甚至动物都表现出明显的同理心。动物能够理解同伴正在遭受痛苦，尤其是在自己也经历过同样的痛苦时。老鼠会拯救泡在水里的同伴，此前在同样的水箱里面痛苦地待过的老鼠会尤其迅速地救助同伴。而且在获取食物和救助同伴之间，它们会优先选择救助同伴。See Nobuya Sato, Ling Tan, Kazushi Tate, and Maya Okada, "Rats Demonstrate Helping Behavior toward a Soaked Conspecific," *Animal Cognition*, published online, May 12, 2015, DOI 10. 1007/510071-015-0872-2.
7. Black, *Bad Boys, Bad Men*.
8. Hervey M. Cleckley, *The Mask of Sanity: An Attempt to Clarify Some issues about the So-Called Psychopathic Personality* (Saint Louis, MO: Mosby, 1941).
9. 例如，在美国圣路易斯市做的一项研究发现，45%的男人承认，有过三次或更多婚外情，43%的男人承认在人生的某个时期干过诸如贩毒一类的非法营生。参见 Lee N. Robins, "The Epidemiology of Antisocial Personality," in *Psychiatry*, Vol. 3, ed. Robert O. Michels and Jesse O. Cavenar (Philadelphia: J. B. Lippincott, 1988)。没有理由相信圣路易斯市是当代的所多玛城；我们都会犯下各种各样的过错，但是精神病态者的罪行更加严重。

10. J. Reid Meloy, "Predatory Violence and Psychopathy," in *Psychopathy and Law: A Practitioner Guide*, ed. Helinä Häkkänen-Nyholm and Jan-Olof Nyholm (New York Wiley-Blackwell, 2012), 159-175.
11. Adrian Raine et al., "Reduced Prefrontal Gray Matter Volume and Reduced Autonomic Activity in Antisocial Personality Disorder," *Archives of General psychiatry* 57 (200): 119-127.
12. Black, *Bad Boys, Bad Men*, 19. 精神病态和自恋型人格障碍的界限很模糊。自恋型人格障碍更明显的特征是自以为是和以自我为中心。但是，这一界限很容易被跨过。
13. American Psychiatric Association, *Diagnostic and Statistical Manual Mental Disorders* (Washington, DC American Psychiatric Association, 1952), 38.
14. 后来的《精神障碍诊断与统计手册》将"成瘾"人格和"性变态"划分为不同的诊断种类，1974年，同性恋不再被视为精神疾病。
15. Robert D. Hare, *Manual for the Revised Psychopathy Checklist*, 2nd ed. (Toronto, ON: Multi-Health Systems, 2003).
16. 即使精神病态者的大脑异于常人，也不意味着他无药可救。大脑可以自我修复；新的学习行为能够激发新神经通路的形成。
17. J. Grafman et al., "Frontal Lobe Injuries, Violence, and Aggression: A Report of the Vietnam Head Injury Study," *Neurology* 46 (1996): 1231-1238; M. C. Brower and B.H. Price, " Neuropsychiatry of Frontal Lobe Dysfunction in Violent and Criminal Behavior: A Critical Review," *Journal of Neurology, Neurosurgery, and psychiatry* 71 (2001): 720-726.
18. S. M. Stahl, "Deconstructing Violence as a Medical Syndrome: Mapping psychotic, Impulsive, and Predatory Subtypes to Malfunctioning Brain Circuits," *CNS Spectmms* 19 (2014): 357-365.
19. John M. Harlow, "Recovery from the Passage of an Iron Bar through the Head," *Bulletin of the Massachusetts Medical Society* 2 (1868): 327-347.
20. Hanna Damasio et al., "The Return of Phineas Gage: Clues about the Brain from the Skull of a Famous Patient," *Science* 264 (1994): 1102-1105.
21. S. Pridmore, A. Chambers, and M. McArthur, "Neuroimaging in Psychopathology," *Australian and New Zealand journal of Psychiatry* 38 (2005):

856-865.

22. Nathaniel E. Anderson and Kent A. Kiehl, "The Psychopath Magnetized: Insights from Brain Imaging," *Trends in Cognitive Science* 16 (2012): 52-60.

23. Martina Ly et al., "Cortical Thinning in Psychopathy," American Journal of Psychiatry 169(2012): 743-749.

24. Jean Decety, Laurie R. Skelly, and Kent A. Kiehl, "Brain Response to Empathy-Ehciting Scenarios Involving Pain in Incarcerated Individuals with Psychopathy," *JAMA Psychiatry* 70 (2013) :638-645.

25. Sherrie Williamson, Timothy J. Harpur, and Robert D. Hare, "Abnormal Processing of Affective Words by Psychopaths," *Psychophysiology* 28 (1991): 260-273.

26. Yaling Yang and Adrian Raine, "Prefrontal Structural and Functional Brain Imaging Findings in Antisocial, Violent, and Psychopathic Individuals: A Meta-Analysis," *Psychiatry Research* 174 (2009): 81-88.

27. Mairead C. Dolan, "What Imaging Tells Us about Violence in Anti-Social Men," *Criminal Behaviour and Mental Health* 20 (2010): 199-214.

28. Andrea L. Glenn and Adrian Raine, "The Neurobiology of Psychopathy," Psychiatric Clinics of North America 31 (2008): 463-475; Daniel R. Russell and Larry J.Siever, " The Neurobiology of Aggression and Violence," *CNS Spectrums* 20 (2015):254-279.

29. L. Lidberg et al., "Homicide, Suicide and CSF 5-HIAA," *Acta Psychiatrica Scandinavica* 71 (1985): 230-236.

30. E. Hollander and J. Rosen, "Impulsivity," *Journal of Psychopharmacology* 14, suppl. I (2000): S39-S44.有些研究人员报告说,在服用这些药物后,有些病人甚至获得了更好的情感识别技能。Caroline Moul, Simon Killcross, and Mark R. Dadds, "A Model of Differential Amygdala Activation in Psychopathy," *Psychological Review* 119 (2012): 789-806.

31. Paul J. Zak, *The Moral Molecule: The Source of Love and Prosperity* (New York: Duton,2012).

32. Rachel Bachner-Melman and Richard P. Ebstein, "The Role of Oxytocin and Vasopressin in Emotional and Social Behaviors," in *Clinical*

Neuroendocrinology, ed. Eric Fliers, Marta Korbonits, and J. A. Romijn, Vol. 124 of *Handbook of Clinical Neurology* (Amsterdam: Elsevier, 2014), 53-68.

33. Mark R. Dadds et al., "Polymorphisms in the Oxytocin Receptor Gene Are Associated with the Development of Psychopathy," *Development and Psychopathology* 26(2013): 21-31.
34. Manuela Kanat, Markus Heinrichs, and Gregor Domes, "Oxtrtocin and the Social Brain: Neural Mechanisms and Perspectives in Human Research," *Brain Research* 1580 (2014): 160-171.
35. Zoe R. Donaldson and Larry J. Young, "Oxytocin, Vasopressin, and the Neurogenetics of Sociality," *Science* 322 (2008): 900-904.
36. Paul J. Zak, Angela A. Stanton, and Sheila Ahmadi, "Oxytocin Increases Generosity in Humans," *PLoS One* 2 (2007): e1128.
37. Paul J. Zak, "The Neurobiology of Trust," *Scientific American*, June 2008, 88-95.
38. Katja Bertsch et al., "Oxytocin and Reduction of Social Threat Hypersensitivity in Women with Borderline Personality Disorder," *American Journal of Psychiatry* 170 (2013) : 1169-1177. 有很多研究表明，染色体异常或睾酮过量也跟精神病态行为有关。但是，血清素和催产素方面的论文在当代最受关注，很明显这方面的论文数量也在快速增加。
39. M'Naughton's Case, 8 Eng. Rep. 718 (H. L. 1843), quoted in Matthew M. Large, "Treatment of Psychosis and Risk Assessment for Violence," *American Journal of Psychiatry* 171 (2014): 258.
40. Richard Ciccone, "Daniel McNaughton and the Evolution of the Insanity Defense," American Psychiatric Association Isaac Ray Lecture, New York, May 5, 2014, emphasis in original.
41. Bernard L. Diamond, "From M'Naughton to Currens, and Beyond," *California Law Review* 50 (1962): 189-205.
42. *Black, Bad Boys, Bad Men*, 177-178.
43. Greg Miller, "In Mock Case, Biological Evidence Reduces Sentences," *Science* 337 (2012): 788.
44. Plato, Timaeus, in The *Dialogues of Plato*, trans. Benjamin Jowett (Chicago: Encyclopedia Britannica,1952), 474.

45. Rebecca Goldstein, *Plato at the Googleplex Why Philosophy Won't Go Away* (New York: Pantheon, 2014), 410.

结 语

1. Robert Jackson, "Testimony", November 21, 1945.
2. 纽伦堡国际军事法庭集中审判的纳粹领导人,最不可能声称自己只是国家机器中无足轻重的小人物。有很多学者对纳粹的普通成员进行了研究,不仅如此,迈克尔·赛尔泽(Michael Selzer)和巴里·里策(Barry Rizter)发现,还有学者对200名丹麦通敌者进行了罗夏测验研究。See Eric A. Zillmer, Molly Harrower, Bruce A. Ritzler, and Robert P. Archer, *The Quest for the Nazi Personality: A Psychological Investigation of Nazi War, Criminals* (Hillsdale, NJ: Lawrence Erlbaum, 1995).
3. Jackson, "Testimony", November 21, 1945.
4. 感谢斯图尔特·沃蒂亚(Stuart Voytilla)提供的这种观点。
5. 虽然他们的动机不同(维克托·弗兰肯斯坦试图实现永生,而希特勒的目标是建立一个千年帝国),这种动机上的差别与他们的罪责没有关联。
6. Helinä Häkkänen-Nyholm and Jan-Olof Nyholm, "Psychopathy in Economical Crime, Organized Crime, and War Crimes," in *Psychopathy and Law: A Practitioner's Guide* (New York: Wiley-Blackwell, 2012), 193.
7. 图书馆甚至没有记录这些文件是谁捐赠的,自从收藏凯利的文件以来,在我之前只有一个人查阅过这些艰深晦涩、不为人所知的文件。
8. Pablo Nemda, "Oda a la cama" (Ode to the bed), 1959, trans. Cary Ratclift, Conspirare Company of Voices, Austin, TX, September 18, 2014. http://conspirare.org/wp-content/uploads/The-poet-Sings-pablo-Neruda-program-booklet.pdf.

新知文库

01 《证据：历史上最具争议的法医学案例》[美]科林·埃文斯 著　毕小青 译
02 《香料传奇：一部由诱惑衍生的历史》[澳]杰克·特纳 著　周子平 译
03 《查理曼大帝的桌布：一部开胃的宴会史》[英]尼科拉·弗莱彻 著　李响 译
04 《改变西方世界的26个字母》[英]约翰·曼 著　江正文 译
05 《破解古埃及：一场激烈的智力竞争》[英]莱斯利·罗伊·亚京斯 著　黄中宪 译
06 《狗智慧：它们在想什么》[加]斯坦利·科伦 著　江天帆、马云霏 译
07 《狗故事：人类历史上狗的爪印》[加]斯坦利·科伦 著　江天帆 译
08 《血液的故事》[美]比尔·海斯 著　郎可华 译　张铁梅 校
09 《君主制的历史》[美]布伦达·拉尔夫·刘易斯 著　荣予、方力维 译
10 《人类基因的历史地图》[美]史蒂夫·奥尔森 著　霍达文 译
11 《隐疾：名人与人格障碍》[德]博尔温·班德洛 著　麦湛雄 译
12 《逼近的瘟疫》[美]劳里·加勒特 著　杨岐鸣、杨宁 译
13 《颜色的故事》[英]维多利亚·芬利 著　姚芸竹 译
14 《我不是杀人犯》[法]弗雷德里克·肖索依 著　孟晖 译
15 《说谎：揭穿商业、政治与婚姻中的骗局》[美]保罗·埃克曼 著　邓伯宸 译　徐国强 校
16 《蛛丝马迹：犯罪现场专家讲述的故事》[美]康妮·弗莱彻 著　毕小青 译
17 《战争的果实：军事冲突如何加速科技创新》[美]迈克尔·怀特 著　卢欣渝 译
18 《最早发现北美洲的中国移民》[加]保罗·夏亚松 著　暴永宁 译
19 《私密的神话：梦之解析》[英]安东尼·史蒂文斯 著　薛绚 译
20 《生物武器：从国家赞助的研制计划到当代生物恐怖活动》[美]珍妮·吉耶曼 著　周子平 译
21 《疯狂实验史》[瑞士]雷托·U.施奈德 著　许阳 译
22 《智商测试：一段闪光的历史，一个失色的点子》[美]斯蒂芬·默多克 著　卢欣渝 译
23 《第三帝国的艺术博物馆：希特勒与"林茨特别任务"》[德]哈恩斯-克里斯蒂安·罗尔 著　孙书柱、刘英兰 译

24 《茶：嗜好、开拓与帝国》[英]罗伊·莫克塞姆 著　毕小青 译
25 《路西法效应：好人是如何变成恶魔的》[美]菲利普·津巴多 著　孙佩妏、陈雅馨 译
26 《阿司匹林传奇》[英]迪尔米德·杰弗里斯 著　暴永宁、王惠 译
27 《美味欺诈：食品造假与打假的历史》[英]比·威尔逊 著　周继岚 译
28 《英国人的言行潜规则》[英]凯特·福克斯 著　姚芸竹 译
29 《战争的文化》[以]马丁·范克勒韦尔德 著　李阳 译
30 《大背叛：科学中的欺诈》[美]霍勒斯·弗里兰·贾德森 著　张铁梅、徐国强 译
31 《多重宇宙：一个世界太少了？》[德]托比阿斯·胡阿特、马克斯·劳讷 著　车云 译
32 《现代医学的偶然发现》[美]默顿·迈耶斯 著　周子平 译
33 《咖啡机中的间谍：个人隐私的终结》[英]吉隆·奥哈拉、奈杰尔·沙德博尔特 著　毕小青 译
34 《洞穴奇案》[美]彼得·萨伯 著　陈福勇、张世泰 译
35 《权力的餐桌：从古希腊宴会到爱丽舍宫》[法]让-马克·阿尔贝 著　刘可有、刘惠杰 译
36 《致命元素：毒药的历史》[英]约翰·埃姆斯利 著　毕小青 译
37 《神祇、陵墓与学者：考古学传奇》[德]C.W.策拉姆 著　张芸、孟薇 译
38 《谋杀手段：用刑侦科学破解致命罪案》[德]马克·贝内克 著　李响 译
39 《为什么不杀光？种族大屠杀的反思》[美]丹尼尔·希罗、克拉克·麦考利 著　薛绚 译
40 《伊索尔德的魔汤：春药的文化史》[德]克劳迪娅·米勒-埃贝林、克里斯蒂安·拉奇 著　王泰智、沈惠珠 译
41 《错引耶稣：〈圣经〉传抄、更改的内幕》[美]巴特·埃尔曼 著　黄恩邻 译
42 《百变小红帽：一则童话中的性、道德及演变》[美]凯瑟琳·奥兰丝汀 著　杨淑智 译
43 《穆斯林发现欧洲：天下大国的视野转换》[英]伯纳德·刘易斯 著　李中文 译
44 《烟火撩人：香烟的历史》[法]迪迪埃·努里松 著　陈睿、李欣 译
45 《菜单中的秘密：爱丽舍宫的飨宴》[日]西川惠 著　尤可欣 译
46 《气候创造历史》[瑞士]许靖华 著　甘锡安 译
47 《特权：哈佛与统治阶层的教育》[美]罗斯·格雷戈里·多塞特 著　珍栎 译
48 《死亡晚餐派对：真实医学探案故事集》[美]乔纳森·埃德罗 著　江孟蓉 译
49 《重返人类演化现场》[美]奇普·沃尔特 著　蔡承志 译

50 《破窗效应：失序世界的关键影响力》[美]乔治·凯林、凯瑟琳·科尔斯 著　陈智文 译

51 《违童之愿：冷战时期美国儿童医学实验秘史》[美]艾伦·M.霍恩布鲁姆、朱迪斯·L.纽曼、格雷戈里·J.多贝尔 著　丁立松 译

52 《活着有多久：关于死亡的科学和哲学》[加]理查德·贝利沃、丹尼斯·金格拉斯 著　白紫阳 译

53 《疯狂实验史Ⅱ》[瑞士]雷托·U.施奈德 著　郭鑫、姚敏多 译

54 《猿形毕露：从猩猩看人类的权力、暴力、爱与性》[美]弗朗斯·德瓦尔 著　陈信宏 译

55 《正常的另一面：美貌、信任与养育的生物学》[美]乔丹·斯莫勒 著　郑嬿 译

56 《奇妙的尘埃》[美]汉娜·霍姆斯 著　陈芝仪 译

57 《卡路里与束身衣：跨越两千年的节食史》[英]路易丝·福克斯克罗夫特 著　王以勤 译

58 《哈希的故事：世界上最具暴利的毒品业内幕》[英]温斯利·克拉克森 著　珍栎 译

59 《黑色盛宴：嗜血动物的奇异生活》[美]比尔·舒特 著　帕特里曼·J.温 绘图　赵越 译

60 《城市的故事》[美]约翰·里德 著　郝笑丛 译

61 《树荫的温柔：亘古人类激情之源》[法]阿兰·科尔班 著　苴蓓 译

62 《水果猎人：关于自然、冒险、商业与痴迷的故事》[加]亚当·李斯·格尔纳 著　于是 译

63 《囚徒、情人与间谍：古今隐形墨水的故事》[美]克里斯蒂·马克拉奇斯 著　张哲、师小涵 译

64 《欧洲王室另类史》[美]迈克尔·法夸尔 著　康怡 译

65 《致命药瘾：让人沉迷的食品和药物》[美]辛西娅·库恩等 著　林慧珍、关莹 译

66 《拉丁文帝国》[法]弗朗索瓦·瓦克 著　陈绮文 译

67 《欲望之石：权力、谎言与爱情交织的钻石梦》[美]汤姆·佐尔纳 著　麦慧芬 译

68 《女人的起源》[英]伊莲·摩根 著　刘筠 译

69 《蒙娜丽莎传奇：新发现破解终极谜团》[美]让-皮埃尔·伊斯鲍茨、克里斯托弗·希斯·布朗 著　陈薇薇 译

70 《无人读过的书：哥白尼〈天体运行论〉追寻记》[美]欧文·金格里奇 著　王今、徐国强 译

71 《人类时代：被我们改变的世界》[美]黛安娜·阿克曼 著　伍秋玉、澄影、王丹 译

72 《大气：万物的起源》[英]加布里埃尔·沃克 著　蔡承志 译

73 《碳时代：文明与毁灭》[美]埃里克·罗斯顿 著　吴妍仪 译

74 《一念之差：关于风险的故事与数字》［英］迈克尔·布拉斯兰德、戴维·施皮格哈尔特 著 威治 译

75 《脂肪：文化与物质性》［美］克里斯托弗·E.福思、艾莉森·利奇 编著 李黎、丁立松 译

76 《笑的科学：解开笑与幽默感背后的大脑谜团》［美］斯科特·威姆斯 著 刘书维 译

77 《黑丝路：从里海到伦敦的石油溯源之旅》［英］詹姆斯·马里奥特、米卡·米尼奥－帕卢埃洛 著 黄煜文 译

78 《通向世界尽头：跨西伯利亚大铁路的故事》［英］克里斯蒂安·沃尔玛 著 李阳 译

79 《生命的关键决定：从医生做主到患者赋权》［美］彼得·于贝尔 著 张琼懿 译

80 《艺术侦探：找寻失踪艺术瑰宝的故事》［英］菲利普·莫尔德 著 李欣 译

81 《共病时代：动物疾病与人类健康的惊人联系》［美］芭芭拉·纳特森－霍洛威茨、凯瑟琳·鲍尔斯 著 陈筱婉 译

82 《巴黎浪漫吗？——关于法国人的传闻与真相》［英］皮乌·玛丽·伊特韦尔 著 李阳 译

83 《时尚与恋物主义：紧身褡、束腰术及其他体形塑造法》［美］戴维·孔兹 著 珍栎 译

84 《上穷碧落：热气球的故事》［英］理查德·霍姆斯 著 暴永宁 译

85 《贵族：历史与传承》［法］埃里克·芒雄－里高 著 彭禄娴 译

86 《纸影寻踪：旷世发明的传奇之旅》［英］亚历山大·门罗 著 史先涛 译

87 《吃的大冒险：烹饪猎人笔记》［美］罗布·沃乐什 著 薛绚 译

88 《南极洲：一片神秘的大陆》［英］加布里埃尔·沃克 著 蒋功艳、岳玉庆 译

89 《民间传说与日本人的心灵》［日］河合隼雄 著 范作申 译

90 《象牙维京人：刘易斯棋中的北欧历史与神话》［美］南希·玛丽·布朗 著 赵越 译

91 《食物的心机：过敏的历史》［英］马修·史密斯 著 伊玉岩 译

92 《当世界又老又穷：全球老龄化大冲击》［美］泰德·菲什曼 著 黄煜文 译

93 《神话与日本人的心灵》［日］河合隼雄 著 王华 译

94 《度量世界：探索绝对度量衡体系的历史》［美］罗伯特·P.克里斯 著 卢欣渝 译

95 《绿色宝藏：英国皇家植物园史话》［英］凯茜·威利斯、卡罗琳·弗里 著 珍栎 译

96 《牛顿与伪币制造者：科学巨匠鲜为人知的侦探生涯》［美］托马斯·利文森 著 周子平 译

97 《音乐如何可能？》［法］弗朗西斯·沃尔夫 著 白紫阳 译

98 《改变世界的七种花》［英］詹妮弗·波特 著 赵丽洁、刘佳 译

99 《伦敦的崛起:五个人重塑一座城》[英]利奥·霍利斯 著　宋美莹 译

100 《来自中国的礼物:大熊猫与人类相遇的一百年》[英]亨利·尼科尔斯 著　黄建强 译

101 《筷子:饮食与文化》[美]王晴佳 著　汪精玲 译

102 《天生恶魔?:纽伦堡审判与罗夏墨迹测验》[美]乔尔·迪姆斯代尔 著　史先涛 译